인생이
한 잔의 차와
같다면

마음이 맑아지는 향기로운 茶 인문학
인생이 한 잔의 차와 같다면

초판 1쇄 인쇄 2014년 11월 20일 초판 1쇄 발행 2014년 11월 26일

저자 김대철

사진 제공 차와문화 photo by 윤미연

펴낸이 양은하

펴낸곳 들메나무 출판등록 2012년 5월 31일 제396-2012-0000101호
주소 (410-817) 경기도 고양시 일산동구 백석2동 1451-4번지 102호
전화 031) 904-8640   팩스 031) 624-3727
전자우편 deulmenamu@naver.com

값 20,000원   ⓒ 김대철, 2014
ISBN 978-89-969042-4-3 03810

* 잘못된 책은 바꿔드립니다.
* 이 책의 전부 또는 일부 내용을 재사용하려면
  사전에 저자와 들메나무의 동의를 받아야 합니다.

국립중앙도서관 출판시도서목록(CIP)

인생이 한 잔의 차와 같다면 : 마음이 맑아지는 향기로운 茶 인문학 / 저자 : 김대철. -- 고양 : 들메나무, 2014 p. ; cm
ISBN 978-89-969042-4-3 03810 : ₩20000
차문화[茶文化]
381.75-KDC5 394.12-DDC21   CIP2014032945

마음이 맑아지는 향기로운 茶 인문학

인생이
한 잔의 차와
같다면

김대철 지음

들메나무

"차향이 참 좋은데요."
차를 한 모금 마신 그가 찻잔을 바라보며 나직이 말했다.

"사는 맛이 나지요."
벌써 다 마셔버린 찻잔을 만지작거리며 그에게 조용히 속삭였다.
등 뒤로 한줄기 청량한 바람이 불어왔다.

책을 펴내며
한 잔의 차를 마신다는 것

　차문화에 입문하고부터 뇌리를 떠나지 않는 화두가 있다. 그것은 우리 전통문화의 뿌리인 다도문화가 그 꽃을 활짝 피울 때 잃어버렸던 우리 혼과 역사가 새로운 정신문화를 장식할 수 있으리라는 믿음이다.
　이 시대를 살아가며 한 가지 소원이 있다면, 아직도 자욱한 안개와 흙먼지 속에 가려진 박제된 민족 전통문화에 숨을 불어넣는 문화독립운동을 하는 일이다. 차문화운동이야말로 소중한 우리 것을 찾는 또 다른 길 중 하나란 신념을 버릴 수 없다.
　"백 년을 품으면 역사가 되고 천 년이 흐르면 신화가 된다"는 말이 있다. 역사를 다시 쓰고 신화를 온전히 우리 품에 안을 그때가 빨리 오기를 기다리는 일은 가슴 뛰는 일이다.

　이미 펴낸 한 권의 책을 끝으로 더 이상의 출판은 없을 거라 생각했는데…… 차문화에 관한 책을 다시 세상에 선보이게 됐다. 문학청년 시

절, 여러 편의 시와 소설을 썼지만 그것들은 책상 속에 넣어버린 지 오래다. 하지만 여러 매체를 통한 차문화 관련 청탁 글들을 정리해 이렇게 또 한 권의 책을 펴내게 된 것은, 아마도 차의 세계에 입문한 후 문화 운동가로 오랜 세월을 보낸 애착과 관심이 크게 작용한 듯싶다.

지리산과 경주, 김해 등지에서 열리는 차문화 진흥을 위한 '우리 멋, 맛, 흥 한마당 축제'는 현재 전국적인 전통문화 잔치의 뿌리로 자리매김했고, 경주 분황사 모전석탑에서의 다무茶舞는 오늘날 헌다식獻茶式의 기본 춤이 되었다.

또한 호남과 영남을 잇는 차 문화인들의 첫 잔치인 '영호남 차인들의 만남을 위한 모임 추진위원회'를 결성해 한국 차문화 부흥에 힘썼던 일, 그리고 경주 남산 삼화령 헌공다례는 현대 차 문화인들의 필수 순례가 된 시발점으로 아름다운 추억이 되었다.

차문화는 아름다운 풍습이다. 그래서 다도와 차례茶禮를 가정이나 사회에 정착시켜 격조 있고 건강한 '신풍류운동'을 주창하고 싶다. 전통과 현대가 어우러진 아름답고 조화로운 화원을 꾸미는 일은 오늘날 차문화인들의 몫이다.

향기로운 차향을 닮은 사람이 그리운 세상이다. 9월 국화도 저 홀로 향기로운데 하물며 차를 하는 사람이 들녘의 가을꽃보다 못하랴. '차를 마신 만큼 선이 된다'는 '다선일여茶禪一如' 사상이 싹튼 것도 결국 차문화의 산물이리라.

이 책은 『우리 茶문화』처럼 수필 형식으로 편하게 썼다. 다만 부록인 「최고의 차문화 유적지, 경주 남산 삼화령을 찾아서」는 그동안 연구했던 내용을 보완하고 가필하여 논문 형식을 갖춘 연구서이다. 또한 '4부 차를 닮은 사람들' 중 「차의 길, 나의 길-청영헌 이야기」는 나의 전통문화

운동에 관한 글이다.

　주장만 앞서고 논리적이지 못한 글들이라 눈 밝은 독자에게 또 다른 공해가 될까 하는 걱정이 앞서지만, 오로지 좋아하고 즐기는 일이라 편안한 심정으로 세상에 선을 보인다.

　자연의 법칙이란 오묘한 것이다. 인간이 자연의 법칙에 순응하거나 거스름에 따라 길과 흉이 교차함을 지혜로운 옛사람들은 알았다. 하늘의 순리에 어긋나지 않는 삶을 우리는 차 생활에서 배울 수 있지 않은가. 대자연의 순리에 역행하는 일은 참된 다도가 아니다. 모름지기 하늘이 차나무를 인간에 낼 때는 그 까닭이 분명하리라. 그리고 그 은혜로움을 생활 속에 온전히 받아들이는 이는 청복을 받은 사람이다.

2014년 11월 청영헌에서
여천 김대철

차례

책을 펴내며 한 잔의 차를 마신다는 것 • 6

1부 차를 마신다는 것
만남과 소통의 시간, 차를 만나면 인생이 즐겁다

다도, 몸과 마음을 닦는 공부 • 17
신이 내린 은혜로운 선물, 차와 차나무 • 25
봄날, 한 사발의 맑은 차를 권하며 • 32
인류가 발견한 최상의 마실거리 • 39
차를 만나면 인생이 즐겁다 • 47
중정의 철학, 넘침도 모자람도 없는 • 51
하늘과 땅 사이, 차의 길은 깊고 푸르다 • 59
찻물 끓는 소리를 들으며 물의 덕을 생각하다 • 63
심외무차, 어찌 마음 밖에서 진리를 구하는가 • 70
"차 몇 잔 마셨느냐?"
 - 경봉선사의 화두 '전삼삼 후삼삼'을 추억하며 • 77
당신은 누군가에게 향기로운 사람인가? • 83

2부 그들이 차를 즐긴 이유
고전에서 길어올린 옛사람들의 향기로운 차 생활

조선 선비들, 맛과 멋을 알다
- 한 잔의 차에서 풍류와 수양을 배우다 • 95

정약전의 차시 '다현'에 실린 뜻은
- 유배지에 뿌린 차향, 정약전과 정약용 • 102

"빨리 차를 보내지 않으면 몽둥이로 응징하겠네"
- 세상에서 가장 향기로운 만남, 추사 김정희와 초의선사 • 111

"차나 시를 논할 이는 매창뿐이구나!"
- 조선의 이단아 허균이 남긴 차시 • 121

원효의 자리이타행이 그리운 날
- 다도 정신의 효시, 원효와 설총 • 127

조선의 감찰다시를 아시나요?
- 차를 마시며 공직자의 기강을 바로잡다 • 141

3부 차문화 유적을 찾아서
옛 차인들의 인문향과 풍류의 흔적을 더듬다

차인들의 놀이터, 경주 남산 서출지 연못에서
- 정자에 올라 옛사람의 풍류를 떠올리다 • 153

두륜산의 일지암 유천에서
- 초의선사를 추억하며 유천 찻물을 맛보다 • 162

부안 개암사 울금바위의 석굴, 원효방 이야기
- 원효대사와 뱀복의 감천 설화를 간직한 곳 • 168

경주 반월성 귀정문 터에서 떠올린 옛사람들의 티타임
- 경덕왕과 차인 충담사의 극적인 만남의 현장 • 176

차의 향기로 가야 혼을 깨우다
- 김해에서 펼쳐진 '가야 차문화 한마당 축제' • 182

"차나 한 잔 들게"
- 중국 백림선사에서 조주선사의 '끽다거'를 음미하다 • 195

4부 차를 닮은 사람들
누군가에게 맑은 차향으로 남고 싶다

차문화의 산실, 부산에서 활동한 차인들 • 211

차의 길, 나의 길
- 정영헌 이야기 • 227

부록
최고의 차문화 유적지, 경주 남산 삼화령을 찾아서
(연구 논문 전문 수록) • 285

1부
차를 마신다는 것

만남과 소통의 시간,
차를 만나면 인생이 즐겁다

다도, 몸과 마음을 닦는 공부

"차의 향기처럼, 차의 마음처럼 살아가라."
한 잔의 차는 다도를 통해 우리에게 넌지시 속삭인다.

고금을 통해 차를 즐겨 마신 사람들은 차를 양생의 선약仙藥으로, 또는 수행의 수단으로, 그리고 예술의 영역이나 철학의 방편으로 차문화를 꽃피워왔다.

다도는 동양 정신문화의 뿌리이며 우리 민족 전통문화의 꽃이다. 다도는 사람을 사람답게 하는 마음공부다. 차의 세계는 무궁하고, 차의 길은 모든 종교와 철학과 예술을 두루 관통한다. 다도는 생활이다. 인간의 역사·문학·종교·미술·철학·건축·의학 등 온갖 학문과 예술의 매개체가 차문화인 것이다.

간혹 차를 마시다가 '조주청차趙州淸茶'의 고사를 생각해본다. 진리를 묻는 구도자에게, 깨달음을 얻기 위해 멀리서 찾아온 구도자에게

"차나 한 잔 하게나喫茶去"란 화두로 법을 전한 천하의 조주선사趙州禪師 (778~897)가 보여준 선문답의 수단이 한 잔의 차였다. 그는 '끽다거'의 화두뿐 아니라 이런 일화도 남겼다.

초심자가 총림叢林을 찾아와 "스승님, 잘 지도해주십시오"라고 했다. 그러자 조주는 "죽은 먹었느냐?"라고 되물었다. 그 학인이 아침 죽을 먹었다고 하자, "그럼 그릇이나 씻어라洗鉢盂去"라는 조주선사의 답을 들은 그 순간, 그 학인이 깨달음을 얻었다는 조주세발趙州洗鉢 이야기다.

통도사 극락암의 경봉선사鏡峰禪師(1892~1982)가 우리에게 던진 "차 몇 잔 마셨느냐?"란 공안公案 또한 같은 맥락이다. 1970년대 말 어느 유명 차문화 단체 회장단과 함께 통도사 극락선원의 삼소굴을 찾았을 때, 친견하러 온 사람들이 차를 하는 사람들이라 하니 대뜸 우리들에게 던진 화두였다.

동양 전통문화의 꽃이라 할 수 있는 차문화를 연구하는 차인들에게 "차 몇 잔 마셨느냐?"는 질문은 예사로운 물음이 아니라 선사의 선문禪問이었던 것이다. '극락'을 빠져나오며 우리는 뒤늦게 선사의 물음에 답을 만들고 있었지만 이미 흘러간 강물이었다.

임제臨濟(?~866)의 고함喝도 아니요, 덕산德山(782~865)의 방망이棒도 아닌 참으로 애정 어린 노스님의 배려가 아니겠는가.

『임제록臨濟錄』으로 유명한 '임제종臨濟宗'의 개조開祖 임제선사가 누구인가? "부처를 만나면 부처를 죽이고, 조사를 만나면 조사를 죽이라"는 법문으로 널리 알려진 스님이다.

너와 내가 부처라는 것이다. 미혹에서 벗어나라는 경책이다. "어디에 있든 주인으로 살라隨處作主"는 당당한 인간 해방 선언인 것이다.

'덕산방德山棒'으로 유명한 덕산선사는 또 어떤 사람인가? 교학을 깊이 연구한 덕산은 특히 『금강경』에 능통해 그의 속성인 주周 씨를 붙여 '주금강周金剛'이란 말을 들었다.

그 무렵 남방에서 교리를 무시하고 "본성을 보고 불도를 이룬다見性成佛"면서 참선만 하고 있는 자들을 가르치기 위해 그가 평생을 연구한 『금강경소초金剛經疏鈔』를 걸망에 넣고 남쪽으로 왔는데, 마침 식사 때라 어느 노파의 떡집을 들어갔다.

"점심을 먹으려 하니 떡 좀 주시오."

그러자 그 할머니가 "내 묻는 말에 대답을 하면 떡을 줄 것이고, 대답을 못하면 떡을 주지 않겠소"라고 했다. 덕산스님이 "그럽시다"라고 말하니, 할머니가 "스님, 그 걸망 속에 뭐가 들었소?"라고 물었다.

"『금강경소초』가 들어 있소."

"『금강경』에 보면 '과거심도 얻을 수 없고, 현재심도 얻을 수 없고, 미래심도 얻을 수 없다過去心不可得 現在心不可得 未來心不可得' 했는데, 스님은 어느 마음에 점點을 찍으려고 합니까?"

점심點心을 먹는다고 하니까 이렇게 『금강경』 구절로 교묘하게 질문을 던진 것이다. 머물러 있고, 얻을 수 있는 마음은 어디에도 없지 않는가. 과거의 마음은 흘러가서 잡을 수가 없고, 현재의 마음은 머무르지 않아 잡을 수 없는데, 하물며 미래의 마음을 어찌 잡을 수 있을까.

『금강경』이라면 주석을 달 만큼 통달했고, 천하의 그 누구도 상대할 수 있다고 생각했는데 떡집 할머니의 그 한 방에 넋이 나갈 지경이었다. 그 후 그는 용담龍潭 숭신선사崇信禪師를 만나 도를 깨치게 된다.

일찍이 육조六祖 혜능선사慧能禪師(638~713)는 "선도 생각하지 않고 악도 생각하지 않을 때, 그대의 본래면목本來面目은 어디에 있는가?"라고 물었다.

깨달은 자의 감로차 같은 이 지혜의 소리에, 향기로운 차 한 잔 마시며 자신의 본래 심성을 볼 줄 알아야 다도 하는 사람의 자격이 주어지지 않겠는가. 넙죽 큰절 올리고, 차 한 잔 마시고, 방을 빠져나와 빙그레 웃을 줄 알아야 한다.

이처럼 차와 선의 세계는 불꽃 같고, 넉넉히 흐르는 물결 같은 그런 것이다. 때론 '놓아버릴 줄放下着'도 알고, "이치가 없는 듯해도 지극한 이치요, 그렇지 않으면서 더욱 그러함無理之至理 不然之大然"이란 진리도 깨달을 줄 알아야 한다. 다만 세상살이에서 만나는 시비, 선악, 아름답고 추함에 대한 분별, 집착 등이 우리를 어리석게 만드는 법이다. 다도 공부는 자신을 찾아가는 길이다.

'심외무법心外無法', 마음 밖에 있는 건 허상이다. 마음 밖에는 따로 부처도 없고 신도 없다. 이는 원효元曉(617~686)의 "마음 밖에 진리가 없는데 무엇을 따로 구하랴心外無法 胡用別求"의 깨달음이다.

천태天台 덕소德韶(891~972)란 도인도 "마음 밖에 진리는 없구나. 눈에 가득 푸른 산心外無法 滿目靑山"이라고 노래했다.

다도 생활, 곧 마음공부를 통해 그 해답을 얻는 자는 지혜로운 사람이리라. 차에 담긴 정신을 발견해 선禪의 경지를 체득하는 희열이 다도의 요체다.

고운孤雲 최치원崔致遠(857~?)이 짓고 쓴 '진감선사 대공탑비眞鑑禪師大

空塔碑'에 나오는 '수진오속守眞忤俗'의 정신을 차의 정신으로 삼아야 한다. 통일신라 후기의 유명한 승려 진감선사의 탑비인 이 금석문에는 차의 다른 말인 '명茗'자와 돌솥을 지칭하는 '석부石釜'란 글이 있어 차문화 유적으로도 유명하다.

진감선사眞鑑禪師(774~850)는 불교 음악인 범패를 도입해 널리 대중화시킨 인물로, 애장왕 5년(804) 당나라에 유학했다가 흥덕왕 5년(830) 귀국, 높은 도덕과 법력을 펼치다가 77세에 쌍계사에서 입적했다. 최치원은 진감선사의 고고하고 담박한 인품을 압축해서 '수진오속'이라 표현했다. '참됨을 지키고 속됨을 멀리함'이라는 뜻이리라.

신라를 대표하는 차인이 신라의 덕 높은 차승茶僧의 한평생을 노래한 이 '수진오속'이야말로 신라 차문화의 정신이며, 나아가 한국의 '차 정신'이라 해도 손색이 없을 듯싶다.

일찍이 삼국을 통합한 통일신라의 차 정신은 이런 다도 철학의 바탕에서 이루어졌으며, 이러한 사상은 고려의 문인들과 조선의 올곧은 선비들에 의해 끊임없이 이어져 오늘날까지 면면히 계승되어왔다.

인정과 참됨이 퇴색되어가는 오늘날, 비록 속세에 살지라도 속물이 되고 싶지 않은 현대인에게 무엇보다도 필요한 것이 다도 생활이다. 하지만 예나 지금이나 차를 앞세우며 그럴듯하게 분장을 하고 자신의 이익만 챙기는 탐욕스런 사람들 때문에 차가 곤욕을 치르기도 한다.

또 옛날엔 가혹한 차세茶稅가 문제였다. 차가 백성들에겐 원망의 대상이었던 적도 있었다. 예컨대 차의 주산지인 지리산 하동 땅 화개는 관官에서 노약자까지 징발해 험준한 바위산으로 몰아넣어 찻잎을 따게 했다. 이른바 백성들의 노동력 착취로 이어지기도 했다는데, 어디 그곳뿐이었을까.

"차를 칭송한 글이 없음은 어진 선비를 버려둠과 같기에 이렇게 글을 쓰노라"며 『다부茶賦』를 우리에게 남긴 한재寒齋 이목李穆(1471~1498)은 시대를 잘못 만나 조선조 연산 4년(1498) 무오사화 때 참형을 당하니, 그의 나이 겨우 스물여덟이었다. 「절명가絶命歌」를 남기고 태연히 세상을 떠난 한재 선생의 생은 너무도 짧았지만, 그 인품과 사상과 경세經世는 훌륭한 선비 차인의 모습이었다.

누군가 세금 운운하며 차의 병폐를 들었을 때 한재는 말했다.

"맞는 말이다. 하지만 그것이 어찌 하늘이 만물을 낸 본뜻이겠는가? 사람이 문제지 차가 아니로다. 또한 나는 차를 너무 즐겨서 이를 따질 겨를이 없노라."

요즘처럼 찻자리茶席의 세태가 어지럽고 문란할 때 매우 적절한 경구인 듯하다. 결국 '사람이 문제지 차의 잘못이 아닌人也 非茶也' 것이다.

사람의 뜻을 성실히 하고 심성이 올곧게 되도록 도와주는 영약이 차고, 이를 즐기는 삶이 차 생활이다. 세상의 모든 귀한 것들은 인간의 고운 마음에서 우러나는 것이다. 그 착한 심성이 참됨을 지키는 차인의 향기이리라.

외형적인 행사와 보여주는 행다법行茶法도 중요하지만 무엇보다도 차인 저마다의 마음공부를 통한 내공과 다도 정신에 더 관심을 기울여야 한다. 특히 혼이 깃든 정신이 필요하다. 혼자서나, 손님을 접대하거나, 또는 여러 대중 앞에 보여주는 차문화 행위에도 혼이 깃들어야 한다. 정성과 혼spirit이 없는 행위는 생명이 없는 존재이기 때문에, 오늘날 한국의 차문화가 발전하려면 혼이 담긴 '차 생활운동'이 무엇보다도 필요하다.

차문화를 재조명하고 여유롭게 차를 마시는 차 생활은 어쩌면 오늘날의 현실에 너무나 동떨어지고 한가로운 일인지도 모른다. 디지털이니 하는 첨단의 시대에 맞지 않을지도 모른다. 하지만 정신없이 바쁘게 돌아가는 현대 생활에서 모순과 몰인정을 타파하고, 윤기 있고 살맛 나는 사회를 만들어갈 수 있는 최선의 선택이 차 생활이리라.

바람결 같은 '신풍류운동'은 살맛 나는 세상을 만들어가는 근원이다. 차는 사람을 이롭게 한다. 만물을 살리는 물을 만나 그 조화로움이 이루어지는 것이다. 차는 물의 신神이요, 물은 차의 몸이라 했다. 차는 물을 만나 비로소 하나가 된다. 차는 인류가 발견한 최상의 마실거리다.

여린 쪽빛으로 다가오는 이른 아침에 어디에도 걸림이 없는 '무애차無碍茶'를 벗할 수 있다면, 오늘은 더욱더 행복한 날이 아니겠는가.

신이 내린 은혜로운 선물, 차와 차나무

차가 오랜 역사를 거치며 인류의 사랑을 받아온 것은
대체적으로 누구에게나 심신을 이롭게 하기 때문이다.
내려주고, 올려주고, 때론 풀어주고, 그리고 조화롭게 하는 것이 차의 성질이다.

　하늘이 인류에게 내린 최상의 마실거리인 차나무는 우리에게 은혜로운 영물이다. 빼어난 향미와 다양한 효능을 두루 지녔기에 차는 예부터 많은 사랑을 받아왔다.
　사람의 눈과 코와 입을 즐겁게 하는 색향미가 차의 품질이라면, 사람의 몸과 마음과 기운을 넉넉하고 힘차게 하는 기질은 차의 품성이다. 사람의 기호를 충족시키고, 어떤 체질이든 조화를 이뤄 심신과 기운을 북돋아준다.
　대체로 우리나라는 이웃 나라처럼 차나무를 최대한 활용하지 않는 편이다. 다양한 차를 개발하고 연구해 자연이 준 최고의 선물을 최대한 이용해야 하리라.

차는 크게 여섯 가지로 분류한다. 6대 다류茶類란 녹차, 황차, 백차, 청차, 홍차, 흑차를 말한다.

제다製茶의 기본 공정은 익히기와 비비기 그리고 말리기인데, 본래 차가운 성질을 가진 찻잎은 조다법造茶法에 따라 그 성품이 달라진다.

찻잎에 열을 가하면 차성茶性이 온화해진다. 찻잎의 발효에 따라 차성이 바뀌고, 비비기는 찻잎의 성분을 고르게 해 가열과 발효를 순조롭게 한다.

차나무에서 찻잎을 채취해 만드는 과정에 따라 여러 종류의 차류로 구분되는데, 이들의 특징을 오행과 함께 살펴보자.

오행이란 물질을 다섯 가지 성질로 나누는 이론이라고 한다. 즉, 물은 내림의 성질을, 불은 올림의 성질을, 나무는 오르내림을 아우르는 성질을, 쇠는 움츠림의 성질을, 흙은 풀림의 성질을 가리킨다.

녹차綠茶는 불발효차不醱酵茶로서 찻잎을 채취해 바로 가열해 만든 차이다. 가열하는 방법으로는 가마솥에 덖거나 증기로 찌는 법 등이 있다. 덖음차가 증제차보다 향이 감미롭다. 한국, 일본, 중국이 주 생산지이며 빛깔과 물빛이 신선하고 풋풋한 맛이 특징이다. 대체로 한국은 맛을 선호하고, 일본은 우린 빛깔을, 중국은 향을 중요시한다. 오르는 기운이 있으나 발효를 억제해 움츠리는 성품이 있다.

황차黃茶는 찻잎의 색상, 우려낸 찻물의 빛깔, 찻잎 찌꺼기가 모두 황색이다. 맛이 순해서 마시기도 편해 요즘 우리나라에서 즐겨 만들어 마시고 있다. 녹차와 청차의 중간에 해당되는 차로서 엽록소가 파괴되어

황색으로 변했다. 그 성질은 풀림이다. 소화를 돕고 숨길을 편하고 느리도록 도와주는 것은 바로 누른빛이 가진 풀림의 효능이라고 할 수 있다.

백차白茶는 차의 어린 싹을 덖거나 비비기를 하지 않고 약간 시들게 한 후 건조만 한 차다. 또는 가볍게 덖고 비벼서 만든 차로서 찻잎이 은색의 광택을 낸다. 중국에선 은침銀鍼이라 표현하기도 한다. 향기가 맑고 맛이 산뜻하며, 열을 가해 제다하지 않아 성미가 냉하며, 해열작용이 강해 여름철에 즐겨 마신다. 한약재로 널리 쓰이는데 은은한 그 맛이 때론 밋밋하여 대체적으로 즐기는 사람들이 많지 않다. 내리는 기운과 움츠리는 성품을 가졌다.

청차青茶는 발효 정도가 10~60%로 녹차와 홍차의 중간 정도인 반발효차半醱酵茶로 분류한다. 중국차의 대명사격이며 오룡차烏龍茶 종류가 주종을 이루면서 기름기 있는 음식과 즐겨 마신다. 성질은 황차와 비슷하지만 제다법에 따라 다양한 특성을 지닌 차로, 차의 빛깔로 구별하기 힘들다. 혹은 차향 등의 특징으로 오행을 가늠할 수 있어 중국에서는 문향배聞香杯로 먼저 향을 즐기기도 한다.

홍차紅茶는 발효 정도가 80% 이상으로 떫은맛이 강하고 붉은빛이 난다. 세계 차 소비량의 75~80%를 차지하는데 인도, 스리랑카, 중국, 케냐, 인도네시아가 주 생산국이다. 홍차는 발효차로서 차의 빛깔이 붉기 때문에 동양에서 붙인 이름이고, 서양에서는 찻잎이 검다 하여 블랙 티black tea라고 부른다. 오르는 기운과 퍼지는 성품을 함께 지녔다.

흑차黑茶는 후발효차後醱酵茶이다. 차 빛깔이 흑갈색을 띠고 물빛은 황갈색이다. 차가 완전히 건조되기 전에 온도와 습도를 맞춰 자연스럽게 후발효가 일어나게 만든 차다. 이때 미생물이 작용하기에 미생물 발효차라고도 한다. 중국의 운남성, 사천성, 호북성, 호남성 등지가 주요 생산지이며 오래 될수록 그 진가가 나타나는데 요즘 유행하는 운남의 보이차普洱茶가 대표적이다. 내리는 기운이 넓게 퍼지는 성품을 가졌다.

차가 오랜 역사를 거치며 인류의 사랑을 받아온 것은 대체적으로 누구에게나 심신을 이롭게 하기 때문이다. 그래서 차는 양생養生의 선약仙藥으로 비롯되었던 것이다. 하지만 지나치거나 모자람이 없는 중정의 자세가 세상의 바른 이치이듯이, 차 역시 마시는 사람과 조화를 이룰 때 그 진가가 발휘되는 것이리라. 차의 성품과 사람의 체질 및 성격에 따라 적합한 차를 선호함도 삶의 지혜다.

몸이 냉하고 내성적인 사람, 머리를 많이 쓰는 사람은 황차가 적합하다. 몸이 뚱뚱한 사람은 백차가 좋고, 수행자나 주위가 산만한 사람은 녹차를 자주 마시는 게 좋다. 무기력한 사람에게는 홍차가 적합하다. 그리고 스트레스를 많이 받는 현대인들에게는 흑차가 무난하다.

자신의 체질과 어울린다고 한 종류의 차를 집중적으로 선호하는 것도 문제가 될 수 있으니 주의할 일이다. 그렇다고 차를 너무 어렵게 생각해서도 안 될 것이다. 제대로 법제된 차는 어떤 체질이든 우리에게 도움을 주지만, 잘못된 차는 우리 몸을 상하게 할 수 있으니 좋은 차를 판별하는 안목을 키우는 일이 중요하다.

더운 곳에 사는 사람들이 가라앉는 심신의 기운을 막기 위해 홍차를 마시고, 몸과 정신의 작용을 중요시하는 수행자가 녹차를 마시는 것도 오행의 오묘한 이치에 따르는 것이다.

내려주고, 올려주고, 때론 풀어주고, 그리고 조화롭게 하는 것이 차의 성질이다. 자신이 처한 환경에 맞춰 적절히 여러 종류의 차를 조화롭게 마실 때, 비로소 우리의 몸과 마음과 기운에 이롭게 작용하는 것이 차라는 선약이다.

봄날, 한 사발의 맑은 차를 권하며

인생은 차맛과 같다고 했던가.
봄눈 같고 봄꽃같이 속절없는 인생사에 향기로운 차 한 잔을 벗하며
삶의 묘미를 느끼는 이는 맑은 삶을 누리는 자유인이다.

신라 때 어느 마을에서 있었던 일이다.

유렴劉濂이란 재상이 부모의 제삿날에 평소 잘 아는 스님께 부탁해 덕이 높은 고승 한 분을 소개해달라고 했다. 당시 신라의 습속으로 부모의 기일엔 불사를 통해 그 명복을 빌었다고 한다. 그런데 유렴의 눈에는 스님이 소개한 그 고승이란 사람은 한낱 시정의 잡배처럼 보였다. 고승은커녕 생김새도 미련해 보이고 옷은 불결해 마음에 들지 않았던 모양이다.

유렴이 소개해준 스님을 나무라고 고승을 푸대접을 하자, 그 고승이 아무 말도 하지 않고 소맷자락에서 사자 한 마리를 끌어내더니 그 사자를 타고 멀리 가버리는 것이었다.

그때서야 유렴은 자신의 잘못을 깨달았지만 고승은 이미 하늘 높이

사라져버린 후였다. 유렴은 그 밤이 다 새도록 엎드려 절을 하며 자신의 어리석음을 한탄했다고 한다. 마을 사람들이 이 일을 비꼬아서 유 재상이 살던 마을을 배리, 즉 '절하는 동네拜里'라 불렀다.

이 배리라는 마을은 신라 천 년의 사직을 지켜보았던 신라인들의 영원한 안식처인 경주 남산 서쪽에 위치해 있다. 그곳은 지금도 눈이 오나 비가 오나 천 년의 미소로 찾는 이를 반기는 삼존석불이 있는 곳이다. 『삼국유사』「진신수공眞身受供」조에도 비슷한 이야기가 나온다.

> 정유년에 망덕사望德寺 낙성회를 열고 효소왕이 친히 나가 공양하는데, 한 승려가 꾀죄죄한 모습으로 몸을 움츠리고 뜰에 서서 청했다.
> "빈도貧道도 이 재齋에 참석하기를 바랍니다."
> 왕은 그가 말석에 참석하도록 허락했다. 재가 끝나자 왕은 그를 희롱하며 말했다.
> "그대는 어디 사는가?"
> 승려가 답했다.
> "비파암에 있습니다."
> "이제 가거든 다른 사람들에게 국왕이 친히 불공하는 재에 참석했다는 말을 하지 말라."
> 왕의 말에 승려도 웃으면서 대답했다.
> "폐하께서도 역시 다른 사람들에게 진신 석가를 공양했다고 말하지 마십시오."
> 말을 마친 승려는 몸을 솟구쳐 하늘로 올라가더니 남쪽을 향해 날아갔다.

왕은 놀라움과 부끄러움에 동쪽 언덕으로 달려올라가 그가 사라진 방향을 향해 멀리서 절하는 한편 사람을 시켜 승려를 찾게 했다.

승려는 남산 삼성곡參星谷 혹은 대적천원大磧川源이라고 하는 곳에 와서 돌 위에 지팡이와 바리때를 놓고 숨어버렸다. 사자가 돌아와 복명하자, 왕은 즉시 석가사釋迦寺를 비파암 밑에 세우고, 또 그의 자취가 사라진 곳에 불무사佛無寺를 세워 지팡이와 바리때를 두 곳에 각각 나누어 두었다. 두 절은 지금까지 남아 있으나 지팡이와 바리때는 없어졌다.

『삼국유사』는 같은 조에서 이어 이야기하고 있다.

『지론智論』(용수보살이 지은 『대지도론大智度論』) 제4권에,
옛날에 계빈국罽賓國 삼장법사三藏法師가 아란야법阿蘭若法을 행하여 일왕사一王寺에 이르니 절에서는 큰 모임이 열리고 있었다. 그의 옷이 누추하다 하여 문지기는 문을 막고 들어가지 못하게 했다. 여러 번 들어가려 했으나 지저분한 옷 때문에 번번이 들어가지 못하자 그는 다른 방편을 썼다. 좋은 옷을 빌려 입고 가니 문지기는 막지 않고 들어가게 했다. 이렇게 하여 그 자리에 참례하게 되자 여러 가지 좋은 음식을 얻어 그것을 옷에게 먼저 주니, 여러 사람들이 "왜 그렇게 하는가?"라고 물었다. 그러자 그는 이렇게 대답했다.

"내가 여러 번 왔으나 매번 들어올 수 없었는데 이 옷 때문에 이 자리에 들어오게 되었고, 여러 가지 음식을 받았으니 마땅히 이 옷에게 주는 것이오."

그 옛날 차별에 대한 세상인심을 보여준 설화이리라. 예나 지금이나 지혜롭지 못한 이는 사람들의 겉모습만 보고 평가하려고 한다. 그 사람의 내면의 아름다움과 내공의 힘 그리고 인격의 향기를 미처 간파하지 못하는 것이다. 그가 갖고 있는 돈이나, 그가 입고 있는 옷이나, 살고 있는 집의 크기에 눌려 진면목을 보지 못하는 것이다. 권세를 지녔다고 아부하며, 힘없고 돈 없다고 업신여기는 천민의식이 가득한 사회는 일류국가라 할 수 없다.

은은한 난향을 맡으며 난의 품격을 입에 올리면서도 정작 자신이 만나는 사람의 향기는 왜 맡지 못하는지. 물질이 곧 인격이 되어버린 세상이다. 그 사람의 인품보다 그가 갖고 있는 재산이나 권력 그리고 겉모습에 점수를 더 주는 세태가 안쓰럽다. 나를 위한 삶이 아니라 남에게 보여지는 삶을 더욱 중요시하는 우리의 삶이 팍팍하기만 하다.

모범이 되어야 할 오늘날 이 땅의 종교와 정치를 비롯한 각 분야 일부 지도자들의 언행은 또 어떤가. 대다수의 선남선녀들에게 실망을 넘어 절망감을 주고 있지 않는가. 그들에게 일을 맡기기 위해 빌려준 권력을 마치 하늘에서 선택받아 부여된 힘으로 여겨 오히려 주인에게 군림하려고 하는 자들의 추한 모습은 인간의 속성을 보는 것과 같다.

결국 한 조각구름이 일어났다 스러지는 모습 같은 게 인생이라 한다면, 짧은 한평생을 살면서 스스로 아무렇게 살거나, 더불어 살아가는 모든 이들을 자신의 잣대로 함부로 평가할 수는 없는 일이다.

"깨달아라, 그리고 지혜롭게 살아라" 하며 인류의 스승이신 성인들은 우리에게 언제나 간절히 속삭이지만 미혹한 이들은 그것을 먼 하늘나라 일이라 생각한다.

속된 무리의 기교나 격식을 멀리하고, 사치를 싫어하며, 귀한 사람이나 천한 사람이나 차별을 두지 않았던 진감선사의 모습을 고운 선생이 표현한 '수진오속'의 정신을 찾아야 한다.

내 한 몸 챙기기도 힘든 각박한 이 세상에서, 참됨을 지키고 속됨을 멀리하기가 말처럼 쉽지는 않을 거라 생각되지만, 그래도 이런 삶을 보여주는 향기로운 이들이 예나 지금이나 이 사회를 지키고 있는 한 살맛 나는 한평생을 보내는 것이 아니겠는가.

참사람의 향기는 오랫동안 우리를 즐겁게 한다. 차인의 자세가 비록 속세에 살지라도 속물이 되지 않는 삶을 보여주는 일이라 한다면, 다도 생활 그 자체가 참사람의 모습이어야 한다.

일상의 차 생활에서 심덕心德의 자세를 배우고, 다도 생활에서 올곧은 선비 정신을 가다듬고, 수진오속의 정신에서 한국 차문화의 정체성을 찾아야 할 때가 아닌가 싶다.

어김없이 봄은 찾아왔다. 인생은 차맛과 같다고 했던가. 봄눈 같고 봄꽃같이 속절없는 인생사에 향기로운 차 한 잔을 벗하며 삶의 묘미를 느끼는 이는 맑은 삶을 누리는 자유인이다.

고요히 앉은 찻자리에 향기로운 차는 무시무종無始無終의 맛이다.

"흰 구름 밝은 달 두 손님 삼아 나 홀로 차 마시니, 이곳이 바로 도인의 자리로구나"라고 노래한 초의선사草衣禪師(1786~1866)가 체득한 이 무심의 경지를 맛보는 희열은 그리 어려운 것이 아니다.

허균許筠(1569~1618)은 "차 반 사발 마시고 향 한 자루 사르며 한가로이 천지고금을 생각하노라. 사람들은 좁은 방이라 누추해서 어찌 사노라지만 나에겐 신선의 세상인 것을"이라고 노래했다.

봄날에 맑은 차 마시며 향 한 자루 사르고 온전히 하루를 보낼 수 있다면 이 또한 즐겁지 않겠는가.

정신없이 바쁘게 돌아가는 세상에 그런 여유가 어디 있느냐고 어떤 이는 말한다. 그럴수록 정신을 챙겨야 하는 게 지혜로운 삶이다. 느림과 빠름, 현대 문명과 전통문화, 아날로그와 디지털 간의 조화로움에서 답을 찾아야 한다. 원융무애圓融無碍는 이 세상을 구원할 수 있는 많지 않은 길 중의 하나다. 혼탁한 오늘날, 시대적 격동기에 우리는 향기롭고 올곧은 정신의 소유자를 그리워하고 있다.

차의 향기로, 차의 마음으로 심안을 열어보자. 진리를 깨달으면 우리에게는 번뇌도 없고 버려야 할 무명無明도 없다는데, 정녕 그 자리는 오를 수 없는 경지이던가.

인류가 발견한 최상의 마실거리

차는 대자연이 우리에게 준 최고의 선물이다. 사람의 뜻을 성실히 하고 올곧은 심성을 찾아주는 영약이 차이고, 우리 삶의 근간을 이루는 문화의 총체성을 지닌 신령스럽고 자연스런 것이 차문화이다.

인류 최초로 차를 마신 사람이 누구인가?

그는 염제炎帝 신농神農(재위 43년, BC 2517~2475)님이다. 다신茶神인 신농 역산씨歷山氏는 동방인의 역사를 열었던 최초의 상제上帝로 삼황三皇 중의 한 인물이다. 삼황이란 중국 고대에 나타난 세 임금으로, 즉 천황씨天皇氏, 지황씨地皇氏, 인황씨人皇氏 또는 수인씨燧人氏, 복희씨伏羲氏, 신농씨神農氏 혹은 복희, 신농, 황제黃帝의 여러 설이 있다.

신농씨는 중국인들이 동이족東夷族의 수장이라 부르는 인물이다. 그는 약 4500여 년 전에 현재 중국 대륙의 호북성 수현 역산歷山에서 태어나 섬서성 천주산 아래 강수姜水가에서 자랐다. 그러다가 산동성으로 장가를 가 산동성 곡부에 나라를 세워 도읍을 정한 것이 기원전 2517년 상원上元 갑자년이었다.

백성들에게 농사짓는 법과 양잠, 의약, 불 다루는 법을 가르쳐 사람이 사람답게 살아가는 길을 열어 보였고, 그리고 그 뜻을 펼쳐 역사 기록에 최초로 등장하는 탁월한 지도자이며, 우리 한민족의 시조 할아버지이다.

　신농씨의 아버지는 웅족熊族 출신의 소전少典이며, 어머니는 치우씨蚩尤氏 집안의 강씨姜氏 여인이었다. 당시는 모계사회라 그는 어머니 성을 따라 강씨가 되었다.

　중국인들은 그를 전설적인 인물로 폄하하다가, 요즘은 슬쩍 저들이 조상이라 부르는 황제 헌원씨軒轅氏와 함께 조상으로 대우해 '염황의 자손炎黃之孫'이라 말하고 있다. 황제는 염제의 딸인 대진씨大辰氏 누조嫘祖의 남편으로, 그러니까 염제 신농씨의 사위인 셈이다. 본격적인 역사 왜곡의 출발인 것이다.

　언젠가 내가 연구위원으로 있는 민족미학연구소란 학술 단체의 월례 발표회에 초청 강사로 온 모 대학 국문과 교수가 이런 이야기를 했다.

　자기네 학교의 중국인 교수가 어느 날 대뜸 "한국인의 조상이 누굽니까?" 하고 질문을 했단다. 그래서 그 교수는 "단군이지요"라고 말하니, 그 중국인 교수가 다시 "당신들 한국 사람들도 믿지 못하는 단군을 어떻게 조상으로 인정할 수 있습니까?"라고 하는 바람에 당장 답을 못했다고 한다. 잠시 후 "그럼 당신들 중국인의 조상은 누굽니까?" 하고 반문하니, 바로 "우리 중국인의 조상은 황제黃帝이지요"라고 하더란다. 단호한 그 답변에 더 이상 말을 못했다기에, 그 교수에게 '염제와 황제'의 고사를 말해준 기억이 난다.

중국 호남성에 있는 염제릉

염제 신농씨가 모셔진 염제릉 내부

오래전에 한국인으로서는 처음으로 '염제 신농릉炎帝神農陵 참배단'의 일행이 되어 중국 호남성에 있는 염제릉에서 차례를 지낸 적이 있다. 일행 모두 각자의 소임을 맡아 역사적인 차례를 지내고 나서 염제를 모신 사당을 포함한 대전大殿을 둘러보았다.

장엄하게 꾸민 신농릉과 신전에 장식된 글귀에서, 이미 잘 알려진 왜곡의 역사를 보았던 것이다. 저들의 뿌리 깊은 역사 왜곡이라는 중화 독에 취해 우리가 우리 조상도 못 알아보고 있을 때, 이때다 하며 그들의 조상으로 만들어버려도 아무 말 못하고 있는 꼴이다. 이웃 나라에선 없는 역사를 조작하고 있을 때, 있는 역사도 챙기지 못하는 얼간이 같은 우리가 한심스럽다.

염제 신농씨는 훗날 정치를 그만두고, 정확히 말하자면 왕의 자리를 빼앗겨 산으로 들어가 산사람仙人이 되었다. 신선神仙이란 말의 어원은 '신농神農이 산사람山人이 되었다'는 데서 유래했다고 한다.

중국 최고의 지리서인 『산해경山海經』 「해내경海內經」 머리글에 나오는 '사람을 가까이하고 사랑하라畏人愛之'는 정신으로, 만백성의 건강을 위해 약초를 연구하기 시작한 신농씨로부터 비롯한 본초서인 『신농본초경神農本草經』은 중국 후한에서 삼국시대 사이에 성립된 책이다. 『신농본초경』에 나오는 차에 관한 기록은 이렇다.

차苦茶는 맛이 쓰고 성질은 차다. 오장의 나쁜 기운을 다스리며 위장과 비장을 도와준다. 오래 마시면 마음이 편안하고 기운에 좋다. 눈과 귀가 밝아지고 잠이 줄어들며 몸이 가벼워지고 노화를 막아준다. 다른 말로 초苦라고 하며 선䔲이라고도 한다. 시냇가의 골짜기에서 자란다.

苦菜 味苦寒 主五藏邪氣 厭穀胃痺 久服 安心益氣 聰察少臥 輕身耐老 一名荼 一名選 生川谷

신농씨가 백초百草를 맛보고 시험할 적에, 하루에도 여러 번 독초를 씹어 독이 번져 위험했는데 그때 차나무를 처음으로 발견해 그 독을 풀었다는 이야기가 전해진다.

중국인의 다성茶聖이라 부르는 육우陸羽(733~804)가 『다경茶經』에서 "차를 마실거리로 삼은 것은 신농씨로부터 비롯되었다茶之爲飮 發乎神農氏"는 기록을 남겨, 인류 최초로 차를 발견하고 처음으로 차를 마신 사람은 신농씨라는 것을 증명하고 있다.

예나 지금이나 세상에서 가장 무서운 게 독이다. 어떤 독이든 그 독은 만병의 근원이다. 그 독을 풀어주는 최상의 약이 차나무라는 것을 신농씨는 스스로 자신의 몸으로 실천해 보여주었던 것이다.

차의 효능 중에 대표적인 것 중 하나가 정신을 맑게 한다는 것인데, 불가에서 전해 내려오는 또 다른 이야기가 있다.

불교 선종의 초조初祖인 달마대사가 참선 중 깜박 잠이 들었다. 그는 눈꺼풀이 있어 잠을 불러들인다며 양 눈의 꺼풀을 떼어 뜰에 버렸다. 그 후 그 자리에서 한 나무가 솟았다. 그 잎을 씹으니 머리가 맑아지고 졸음이 오지 않았다고 하는데, 그 나무가 차나무의 효시라는 것이다. 오늘날 불가에서 없어서는 안 될 필수품이 차인 것을 보면 이해가 간다.

차를 마시거나 참선을 해 깨달음에 이르는 길이 다르지 않다고 하여 다선일미茶禪一味니 명선茗禪이란 말을 즐겨 쓰고 있다.
 늘 마셔도 물리지 않는 것은 차 말고는 찾아보기가 힘들 것이다.

 우리 차의 우수함을 노래한 초의선사의 『동다송東茶頌』에 "늙은이가 젊어지고 시든 나무가 되살아나듯 빠른 신험이 있어 여든 노인의 양 뺨이 홍도처럼 붉어지네還童振枯神驗速 八耋顔如夭桃紅"란 글이 있다. 차를 오래 마시면 젊음을 유지할 수 있다는 옛사람의 증언이다.
 『동다송』에 의하면, 차를 마시면 "술을 깨게 하고 잠을 적게 한다고 주성周聖이 증언했다解醒少眠證周聖"는데 차를 생활화해본 사람은 그 말이 틀리지 않다는 것을 증명할 것이다. '주성'이란 주나라의 주공周公을 말하는데, 공자孔子(BC 551~479)가 꿈속에서라도 만나보기를 바랐다는 성인이 아닌가.
 차로써 인연을 맺은 사람 중에 당시 여든 살이 넘은 노인이 경주에 살고 있었다. 어느 날 나에게 말하기를, 건강을 위해 정기적으로 병원에 들러 피 검사를 하는데 그 피를 보고 병원 간호사가 그 나이에 이렇게 맑고 깨끗한 피는 처음 본다며 신기해한다는 것이다. 그 까닭은 그가 매일 차를 즐겨 마셔왔다는 사실에 있다.
 당나라 때 어느 스님의 나이가 120세에 이르자 황제가 "무슨 약을 복용했기에 이렇게 오래 살 수가 있었는가?" 하고 물었다. 그러자 그는 "젊어서부터 약이라고는 알지도 못했으나 본래 차를 좋아해 하루에 최소 40~50사발을 마셨을 뿐"이라고 대답했다고 한다.
 허준許浚(1546~1615)은 『동의보감』에서 "차는 정신을 진정시키며 머리와 눈을 밝게 하고 소화를 돕고 소변을 잘 통하게 하며 갈증을 멈추게 하고 잠을 적게 해준다. 그리고 모진 독을 풀어주는 영약"이라고 했다.

오랜 역사와 함께 많은 사람들에게 사랑받아온 차는 그 특성과 효능이 뛰어나다. 그래서 선인들은 차의 삼덕三德이니, 구덕九德이니 하면서 차의 특성을 내세운다. 또한 다섯 가지 공과 여섯 가지 덕을 노래하기도 했다. 한재 이목은 『다부』 첫머리에 "무릇 사람이 어떤 물건을 사랑하고 혹은 맛을 보아 일생 동안 즐기는 것은 그 성품 때문일 터. 이백이 달을 좋아하고 유령劉伶이 술을 좋아함은 비록 좋아하는 게 다를지라도 즐김은 같으리라"고 노래했다.

예나 지금이나 차의 특성과 효능 이야기는 끊임이 없다. 차는 현대인들에게 어떤 마실거리보다 심신 건강에 좋다. 노화를 억제하고, 암과 당뇨병 및 고혈압 예방에 좋고, 숙취 해소를 비롯한 피부 미용과 스트레스 해소에 도움을 줄 뿐 아니라 다이어트에도 좋다.

어떤 형태의 차도 나름대로 그 특성과 효능이 뛰어나지만, 우리가 즐겨 마시는 잎차綠茶인 경우, 우려 마시고 난 후에 그 찻잎을 버리지 말고 나물로 무쳐 먹거나 그대로 먹으면 건강과 몸매 관리에 남다른 효과를 볼 수도 있다.

우리 기운을 돕는 것이 차라는 것은 사실이지만, 자칫 잘못된 차를 만나면 우리 심신의 기운을 상하게 한다는 것도 알아야 한다. 차는 단순한 약이 아니다. 영혼을 살찌우는 영약이다. 인류가 발견한 최상의 음식인 차나무는 우리 몸을 돌봐주는 묘약이다.

차를 만나면 인생이 즐겁다

여린 쪽빛으로 다가오는 이른 아침에
어디에도 걸림이 없는 '무애차'를 벗할 수 있다면
오늘은 더욱더 행복한 날이 아니겠는가.

차를 마시는 일은 잃어버렸던 전통문화의 복원이요, 빼앗긴 민족문화의 부활이다. 차는 단순한 참살이Well-being 마실거리가 아니다. 우리 삶의 근간을 이루는 문화의 총체성을 지닌 신령스럽고도 자연스런 것이 차문화다.

디지털 시대, 유비쿼터스 시대를 역설적으로 지탱하고 보완해줄 수 있는 최첨단 아날로그 문명의 총화가 차문화인 것이다. 차문화가 혼돈과 불확실성의 시대를 이끌어갈 기관차 역할을 하리라 믿는다.

차문화는 인문학의 향기를 품고 있다. 다도茶道의 세계는 문사철文史哲의 보고寶庫다. 우리 주위엔 몸소 차 생활을 실천하여 생활의 발견을 뛰어넘어 생활 속의 혁명이 되어버린 이웃들이 많다.

옛것을 본받아 새로운 것을 창조하되 근본은 잃지 않아야 한다는 '법고창신法古創新'이 오늘날 전통문화운동의 기본 정신이어야 한다. 물론 행다례行茶禮란 모양새도 필요하다. 형식은 실질을 표현하는 것이라지만 모양에만 치우친 우리의 현실을 직시해야 한다. 또한 짧은 세월 동안 우리 차문화의 세계가 많은 발전을 보인 것도 결국 오랜 역사 속에서 그 맥을 면면히 이어온 뜻있는 선조들의 덕이리라.

하지만 안타까운 현실은 아직도 차의 역사를 왜곡하거나, 선학들의 그릇된 사실 기록을 그대로 답습해 앵무새처럼 공부하거나 후학들에게 가르치고 있는 차 연구가가 존재한다는 것이다.

예컨대 우리 차의 전래설을 이야기하면서 가락국기를 마치 읽어본 것처럼, "『삼국유사』「가락국기駕洛國記」에 의하면 수로왕비 허씨가 수로왕에게 시집올 때 차 씨를 갖고 왔다"는 등등의 잘못된 조술祖述을 하는 것이 그것이다. 『삼국유사』 기록에는 아유타국 공주 허황옥이 수로왕에게 시집올 때 비단 의상 등과 금은주옥 및 많은 보배로운 패물들을 가져왔다는 기록이 있을 뿐 '차 씨' 이야기는 전혀 없는데도, 마치 「가락국기」에 기록이 있는 것처럼 말하고 있는 것이다. 어찌 보면 지엽적인 지적일 수도 있지만 좀 더 신중한 접근이 필요하리라 싶다. 그래야만 다른 분야의 연구가들에게 덜 미안하지 않겠는가.

참고로 수로왕비가 차 씨앗을 가져왔다는 기록은 이능화가 지은 『조선불교사』 하편 477~461쪽 「헌초위지문사기왕獻草爲芝文士諱王」 조 말미에 이능화가 주를 단 다음의 구절인데, 아마도 이 차 기사를 『삼국유사』「가락국기」에 결부시켰지 싶다.

尙玄曰 朝鮮之長白山 出茶 名曰 白山茶 乾隆時 淸人採貢 宮庭爲御
用之茶 金海白月山 有竹露茶 世傳首露王妃許氏 自印度持來之茶種
云 濟州道 出橘花茶 味甘而香 已上三種茶 皆屬名産貴品而人罕之

여기서의 상현尙玄은 이능화의 호이다.

지금부터는 전통문화의 뿌리인 한국 차문화의 정체성을 고민해야 하리라. 이런 까닭과 맥락이 닿아 있는 지난 일 중에 아직도 잊지 못할 추억이 있다.

30대였던 1980년대 중반 그 암울했던 시절, 남도의 한 국립대학 총학생회 초청 강연에서 '민족문화와 다도'란 주제로 강단에 선 적이 있었다. 세월이 지난 후 돌이켜보면 젊은 나이에 의욕만 앞선 짜임새 없는 내용이었지만, 그 시절에 흔했던 시국 강연인가 해서 청중들 사이에 몸을 숨긴 서너 명의 사복 경찰에 아랑곳하지 않고 끝까지 자리를 지켜주었던 그 청중들의 눈빛을 잊을 수 없다. 학생들의 순수함과 전통문화에 대한 관심을 읽을 수 있었고, 동시대를 호흡하며 함께 시대를 번민하고 우리 민족문화에서 무언가를 찾던 그 열정에 우리 차문화운동의 앞날을 예견할 수 있었던 시절이었다.

다도는 단순한 취미 생활이 아니다. 다도는 생활 문화로써 몸과 마음을 다스린다.

차는 육근六根을 즐겁게 한다. 눈眼, 귀耳, 코鼻, 혀舌, 몸身, 마음意을 부드럽게 해 심신을 편안케 하는 최고의 마실거리이다. 국내외의 약학 또는 영양학 연구자들은 차를 단순한 음료로 분류해 약리적인 효능들을 발표하지만 차는 그렇게 단순한 음료가 아니다. 약이 될 수 있지만 약으로만 볼 수 없는 신령스러운 존재다. 수없는 차의 효능과 성분이 과학적으로 밝혀졌지만, 그것은 차가 발견된 이래로 차를 애호하던 많은 선인들에 의해 이미 밝혀진 차의 특성이었다는 사실을 알아야 한다.

차는 영물이다. 건강에 좋다는 일차원적인 효능을 떠나서 다도 생활에서 얻을 수 있는 정신적인 효능은 그 범위를 논할 수 없으리라.

'다도는 동양 정신문화의 뿌리'란 믿음은 아직까지 유효하다. 차문화를 통해 온갖 동양문화의 기틀이 세워졌고, 차 생활을 돕기 위한 차 도구의 발달이 도자기 문화를 꽃피웠다. 또 우리의 자랑거리인 고려청자의 전성기를 이룬 것도 차문화 덕이다.

예로부터 지금까지 차는 묘하고 신령스러운 평화와 행복을 가져다주었고, 나아가 단절된 가치관을 뛰어넘어 새 시대를 열어갈 소통의 문화가 되어왔다. 차는 바로 무궁한 소통의 자유로움 그 한가운데 서 있다. 차 생활 속에 도가 있고, 몸과 마음을 맑히고 밝히는 신명스런 힘이 존재한다.

우리 차문화에는 이처럼 유구한 역사가 깃들어 있으며, 속 깊은 문화와 함께 민족의 정체성이 녹아 있다.

중정의 철학, 넘침도 모자람도 없는

우리 차문화는 인문학의 향기를 진하게 품고 있다.
복잡다단한 우리 삶에서 중용으로 가는 지름길은 다도를 통한 참선과 기도이다.
차를 통해 우리는 모자라지도, 넘치지도 않는 중정을 깨우치며 덕을 기른다.

다도는 참선의 시작이요, 평상심을 찾는 마음공부다. 차를 마신 만큼 선禪이 되고 차를 즐긴 만큼 인의仁義를 배우는 것이다. 차 생활을 제대로 하기 위해서는 중정中正의 도가 필요하다. 중정과 중용이란 우리가 내세울 수 있는 정신의 요체이기 때문이다. 불가의 근본이 되는 중도中道 또한 우리가 추구하는 행복한 인생의 진리가 아니겠는가.

유교에서 말하는 중용과 불교에서 말하는 중도는 그 맥락은 같지만 그 깊은 뜻은 헤아리기 어렵다. 그 안에는 중정의 지혜가 깃들어 있기에 중용과 중정을 이야기한다.

중용이 말처럼 실천하기가 쉽지 않음을 우리는 잘 안다. 공자는 중용의 삶이 얼마나 어려운가를 이렇게 말하고 있다.

천하도 조화롭게 다스릴 수 있고 天下國家可均也
벼슬과 녹봉도 사양할 수 있고 爵祿可辭也
날카로운 칼날도 밟을 수 있지만 白刃可蹈也
중용만큼은 참으로 어렵구나 中庸不可能也

『중용』에 나오는 말이다. 『중용』은 유교 경전인 사서 중 하나이자 유교 입문의 필독서로 동양 정신문화의 으뜸으로 정착되었고, 오늘날에도 모든 분야에서 적용되는 인생 지침의 고전임은 분명하다. 중용의 핵심을 정성 '성誠' 한 글자로 표현하는데, 『대학大學』의 핵심인 '선善'과 함께 겉과 속이 어우러지는 '내성외선內誠外善'으로 표현할 수 있는 성경현전聖經賢傳이다.

새로운 유교를 제창했던 주희朱熹(1130~1200)의 '중용'에 관한 생각은 어떤가.

중中은 어느 한편에 치우치지 않고, 기울지도 않고, 넘치거나 모자람이 없는 경지不偏不倚, 無過不及이고, 용庸은 언제나 그런 마음으로 살아가는 것이다平常.

'평상심시도平常心是道'라 했는데 어디 그게 평범한 사람이 접할 수 있는 일인가. 오랜 수행과 공부를 통해 깨달음의 문 앞에 설 수 있을 때 비로소 들 수 있는 화두이다. 지혜로운 사람은 미혹하지 않고, 어진 사람은 근심하지 않고, 용기 있는 사람은 두려워하지 않는 법이다.

중정을 이야기하면서 짚고 넘어가야 할 것이 있는데, 바로 한·중·일의 차 정신이다.

동양 정신사에 큰 영향을 미친 중국의 '차 정신'이라 하면 '정행검덕精行儉德'을 먼저 떠올린다. '정행'은 차인의 행실을 강조하고, '검덕'은 소탈한 차인의 덕목을 뜻한다. 일본 다도는 '화경청적和敬淸寂'을 차의 정신으로 삼는다. 결국 '화경청적'의 정신 또한 그 기원은 중국 송나라 때 선불교와 다도의 만남에서 비롯되었다. 혹은 '자득自得'과 잡념을 버리고 무아의 경지에 드는 '좌망坐忘' 등을 일본차의 정신으로 보는 이들도 있지만, 이는 다도 생활을 하는 모든 사람이 갖춰야 할 묘리妙理이다.

물론 불교를 포함한 동양사상의 큰 바다에선 '정행검덕'과 '화경청적' 그리고 한국의 차 정신이라 일컫는 '중정', 이 모두가 하나의 뿌리에서 비롯됨을 알 수 있다.

초의艸衣는 『동다송』 제15송에서 중정을 이렇게 정의하고 있다.

> 그중에 현묘함을 말로 나타내기 어려우니 中有玄微妙難顯
> 참되고 묘한 맛은 물과 차가 잘 어우러져야 하네 眞精莫敎體神分
> 이것이 온전해도 중정을 잃을까 두려우니 體神雖全猶恐過中正
> 중정은 과함과 모자람이 없는 건령의 어울림이다 中正不過健靈倂

그 요체는 물의 몸體과 차의 신神이 잘 어울리고, 차의 건健과 물의 영靈이 어우러져야 한다는 것이다. '중정'이 균형을 이룰 때 체와 신이 함께 어우러질 수 있다는 뜻이다. 주석에서는 이를 물과 차의 양을 적절히 조절함으로써 '중'이 넘쳐 '정'을 잃지 않도록 해야 한다는 뜻으로 설명하고 있다. 이 말에 함축되어 있는 뜻은 사람들에게 넘치거나 모자라지도 않는 최적의 균형 상태를 강조하고 있는 가르침이라고 볼 수 있는 것이다.

바로 중정의 철학이다. 곧 군자의 덕목으로써 내용과 형식의 표리일체表裏一體를 강조하는 것으로 이해하면 무리가 없을 듯싶다. 형식은 실질적인 내용을 표현하는 것이라 한다면, 내용과 형식은 함께 더불어 어우러지는 것 '문질빈빈文質彬彬 연후군자然後君子'의 미덕이 아니겠는가. 문文은 후천적인 것이요, 꾸미는 것이다. 질質은 소박한 본래의 모습이다.

간혹 절집에서 스님께 차를 대접받거나, 차를 즐겨 마시는 차 애호가들의 찻자리에 객으로 앉아보면 그들의 내공을 엿볼 수 있다. 대부분 오랜 수련의 공력 없이 아무렇게 차를 내는 행위를 자연스러운 무위자연으로 착각들을 하고 있음을 볼 수 있다. 몸에 이로운 차를 누구나 마시기는 쉽지만, 다도에 이르는 길은 그만큼 어려운 경지라 볼 수 있다.

한편 『주역』에서는 중정이 괘효卦爻의 의미를 해석하기 위해 사용되기도 한다. 중中은 효爻의 위치를 보여주고, 정正은 음양의 이치에서 효의 위치가 바른 것인가를 판단하는 것이다. 즉, '중'은 형상을, '정'은 모습의 옳고 그름을 판단하는 것이라 생각한다.

다산茶山 정약용丁若鏞(1762~1836)이 강진 다산초당에서 읊은 시를 읽어보자. 초당의 모습이 눈에 선한 그림 같은 글이다.

　　벽돌로 만든 작은 차 부뚜막　甓甃小茶竈
　　바람 잘 통하고 불길 좋은 모양일세　離火巽風形
　　찻물은 끓는데 동자는 졸고 있고　茶熟山童睡
　　푸른 연기만 홀로 하늘거린다　裊煙猶自靑

아마 자신의 울분과 핍박받는 백성의 아픔을 다도로써 인고하는 자족의 삶에서 나온 글이리라. '이화離火'와 '손풍巽風'은 주역과 관련된 표현으로 '이화손풍형離火巽風形'이란, 불을 잘 빨아들이고 바람을 잘 통하게 하는 풍로를 말함이다.

또한 포은圃隱 정몽주鄭夢周(1337~1392)의 차시茶詩에 "물과 불은 천지의 쓰임이니坎離天地用 이 뜻은 무궁하구나"란 구절이 나오는데, 감괘坎卦는 물이요, 이괘離卦는 불을 상징하듯이 포은의 다도 정신은 천지의 기운과 합일된다. 아마 차를 즐겼던 조선 선비들의 정신은 한마디로 요약할 수 없는 다양한 철학을 내포했으리라 싶다.

중정과 중용, 중정과 중도는 그 개념이 동일하다. 하지만 중도는 불교에서, 중용은 유교에서 그 어원을 찾을 수 있듯이, 불교의 근본 원리를 이루고 있는 중도사상은 쾌락과 괴로움, 있음과 없음 등 어떤 것이든 상대적으로 양 극단에 치우치지 않는 평범한 진리에 있다. 이는 불교의 근본 원리로서, 석가모니가 깨달음으로 부처가 되어 처음 설법한 초전법륜의 기초를 이룬 사상이다.

태자로 태어나 궁전에서의 더할 나위 없는 쾌락과 출가 후 설산에서의 혹독한 6년간의 고행을 통해 비로소 깨달음에 이르는 길이 중도였음을 우리는 안다. 여기에서 중도는 서로 다른 온갖 가치들을 받아들여 조화와 균형을 이루는 가운데 만물이 하나로 소통되는 만법귀일萬法歸一, 곧 서로 어울려 소통을 통해 조화를 이루는 원융회통圓融會通의 정신과 일맥상통한다. 온갖 집착과 분별을 벗어나면 모든 것이 그대로 실상實相이 되는 도리가 나타나는데 이를 중도라고 말한다.

일찍이 서양에서는 그리스의 철학자 아리스토텔레스(BC 384~322)가 『니코마코스 윤리학』이란 책에서, 이성으로 지나친 욕망을 통제하고 양극단을 피하여 보편적인 진리로서의 중용의 덕을 주창하기도 했다.

예컨대 복잡다단한 우리 삶에서 보편적 진리인 중도, 중용의 정신으로 살아가기 위해선 여러 가지 방편이 있겠지만 그 지름길은 다도를 통한 참선과 기도라 생각한다. 차를 즐기는 것은 오감五感을 깨우는 일이요, 삶을 윤택하게 하는 활력소다.

'좋은 차는 아름다운 사람佳茗佳人'과 같다고들 한다. 아름다운 사람이란 안팎이 고루 균형을 이룬 사람이다. 중정의 멋을 아는 길이 다도 생활이다.

진정한 차인이란 찻물로 쓰는 물도 유천乳泉이나 석간수石間水와 같은 좋은 물을 구해 썼다. 물을 끓일 때도 너무 급하지도, 너무 약하지도 않은 불로 끓였고, 차를 마시기 전에 차 빛깔과 차향을 느끼며 선열禪悅에 들기도 한다.

차를 만들 때도 그렇다. 안팎이 똑같은 것을 순향純香이라 하고, 설익지도 않고 너무 익지도 않은 것은 청향淸香이라 하며, 불기운이 고르게 든 것을 난향蘭香이라 하고, 적기에 잘 채취해서 차의 싱그러움이 충분한 것을 진향眞香이라 하여 차의 향에도 나름대로 중정사상에 입각해 그 품격을 매겼던 우리 선조들이었다.

불을 다룰 때도 문무지후文武之候라 하여 중정을 벗어나지 않았다. 불기운이 너무 약하면文火 물이 유연하고, 물이 약하면 다신茶神이 가라앉는다 여겼다. 그리고 불기운이 너무 강하면武火 불이 극렬한데, 불이 극렬하면 물이 너무 끓어 노수老水가 되어 차가 감당을 못하게 된다. 이는 중정을 잃는 것으로 차인이 취할 바가 아니다. 이러한 차 생활을 통해 우리는 모자라지도, 넘치지도 않는 중정을 깨우치며 덕을 기르는 것이다. 우리의 차문화는 이렇듯 진한 인문학의 향기를 품고 있다.

    차문화는 중정을 통해 중용을 배우며 중도의 의미를 깨닫는 생활이다. 이것이 다도 철학이다. 다도는 차를 마시는 방법이나 태도나 예절을 말하는 것은 아니다. 다도는 차 마시는 사람이 지녀야 할 정신과 차문화를 통한 깨달음의 경지다. 그래서 차인은 품격을 지녀야 한다. 옛사람들은 해맑은 인격과 고매한 학덕과 예를 고루 갖춘 자를 차인이라 불렀다.
    차를 마시는 일은 사람과 자연에 정감을 나누는 일이다. 이처럼 차를 다루는 일은 바람결 같은 풍류요, 아침에 꽃피고 저녁에 달 뜨는 자연 이치에 순응하고 감응하는 것이다.
    차의 정신은 참됨을 지키고 속됨을 멀리하는 다짐에 있고, '일기일회 一期一會'의 마음가짐에 있다. 차를 앞에 놓고 차가 아닌 자신의 마음을 다룰 수 있는 경지에 든다면 이미 다도인으로서 손색이 없을 것이다.

하늘과 땅 사이, 차의 길은 깊고 푸르다

차 마시기 가장 좋은 때는 이른 새벽 동창이 밝아오는 순간이 아닐까.
한마디로 단정 지을 수 없는 그 깊고 푸른 빛깔은 현묘함이다. 도의 맛이다.
선정에서 얻는 다도의 멋과 맛을 색깔로 표현한다면 아마 쪽빛의 그 신비로움이리라.

　홀로 길을 떠나 고적한 차밭을 찾는다. 이른 새벽 아직 동트기 전 싱그럽게 펼쳐진 초록빛의 차밭은 아늑한 고향 같고, 또한 신화 속의 고즈넉한 풍경이 된다. 청한清寒한 새벽 기운을 느끼며 찻자리를 편다. 출신활로出身活路, 온갖 속박에서 해방된 세계는 어디에 있는 것일까.
　온 세상 푸른 기운이 모여 있는 숲 속 길을 따라 옥수玉水를 길어온다. 차나무가 우거진 차밭의 석간수는 어느 곳보다 찻물로 좋거니와 그 석간수가 흐르는 차밭의 차로 법제한 작설차로 음미하는 차맛은 그 향미가 뛰어나리라. 천지의 기운이 함께한 차와 물이 주는 조화로움이다.
　고려 때 차시를 읽어보면 차를 즐기던 차인들은 찻물로 쓸 물을 구하기 위해 먼 걸음도 마다하지 않고 좋은 물을 구해왔다고 한다. 어디 고려인만 그랬을까. 조선의 차인들도 우리 국토 전역의 물을 살펴보고 "충주 달천수達川水가 으뜸이요, 한강의 우통수于筒水가 버금이며, 속리산의 삼타수三陀水가 그다음이다"라고 평가하기도 했다.

오래전 경주 기림사祇林寺 오종수五種水의 기록을 「기림사 창건기」를 통해 확인할 때 자리를 함께했는데, 간혹 기림사를 찾으면 음용할 수 있는 오종수의 하나인 화정수華井水 물로 차를 마시기도 한다. 그 후 기림사 오종수를 처음으로 잡지와 신문지상에 발표해 세상에 알려졌다.

그대여, 자리를 펴고 앉아 신선처럼 차를 마시자.

나는 차 마시기 가장 좋은 때를 이른 새벽 동창이 밝아오는 그 순간을 꼽는데 주저하지 않는다. 나날이 새롭게 태어나는 일일신日日新의 기분을 마음껏 느낄 수 있는 시간이다. 또한 세상에서 가장 좋아하는 빛깔은 어둠이 물러가고 새벽이 다가오는 이 무렵의 어슴푸레한 기운을 안고 펼쳐지는 하늘의 쪽빛이다.

한마디로 단정 지을 수 없는 그 깊고 푸른 빛깔은 현묘함이다. 도의 맛이다. 선정에서 얻는 다도의 멋과 맛을 색깔로 표현한다면 아마 쪽빛의 그 신비로움이리라. 그 옛날부터 사람들은 쪽빛이 좋아 그 쪽빛 닮은 쪽색의 옷감을 만들어왔다. 고려 때나 조선시대의 탱화를 그린 바탕 종이에도 쪽색으로 염색해 천 년이 지나도 변하지 않고 썩지 않는 지혜를 엿볼 수 있다.

그 쪽빛 하늘 아래서 찻물을 끓인다. '차는 바로 선이다茶者禪也'란 옛 차인의 경지에 입문할 수 있을까.

새가 자유로이 허공을 날듯 온갖 그물에 걸림이 없는 경계는 어떤 것일까. 조도현로鳥道玄路란 말이 있다. 다도의 세계는 현로玄路이리라. 새처럼 자유 무애의 길은 아득한 세계일 뿐, 미혹한 중생에겐 그림의 떡이다.

이윽고 중정中正의 도리를 따라 차를 우리고 찻잔에 차를 따른다. 쪼르륵 찻물 소리에 서서히 깨어나는 새벽하늘이다. 아니, 홀연히 쪽빛 하늘이 그 소리에 맞춰 열린다. 대자연의 신비로움을, 무위無爲를 인위人爲로 혼돈한 우둔한 인간은 어쩔 수 없다.

문득 원효스님이 세상을 향해, 중생을 위해 무애차無碍茶를 마시고 무애춤無碍舞을 추었듯이 미망에 빠진 나를 위한 춤을 추고 싶다. 탐욕과 성냄과 어리석음을 벗어놓고 훌훌 흰 도포 자락 휘날리며 별빛 같은 번뇌를 벗어나는 해방 춤을 추고 싶다.

허공에서 꽃잎 하나 떨어진다. 마치 그 자리인 듯 살포시 앉아 손님처럼 다소곳하다. 초대하지 않은 객이 아니라 오랜 세월 그랬듯이 하얀 꽃 한 송이는 손님이 되고, 나 또한 스스로 그 소화素花처럼 자연스런 풍경이 된다. 그윽한 맑은 차 향기에 정신이 아득하다. 그래서 산곡山谷과 추사秋史는 "정좌처靜坐處 다반향초茶半香初"라 읊었을 터.

그 향기는 그리운 임의 향기다. 임을 향한 그리움이 차향에 감도는데 어디선가 천 년의 바람이 불어온다. 싱그러운 바람이 천 년의 바위 푸른 이끼를 담고 불어온다. 아득한 그 시절의 바람이 쪽빛의 차향을 품고 돈다. 어느새 천 년의 구름이 찻잔에 머물다 지나간다.

'멀리 있으면 우러러 보고, 가까이 있으면 싫증나지 않을 군자君子'를 불러 이른 아침에 향기로운 차 한 잔 대접하고 싶다. 이 순간 어느 누구라도 그대가 되어준다면 기꺼이 찻잔을 앞에 놓으리라. 이 세상 어디엔들 사랑하지 않을 곳이 어디 있으며, 이 세상 누구인들 사랑하지 않을

이가 어디 있을까.

    천 년의 바람과 천 년의 구름에서 홀연히 외로움을 느낀다. 하늘과 땅 사이에 오직 나 홀로다. 처음도 없고 끝도 없는 무시무종의 이 자리에 홀로 앉아 차 한 잔 할 수 있는 행복이 참 좋다. '내 마음의 차吾心之茶'로 이미 즐거움을 얻었으니 어느 곳에서 그 열락을 찾으리오.

    홀로 앉은 찻자리
    찻잔의 찻물 소리
    깨어나는 쪽빛 하늘
    꽃잎 하나 살포시
    손님 되어 앉는다
    그윽한 맑은 향기
    그리운 임의 향기
    천 년의 바람 천 년의 구름
    하늘과 땅 사이에
    차의 길은 깊고도 푸르다

-「내 마음의 차」, 필자

    푸른 차밭은 끝없이 펼쳐 있고 사방은 그윽한 감미로움이다. 한 잔 차에 가슴이 뛴다. 다시 시작이다. 누워서 게으름 피우고, 앉아서 망상에 빠져드는 우둔한 인간에 대한 경책이다. 깨우침을 주는 차 한 잔은 여기 이 자리에 운명과도 같다. 차의 길은 깊고도 푸르구나. 다도의 길은 현묘하다.

찻물 끓는 소리를 들으며
물의 덕을 생각하다

어느 분야든 지도자라면 찬 서리 내려도 푸름을 잃지 않는
차나무의 지조와 절개를 본받기를 바란다.
차의 몸인 물을 다루며 물의 철학을 배우면 더욱 좋으리라.

쪽빛 하늘 아래 펼쳐진 차밭은 늦가을이나 초겨울 풍광이 가장 아름답다. 그것은 낙엽이 지거나 그 빛깔을 잃어버린 풀과 나무들 사이에서 유난히 푸름을 더하는 차나무 잎과 소담스런 흰 꽃을 만날 수 있기 때문이다.

   우거진 잎은 모진 눈바람에도 겨우내 푸르고 密葉鬪霰貫冬靑

   청초한 차의 흰 꽃은 서리에 씻겨 가을날을 빛나게 하네 素花濯霜發秋榮

『동다송』 시구를 떠올리며 늦가을이나 초겨울의 고즈넉한 새벽 동산에 올라 차밭의 정경을 바라본 이는 동감하리라 싶다. 같은 흰색이지만 백화白花가 아닌 소화素花라 불리는 차의 소담한 하얀 꽃이 풍기는 그 신

비로움은 차를 사랑하는 이의 즐거움이다.

차는 사람을 이롭게 한다. 만물을 살리는 물을 만나 조화로움이 이루어지는 것이다. 문득 물의 덕이 생각난다.

흔히들 노자사상을 물의 철학이라 한다. 인구에 회자되는 '상선약수上善若水'란 명구를 떠올려보면 맞는 말이다.

"최고의 선善은 물과 같다."

상선은 현묘함이요, 말로 설명할 수 없는 도와 일맥상통한 이야기일 것이다.

물은 만물을 이롭게 한다. 생명의 원천이기 때문이다. 물 흐르듯 자연스럽게 살아가되 남과 다투지 않는 일이야말로 최상의 방책이다. 노자는 "성인의 도는 행하면서 다투는 법이 없다聖人之道 爲而不爭"라고 했지 않는가. 또한 물은 낮은 곳으로 흐른다. 그 물은 바다가 되어 온갖 물을 받아들여 서로 다투지 않아 허물이 없다는 뜻이리라.

요즘 정치권은 어느 시대든 다름이 없다. 대권을 향해 달리는 대선 주자들의 모습은 참으로 한심스럽다. 탐욕과 아집의 그물에서 벗어나지 못한 채 상대방 흠집 내기에 온 정력을 쏟고 있기 때문이다. 미래의 비전과 정책으로 정정당당히 겨뤄야 함에도 불구하고 아직도 흙탕물 속에서 자신이나 남을 망치고 있지 않나 싶다. 정작 자신들을 뽑아줄 주인인 국민은 구경꾼으로 전락시켜버리고 말이다.

기원전 372년에 태어난 맹자는 오늘날 민주주의의 기본을 이야기한다. 맹자가 생각하는 군주란 모름지기 의로움을 추구하며 백성들을 잘 다스려야 하는 인물이다. 비록 왕이라도 군주 노릇을 잘못할 경우 마땅히 그 자리에서 끌어내려야 한다고 주장한다. 논리 정연한 언변으로 그 당시 왕을 깨우치는 당당한 선비의 정신을 이 시대는 원하고 있다.

하물며 주권을 가진 국민이 뽑는 대통령은 주인인 국민을 두려워해야 하리라. 감히 자격 없는 자가 함부로 지도자가 되려고 한다면 그 버릇을 고칠 국민의 힘을 보여주어야 한다. 국민으로부터 부여받은 권력을 남용하는 자, 주어진 권력의 칼을 함부로 휘두르는 자, 모두 그 훗날을 두려워해야 하리라.

원래 정치판이 그렇고 그런 장이라고 하지만 그것이 국가의 흥망을 좌지우지하는 마당이기에 강 건너 불구경 하듯이 나 몰라라 할 수 없는 일이지 않는가. 동서고금의 역사에서 위대한 지도자나 훌륭한 정치가의 출현은 어지러운 나라와 국가를 살리기도 하고, 또는 평화로운 시대를 이끌기도 한다. 또한 무능한 지도자나 천박한 정치가를 만나면 그 나라를 망치고 백성을 도탄에 빠지게도 한다.

도도한 물결에 그 어떤 흙탕물이 흘러들어와도 조화로움을 보여줘야 하는 정치가 그립다. 물의 철학을 가슴에 새기고 실천하는 리더, 바른 역사관을 가진 지도자를 우리는 원한다. 그 옛날 임금이 통치하는 왕조시대에도 바른 생각을 가진 왕은 나라에 가뭄이 들거나 물난리가 나면 "내가 부덕한 탓이오!" 하며 자신을 채찍질하며 스스로를 다스렸다고 하는데, 하물며 국민이 주인인 민주주의 사회에서 지도자의 역할은 분명해야 한다.

어떤 분야든 마찬가지겠지만 특히 이 시대 정치가들은 다도 공부를 했으면 좋겠다. 어느 나라, 어느 정치 지도자를 막론하고 국민을 사랑하고 국민을 위해 헌신함은 기본 가치일 터. 그것을 모르는 사람은 없을 듯싶지만 온몸과 정신으로 실천하기가 힘들기 때문에 그런 인물이 그리운 것이다.

신라시대 유명한 차인 충담사忠談師는 경덕왕이 백성을 위한 조언을 부탁하자, "왕은 왕답게, 신하는 신하답게, 백성은 백성답게 한다면 나라는 태평하리라"는 「안민가」란 향가를 남겼다. 그 신라인의 정신과 철학이 세계 역사상 어느 나라에도 그 유래를 찾아보기 어려운 국가를 만들지 않았는가. 한 왕조가 천 년의 역사를 간직했음은 대단한 일이다.

고려가 낳은 천재 시인이자 탁월한 차인인 백운거사 이규보李奎報(1168~1241)는 악덕 관리의 횡포에 분노에 찬 목소리로 "흉년 들어 죽게 된 백성들 야윈 몸에 뼈와 가죽만 남았네. 그 남은 살점까지 벗기려 하는구나"라며 질타하기도 했다.

『목민심서』를 남겨 오늘날까지 백성 위하는 마음을 전하는 글을 새기게 한 민족 차인 다산 정약용의 백성을 생각하는 그 간절한 마음을 배워야 한다.

평등하고 조화로운 이화세계理化世界에서 우리 모두가 사람답게 사는 세상을 꿈꾼 것은 과거에도 그랬고 오늘날에도 구현해야 할 희망이었을 것이다. 그런 선조들의 당당한 선비 정신을 절절히 느끼고 실천하는 사람이 지도자가 되었으면 좋겠다. 어느 분야든 지도자는 찬 서리 내려도 푸름을 잃지 않는 차나무의 지조와 절개를 본받았으면 한다. 차의 몸인 물을 다루며 물의 철학을 배우면 더욱 좋으리라.

다석茶席에 앉아 옛 차인의 뜻을 새기며 마시는 차 한 잔은 행복차幸

福茶일 것이다. "하늘은 누구의 편도 아니다. 오직 덕 있는 자를 도울 뿐이다皇天無親 惟德是輔"라는 『서경書經』의 옛글을 떠올리며 일완청차一碗淸茶를 즐기는 어느 범부의 한갓 부질없는 생각이 아니었으면 좋겠다.

어제가 낡은 문명이 되는 물질문명의 시대를 우리는 살고 있다. 이 세상은 우리를 정신없이 쫓기며 살게 한다. 우화 속의 토끼 이야기처럼 인간사도 마찬가지다. 편리하자고 만든 그 문명과 속됨이 우리를 흡사 누에고치 속에 갇힌 나방처럼 만들고 만다. 그 와중에 얼이 나간 사람은 자유를 누려보지 못하고 참된 인생을 살 수 없는 것이다.

겉멋에 빠져 무엇이 중요한 일인지를 모른 채, 때로는 교묘한 무리가 만든 학설과 주장에 이끌려 어디로 가는지도 모르고 따라가고 있지는 않는지 자성해볼 일이다.

원효는 아직도 "하루하루가 지나 한 달이 되고, 한 달 두 달 덧없이 흘러 문득 한 해가 되고, 한 해 두 해 바뀌어 어느덧 죽음의 문 앞에 이르네日日移移 速經月晦 月月移移 忽來年至 年年移移 暫到死門. 부서진 수레는 구를 수 없고 늙은이는 닦을 수 없구나. 누워선 게으름만 피우고 앉아선 생각만 어지럽네破車不行 老人不修 臥生懈怠 坐起亂識"라며 경책을 주는데, 우리들은 아직도 게으름만 피우고 천년만년 살 것처럼 살아가는 꼴이다.

참된 나를 찾는 시간을 갖는 것은 매우 의미 있는 일이다. 여러 가지 방편이 있겠지만 적어도 하루에 한 번쯤은 차 한 잔에 탐욕과 성냄과 어리석음의 탐진치貪嗔痴 삼독을 벗어놓고 기도하는 시간을 갖자.

찻자리는 성스러운 곳이다. 차를 마시고 향을 사르는 그 자리는 신령이 머무는 곳이다. 그 어느 곳보다 밝고 맑은 기운이 머무는 곳이다. 기도를 하고, 명상을 하고, 참선하기에 적합한 장소가 차를 마시는 자리다.

지금 이 순간 이 자리에서 한 사발의 맑은 차에 삶의 희로애락을 담아 마셔보자. 진정한 도는 인생에서 떠나 있는 게 아니다. 그렇다면 '마음 밖에 따로 차가 없는心外無茶' 것이 아닌가. 나와 차가 하나 되는 경지, 자신과 자연이 하나로 합일되는 다도인이 그리운 오늘날이다.

심외무차,
어찌 마음 밖에서 진리를 구하는가

'마음 밖에 따로 진리가 없다'고 했다.
진정한 도는 인생에서 떠나 있는 게 아니다.
그렇다면 '마음 밖에 따로 차가 없는' 것이 아닌가.
심외무차, 마음을 떠난 차는 어디에도 없다.

    차문화는 혼돈과 불확실성의 시대를 이끌고 보듬어주는 총화이다. 마음으로 웃어야 진정한 웃음이듯 마음으로 마시는 차가 진정한 차라고 할 수 있다.

    다도는 수련이다. 차 수행을 통한 깨달음이 세속의 번뇌와 욕망을 잠재우는 길이다. 다도는 우리에게 넓고 큰마음으로 살아갈 수 있는 세계를 열어준다. 차의 세계는 무궁하고, 차의 길은 모든 종교와 철학과 예술을 두루 관통한다.

    다도 공부는 자신을 찾는 공부다. 사람은 번뇌 속에서 고요를 잃고 미망迷妄에 사로잡혀 세속에 갇히고 마는 존재가 아닌가. 바른 차 생활은 자신의 참된 면목을 찾아주는 길이며 덕을 쌓는 것이다. 고요히 앉은 찻자리에 차와 마주한 사람은 좋은 반려를 둔 것과 같다. 차가 아닌 마음을 우려내는 법을 아는 차인은 차의 참맛을 제대로 내는 이다. '심외무법心外無法 심외무차心外無茶', 마음 밖에 있는 건 허상이다. 마음 밖에서 진리를 찾지 말고 마음 밖에서 다도를 논하지 말자.

다도 생활, 곧 마음공부를 통해 그 해답을 얻는 자는 지혜로운 사람이리라. 차에 담긴 정신을 발견해 선의 경지를 체득하는 희열이 다도의 요체다. 다도 수련의 과정을 겪은 후에야 비로소 걸림 없는 호연지기의 경지, 곧 무애無碍의 자리에 도달하는 법이다.

사람의 뜻을 성실히 하고 올곧은 심성을 찾아주는 영약이 차이고, 이를 즐기는 삶이 차 생활이다. 세상의 모든 귀한 것들은 인간의 고운 마음에서 우러나는 것이다. 그 착한 심성이 참됨을 지켜가는 차인의 향기이리라. 속됨과 참됨을 초탈한 사람이 진정한 차인이다.

차만 즐겨 마신다고 차인이 아니다. 모름지기 차인은 다도 생활을 통해 끊임없는 수행과 함께 평화로운 사회를 구현하며, 더불어 사는 자리 이타自利利他의 지혜를 얻어야 되리라. 또한 차를 사랑하는 이 땅의 차인이라면 우리 혼과 역사를 찾는 공부도 중요함을 잊지 말아야 한다. 그것이 차인의 길이다.

분명 끊어질 듯하면서 면면히 줄기차게 이어져온 차의 정신은 그 차를 사랑했던 사람들의 마음을 통해 전해져왔을 것이다.

흔히들 '정행검덕精行儉德'을 중국의 차 정신으로, '화경청적和敬淸寂'을 일본의 차 정신으로 내세운다. 한국은 『동다송』의 내용 중에 '중정中正'을 차의 정신으로 생각하는 사람들이 많이 있다. 결국 동양의 차문화는 한 뿌리에서 시작된 것이고, 그 뿌리의 사상은 이름만 달리할 뿐 넓게 보면 일맥상통한다고 보아야 한다.

　예컨대 행다行茶를 할 때도 일본은 다도茶道, 중국은 다예茶藝, 한국은 다례茶禮라 말하는데 참으로 옹졸한 생각이다. 그렇다면 일본 차인은 다도를, 중국 차인은 다예를, 한국 차인은 다례만 해야 하는 것일까. 누구나 차 생활을 즐기며 다례와 다예를 할 수 있고, 다도의 세계에 들어갈 수 있는 법이다. 물이 강에서 흐를 때는 강물이지만 바다에 도달하면 바닷물이 되는 이치다.

　백운거사 이규보는 「장원 방연보의 화답시를 보고 운을 이어서 답하다訪壯元衍寶見和次韻答之」라는 차시에서 세계 최초로 다선삼매茶禪三昧의 경지를 제창하고 있다. 그 시의 뒷부분에 나오는 글이다.

　　어느 날 그윽한 초암의 선방을 찾아가　草庵他日叩禪居
　　몇 권의 오묘한 책 펼쳐 깊은 뜻을 나누리　數卷玄書討探旨
　　늙기는 했어도 오히려 손수 샘물 뜰 수 있으니　雖老猶堪手汲泉
　　한 사발의 차는 곧 참선의 시작이라네　一甌卽是參禪始

　이처럼 백운은 차를 통해서 참선의 경지에 이르는 다도 정신을 느끼고 표현한 차인이었다. 이러한 다선삼매의 정신이 고려시대의 다도 정신이라 할 수 있을 것이다. 또한 당시 시서화 삼절로 칭송받았고 초의 의순意恂(1786~1866)과 차로써 교분을 맺었던 자하紫霞 신위申緯(1769~1854)의 글에도 다선일여의 경지를 엿볼 수 있는 다음과 같은 대목이 있다.

　　쓴 차는 엄숙히 속됨을 바로잡게 하고　苦茗嚴時宜疋

훌륭한 시에 아름다운 곳 참선하기에 적당하네 好詩佳處合參禪

또 포은 정몽주의 「주역을 읽다가讀易」라는 시를 읽어보자. 다도의 원리와 주역의 이치가 다름이 없기에 「讀易독역」이라 제목을 했으리라.

돌솥의 탕은 비로소 끓고 石鼎湯初沸
풍로의 불이 붉게 타오르네 風爐火發紅
물과 불은 하늘과 땅의 작용이니 坎離天地用
바로 이 뜻은 무궁하구나 卽此意無窮

이 차시를 통해서 포은의 다도 정신을 엿볼 수 있는데 한 잔의 차를 마시며 천지의 정기를 느끼는 역리 정신을 바탕으로 하고 있음을 간파할 수 있겠다.

돌솥에 물 끓는 소리, 곧 '송풍회우松風檜雨'를 넌지시 즐기는 "눈보라 세찬 밤 그윽한 서재에 홀로 누워 돌솥의 솔바람 소리 즐겨 듣네幽齋獨臥風雪夜 愛聽石鼎松風聲"란 시를 읊었던 포은의 심사와 경지를 생각해본다. 늙은 선비로 돌아가 나라를 위해 할 일이 없어진 지식인의 나라 걱정이 묻어 있는 그 글에서 올곧은 고려 차인의 생각을 느낀다.

그렇다면 조선의 차 정신은 어떠했을까. 서산대사라 부르는 청허淸虛 휴정休靜(1520~1604)의 「시행주선자示行珠禪子」란 선시禪詩이자 차시를 통해 살펴보자.

흰 구름은 옛 친구요 白雲爲故友
밝은 달은 내 삶이라 明月是生涯
깊고 깊은 산속에서 萬壑千峰裏
사람을 만나면 차를 권하리 逢人即勸茶

낮에는 차 한 잔이요 晝來一椀茶
밤이면 한바탕 잠일세 夜來一場睡
푸른 산 흰 구름이 함께하니 靑山與白雲
생멸이 없음을 말하네 共說無生事

또한 차문화 유적인 '원효방元曉房'의 설화를 남긴 원효의 무애행無碍行은 무애무無碍舞나 「무애가無碍歌」로 나타나지만 그 바탕은 무애차無碍茶가 아니었을까. 원효가 마셨던 그 무애차는 지극히 공평하여 사사로움이 없는 마음으로 나눠 마셨던 차였으리라.

'무애'는 해탈이나 자유와 비슷한 개념이지만 분명 차이가 있다. 불가에서는 집착을 벗어나는 일을 이른바 해탈이라고 한다. 그렇지만 해탈을 하고 깨달음을 얻었다고 해도 몸은 여전히 현실에 속할 뿐이다. 결국 세속에 얽매이지 않음이 진정한 해탈이요, 무애라 생각된다.

『금강경』에 "마땅히 머물지 않고 집착하지 않는 마음을 내는 것應無所住而生其心"이 무애다. 이처럼 차를 만나 안팎이 하나로 어우러지는 경지에 들면 그 즐거움을 꾀하지 않아도 저절로 이루어지리라.

원효의 화쟁사상和諍思想은 원융회통圓融會通의 정신인 소통을 통해 서로 조화와 화합을 이뤄 걸림 없는 세상을 펼치자는 생각인데, 그 바탕은 차의 정신과 맞물린다.

　일찍이 삼국을 통합한 통일신라의 차정신은 이러한 다도 철학의 바탕에서 이루어졌으며 이런 사상은 고려의 문인들과 조선의 올곧은 선비들에 의해 끊임없이 이어져 오늘날까지 면면히 계승되어왔으리라 싶다.

　어찌 마음 밖에서 구하는가? '심외무차心外無茶', 마음을 떠난 차는 어디에도 없다.

"차 몇 잔 마셨느냐?"
- 경봉선사의 화두 '전삼삼 후삼삼'을 추억하며

"한창 좋은 때다." 경봉스님은 그윽한 눈빛으로 나를 보았다.
그 순간 무더운 여름날의 더위는 간데없고 청한한 기운이 온몸을 감돌았다.
차를 즐겨하던 차승이었기 때문일까. 말로만 듣던 감로차 한 잔 마신 기분이었다.
선사의 눈빛은 선이었고, 그 눈빛은 탐진치를 조금이나마 씻어버린 느낌이었다.

어느 해 봄날 통도사 극락암을 찾았을 때, 친견하러 온 이들이 차문화 연구와 차 운동을 하는 차인茶人들이라 소개하니 경봉선사는 마치 '조주趙州의 끽다거喫茶去'처럼 대뜸 이런 정다운 선문을 던졌다.

"차 몇 잔 마셨느냐?"

임제臨濟나 마조馬祖(709~788)처럼 고함도 아니요, 덕산德山의 "대답을 해도 몽둥이 30대요, 답을 못 해도 몽둥이 30대道得也三十棒 道不得也三十棒"도 아닌 참으로 일완청차一碗淸茶와 같은 따뜻한 물음이었지만, 그 뜻 밖의 선문에 모두들 말문이 막혀버렸다. 그러자 경봉 노사老師는 빙그레 웃으며 우리에게 다시 화두를 던졌다.

"전삼삼前三三 후삼삼後三三."

'차를 마신 만큼 선이 된다'는 의미를 그 당시 알았더라면 어떤 답이라도 했을 텐데……. 허나 이미 머리를 굴린 것 자체가 선문답과 거리가 한참 먼 사족인 것을…….

경봉스님은 누구나 찾아오면 이 선문답을 즐겼는데, 문수보살과 그 시자인 균제均堤동자가 무착선사無着禪師를 만나 선문답할 때 나온 말로 기억된다.

무착스님이 노인으로 화생한 문수보살을 만나 "대중들이 얼마나 됩니까?" 하고 묻자, 노인은 "전삼삼 후삼삼입니다"라고 답했다. 함께 차를 마신 후 노인은 동자에게 무착스님을 전송하게 했는데 그때 무착스님이 동자에게 "전삼삼 후삼삼이 얼마나 되는가?"라고 묻자, 동자가 "스님" 하고 불렀다. 무착스님이 "왜 그러느냐?"고 의아해하자, 동자가 "이것은 얼마나 됩니까?"라고 한 선문답이었다. 문수의 시자인 균제동자는 우리에게 잘 알려진 "성 안 내는 그 얼굴이 참다운 공양이요, 아름다운 말 한마디 미묘한 향이로다. 깨끗해 티 없는 진실한 그 마음이 언제나 한결같은 참됨이라네"라는 게송을 읊은 이로 회자된다.

차를 즐겨 마신다는 것, 차를 통해 도를 느낀다는 것, 차향이나 난향처럼 사람의 향기도 문향聞香한다는 것, 다도 수련을 하며 마음공부에 들어가는 일이 바로 사람공부이리라. 한 잔의 차에 인생의 묘미를 느낄 수 있는 자는 청복을 누리는 자유인이리라.

'전삼삼 후삼삼'이라니, 모두들 꿀 먹은 벙어리가 되어 서로 얼굴만 쳐다보며 "차 몇 잔 마셨느냐?"란 숙제를 가슴에 담은 채 선사의 처소를 빠져나왔다.

파초 잎이 절집 뜰에 늘어져 선방의 운치를 더해주었다. 노선사의 방을 '파초실'이라 부른 이유를 알 것 같았다. 파초 잎을 바라보며 참선을 할 수 있는 선실이리라. 경봉선사의 선맛禪味이 뚝뚝 흐르는 '芭蕉室'이란 글씨는 보면 볼수록 정겹다. 우리나라에서 가장 오래된 전통찻집이었던 '소화방素花房' 안쪽에 그 글씨로 각을 한 작품이 걸려 있었다.

　　푸른 물 찬 솔에 달은 높고 바람은 맑다　碧水寒松 月高風淸
　　향기 소리 깊은 곳에 차 한 잔 들게나　香聲深處 相分山茶
　　차 마시고 밥 먹는 일　遇茶喫茶 遇飯喫茶
　　우리 삶의 삼매라네　人生日常 三昧之淸息
　　이 소식을 알겠는가, 차!　會得麼 茶

잘 알려진 경봉선사의 '다선일미茶禪一味'를 느낄 수 있는 차시이자 선시이다.

"향기 소리 깊은 곳에 산차 한 잔 나누세香聲深處 相分山茶"에 나오는 향기 소리란 뜻의 '향성香聲'이라니, 경봉스님이 찾아오는 납자衲子들이나 불자들에게 즐겨 써주던 문구다. 문향聞香, 청향聽香이란 말일 것이다.

차의 향기를 들을 수 있는 경지에 들면 아마 경봉선사의 이 소식을 알리라. 마지막에 할喝을 하지 않고 차로써 미망에 빠진 중생에게 화두를 던진 선사의 감미로운 법문이 가슴에 와 닿는다.

9월 국화가 9월에 피는 이치를 알려면 삼소굴 뜨락에서 경봉선사의 감로차 한 잔 마셔보면 알리라.

"극락에 길이 없는데 어떻게 왔느냐?"며 찾아온 이에게 경쾌한 선문을 날리던 스님이었다. 그러던 선사는 지금 어디에 있을까?

언젠가 다시 한 번 경봉선사를 친견했을 때, 몸이 좋지 않아 시자의 부축을 받고 있다가 절을 하려고 하자, 자세를 바로 하며 좌정한 채 절을 받았다. 절을 마치자 나이를 묻고는 "한창 좋은 때다" 하며 그윽한 눈빛으로 나를 보았다. 그 순간 무더운 여름날의 더위는 간데없고 청한한 기운이 온몸을 감돌았다. 무언가 삶의 근원적인 문제에 목말라하던 내 영혼의 언저리를 감싸주던 포근함이었다. 평상시 차를 즐겨하던 차승이었기 때문일까. 말로만 듣던 감로차 한 잔 마신 기분이었다. 선사의 눈빛은 선禪이었고, 그 눈빛은 탐진치를 조금이나마 씻어버린 느낌이었다.

『벽암록碧巖錄』의 "인생의 가장 행복한 때가 언제인가? 바로 오늘이다"란 글귀가 불현듯 생각났다. 지금 이 순간 말고 가장 좋은 때가 언제란 말인가. 어제는 지나갔고, 내일은 아직 오지 않았다. 아니 내일은 영원히 만날 수 없는 날이지 않는가. 어제는 지나간 오늘이고 내일은 오지 않은 오늘이라 하지 않는가.

어쩌면 선사는 길道을 찾기 위해 찾아온 미혹한 중생에게 '바로 그 자리에서 진리를 찾아라, 지금 이 순간을 온전히 살아라' 하는 무언의 말을 했는지 모른다. "사바세계를 무대로 연극 한번 멋지게 해보거라"며 찾아온 이들의 지친 삶에 활력을 불어넣어주던 자유인이었다.

원효스님이 「발심수행장發心修行章」에서 간절히 당부하던 "…… 그 수많은 생을 헛되이 살았으면서 이 한평생을 닦지 않는가. 이 몸은 끝내 죽고야 말 것인데 다음 생은 어이하랴 ……"는 절절한 이야기가 가슴을 쳤다.

무엇이 문제인가. 문제 없는 삶이란 없다. 인생 그 자체가 문제 덩어리이리라. 난제란 늘 동행하는 것이고, 그 해답은 자신에게 있다.

차 마시는 일, 선 아닌 것 없으니 다선일미란 말이 가슴에 와 닿는구나. 어디에서 또 이런 스승을 만날까. 예나 지금이나 곳곳에 눈 밝은 도인은 숨어 있다지만, 그 인연 그 행운을 통도사 솔숲 길을 거닐며 그리워한다.

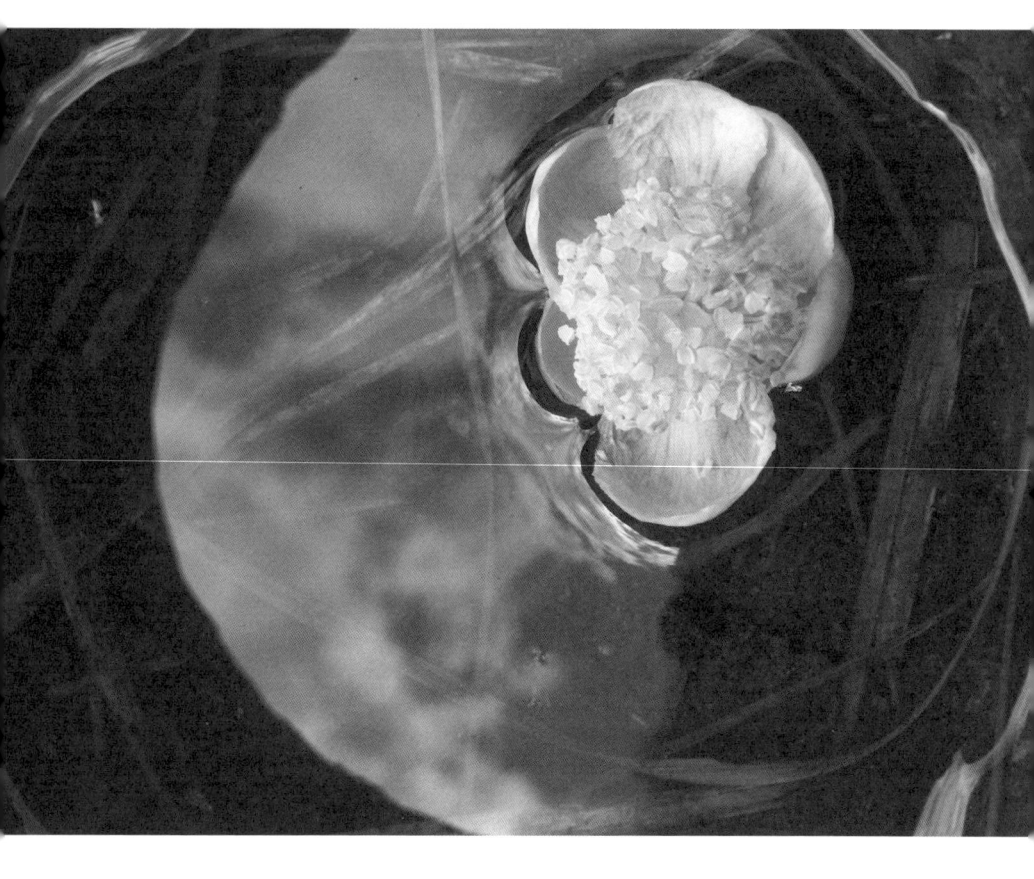

당신은 누군가에게 향기로운 사람인가?

얻을 것도 잃을 것도 없는 세상살이, 미워하고 증오하는 마음을 갖지 않는 것도
하나의 공덕이거늘, 누군가에게 차의 향기로 산다는 것은 참으로 행복한 일이다.
그대여, 그 누군가를 위해 밤새 차를 마신 적이 있는가?

'산다는 것은 참으로 덧없는 것이로구나' 하는 생각을 처음으로 했던 적이 열 살 무렵이었다. 어느 여름날 학교 수업을 마치고 내리쬐는 뙤약볕에 신작로를 따라 홀로 집으로 가다가 문득 떠오른 그 시절 그 상념이 아직도 뜬금없이 생각난다. 왜 그랬을까. 생활이 어려웠던 것도 아니고, 화목한 가정에 개구쟁이로 철없는 시절을 보내던 그때, 무슨 까닭으로 그런 희한한 생각을 했는지 모르겠다.

어쩌면 인생은 참으로 심심하다는 생각과 근원적인 실존에 대한 상념이었을 것이다. 태양이 이글거리던 맑고 푸른 그날의 창천은 아직도 생생하다. 지금에 와서 생각해보면 눈부신 그 강렬한 햇살에서 느꼈던 것이 평화로움과 갈망하던 자유가 아니었던가 싶다.

그 후 청소년기에 선불교에 큰 영향을 끼친 『장자』나 동양철학 책들

을 수박 겉핥기식으로 닥치는 대로 읽었는데, 이제 와 생각하니 나이 들어 읽어야 할 책들을 너무 이른 나이에 탐독한 것 같기도 하다.

원래 인간은 자유로운 존재이다. 본질적인 자유로움이 사회와 제도란 이름의 틀 속에서 느끼는 존재의 부조리와 실존의 모순 속에서 우리는 고독과 허무에 빠지게 되는 것이다. 일찍이 깨달은 성현들은 이 덧없음의 그림자에 함몰되지 않기를 경계했다.

결국 그물에 걸리지 않는 바람처럼 자유롭게 살아갈 인간 해방을 도모해야 하리라.

인간은 가냘픈 존재인가, 아니면 위대한 존재인가. 아마도 성스러움과 속됨이 함께하는 것이 인간의 본성이리라. 사람은 우주의 주인이다. 그 자체로 완벽한 존재이다. 천지인의 오묘한 이치로 하늘과 땅 사이에 존재하는 실존이다. 그래서 인류의 대 스승인 성인들은 일찍이 이 철리哲理를 스스로 깨달은 후, 따르는 무리에게 이 같은 진리를 누누이 그리고 간절히 말과 행동으로 나타내 보인 것이리라.

"너 자신이 부처"라며 석가모니는 말했고, 예수는 "너희가 하나님의 아들이다"라고 설파했다. 미혹하면 중생이요, 깨달으면 부처다. 자기 삶의 주인은 자신뿐이다. 자신이 빚어낸 작품이 아니겠는가. 한 사람의 기운과 운명은 그 자신이 만드는 것이리라.

그것을 깨달았다면 마음공부를 통해 진인眞人이 되는 길을 가는 것이다. 훌륭한 스승을 만나는 일과 적선이 지름길이다. 그리고 기도와 명상과 참선을 실천하여 성찰의 시간을 갖는 일 등이 우리가 가장 먼저 해야 할 공부일 것이다.

한 잔의 향기로운 차를 앞에 놓고 다도 생활을 하는 일이 우주의 주인이 되는 길이다. 그 묘용妙用의 때에 다시 태어나는 이치이다.

진흙 속에 깨끗한 연꽃이 피고 있듯이, 먹구름 위에 푸르디푸른 하늘이 존재하듯이 세속의 인간이지만 그 안에는 성스러움이 존재하고, 성현이라 인정받지만 그 내면에는 속물적인 것이 잠재하는 법이다. 결국 선인처럼 사는 사람이 있고, 속되게 사는 사람이 있을 뿐이다.

무릇 동서고금을 막론하고 깨달은 사람들은 인간의 한평생을 덧없다 하며 삶을 관조한다. 밝음과 어둠, 아름다움과 추함, 선과 악처럼 세상사는 양면이 존재하고, 그 양면성을 인정하지 않을 수 없는 것이 또 인간사다. 결국 좋은 일과 나쁜 일이라는 것 그 자체도 인간들에 의해 만들어진 잣대다.

지혜로운 자는 행불행幸不幸에 너무 기뻐하지도 너무 슬퍼하지도 않는다. 이를테면 태풍 같은 자연의 이상 기후 현상은 우리 삶에 고통을 가져다주지만, 자연의 입장에서 보면 지구의 균형을 잡기 위한 자정운동일 뿐이다. 그 혜택은 결국 돌고 돌아서 인간을 포함한 온갖 만물에게 돌아오는 이치다. 대자연의 섭리는 이런 것이다.

불생불멸不生不滅이요, 불구부정不垢不淨이다. 따라서 진리는 우주에 가득하여 순환무궁循環無窮하는 것이요, 일체의 본성은 더럽거나 깨끗하다는 분별이 떠난 자리에 있다. 있는 것 같으면서 없고, 없는 것 같으면서 있는 것이 이 세상의 실상이지 않는가. 원효의 생각처럼 한마음의 근본은 있고 없음을 떠나 홀로 해맑고 깨끗한 그 자체다.

다도 생활은 무애無碍를 가르치고, 누군가에 의해 교묘히 꾸며진 선과 악의 울타리를 뛰어넘는 슬기로움을 준다. "차의 향기처럼, 차의 마음처럼 살아가라"고 한 잔의 차는 넌지시 다도를 통해 우리에게 속삭인다. 그 옛날 조주가 "차나 한 잔 마셔라"는 화두로 우리에게 속삭였듯이 진리의 문을 열 열쇠는 차 한 잔 마시는 그 자리에 있는 것이다.

원효스님의 『대승기신론소별기大乘起信論疏別記』를 읽어보자.

> 그것이 텅 비어 큰 허공처럼 아무런 사사로움이 없으며
> 그것이 넓어서 마치 거대한 바닷물처럼 지극히 공평하구나
> 其體也 曠兮 其若大虛而無私焉 蕩兮其若巨海而有至公焉

> 지극히 공평하기에 움직임과 고요함이 함께 이루어지고
> 사사로움도 없기에 더러움과 깨끗함이 함께 어우러진다
> 有至公故 動靜隨成 無其私故 染淨斯融

> 더러움과 깨끗함이 함께하기에 참됨과 속됨이 한결같고
> 움직임과 고요함이 함께하니 오르고 내림이 서로 다르다
> 染淨融故 眞俗平等 動靜成故 昇降參差

> 올라감과 내려감이 서로 다른 까닭에 감응의 길이 통하고
> 참됨과 속됨이 평등하기에 생각과 헤아림이 끊어졌다
> 昇降差故 感應路通 眞俗等故 思議路絶

> 생각의 깊이가 끊어졌기에 이 대승을 체득한 사람은

그림자나 메아리처럼 어디든 거리낌이 없고
思議絶故 體之者 乘影響而無方

감응이 통했기에 기원하는 사람은
미혹함을 벗어나 마침내 돌아가는구나
感應通故 祈之者 超名相而有歸

그림자나 메아리는 모양이 없고 말로 설명할 수도 없으니
이미 듣고 보는 망상을 벗어났으니 무엇을 초월하고 어디로 돌아가리
所垂影響 非形非說 旣超名相 何超何歸

이것을 이치가 없는 지극한 이치라 하며,
그렇지 않으면서 크게 그러한 것이라 이른다
是謂無理之至理 不然之大然也

원효스님은 대승의 종체宗體를 이렇게 말하고 있다. 자리自利와 함께 이타행利他行을 주장하며, 스스로 한평생을 치열하게 살았던 구도자의 생각을 우리는 배워야 한다.

옳다는 생각과 그르다는 생각이 하나로 어우러지니 온갖 것에 걸림이 없고, 또한 긍정한들 얻을 게 없고, 부정한들 잃을 게 없다는 것이다. "득지본유得之本有요, 실지본무失之本無"라는 말이 있다. 얻었다고 하지만 원래 나에게 있었던 것이요, 잃었다고 생각했는데 원래 나에게 없었던 것이 아닌가.

공자는 30년 가까이 천하를 주유하면서 많은 제후들을 만나 왕도 정치의 철학을 설파했다. 하지만 패도 정치의 무력이 지배하던 전국시대에 문덕文德으로 다스리는 정치철학에 귀 기울이는 사람은 아무도 없었다. 세상을 바꾸려는 원대한 이상이 실패하자 낙담한 공자가 고향인 노나라로 향하던 중 인적 없는 골짜기에서 난초와 만나게 되는 일화는 너무도 유명한 이야기다.

아무도 보아주지 않고 아무도 관심 가져주지 않는 인적 없는 텅 빈 골짜기에서 홀로 핀 유란幽蘭의 그윽한 향기를 맡으며 공자는 비로소 탄식을 한다. 우거진 잡초 속에서 홀로 핀 난초의 모습에서 자신의 처지를 느꼈기 때문이다. 역시 성인의 반열에 오른 공자답게 그 난초의 모습에서 깨달음을 얻었다.

빈 골짜기의 난초처럼 남이 알아주든 말든 고결한 향기를 가꾸며 살아가겠다는 결심을 하게 되고, 그 뜻을 시로 읊어「의란조倚蘭操」란 노래를 만들어 거문고로 연주했다. 그 후 공자는 향리에 숨어 학문을 연마하고 문덕을 쌓아 스스로 향기로운 난초를 닮아갔다. 자신 스스로 심산유곡의 난초 향기에 끌렸듯이 천하의 현자들이 그를 찾아와 제자만 3,000명에 이르게 된다.

차인의 향기는 난향을 닮는다. 동파거사東坡居士 소식蘇軾(1037~1101)의「춘란」이란 시를 읊어보자.

  춘란은 아리따운 사람 같아서 　春蘭如美人
  꺾지 않아도 자신의 향기를 바친다 　不採香自獻

심산유곡의 난향이 공자를 깨우쳤듯이 우리도 누군가에게 행복한 삶을 누리게끔 향기로운 사람이 되자. 외롭고 지친 이웃들에게, "그래도 인생은 살 만한 가치가 있는 거야" 하고 위안이 되어주는 향기로운 차향 같은 사람이 되자.

우리는 어쩔 수 없는 불완전한 인격체다. 인생은 덧없기 때문에 소중한 것이다. 어쩌면 그렇기에 서로에게 정을 주고받는 것이리라. 없는 재미도 짐짓 있다 하며 살아가는 처세가 바람결 같은 풍류다.

나는 당신에게, 당신은 나에게 우리 모두 향기로운 차와 같은 사람이고 싶다. 누군가에게 향기로운 차와 같은 사람이 되자. 얻을 것도 잃을 것도 없는 게 세상살이다. 스스로 향기로운 인간이 되는 법을 배우자.

사람의 마음은 참으로 알 수 없다. 넉넉할 때는 넓고 넓은 천하도 다 품으면서 옹졸할 때는 바늘 하나도 꽂을 틈이 없다. 늘 보는 달이지만 신혼의 청춘 남녀가 보는 달과 죽음을 코앞에 둔 시한부 인생이 보는 달이 같을 수 없듯이 사람의 마음은 묘한 것이다. 그래서 마음공부가 필요하다.

예나 지금이나 불변의 진리 중 하나를 들자면 '부드러움만이 세상을 구원한다'는 사실이다. 진정 강한 것은 부드러운 것이듯, 강한 자는 부드러운 자이다. 그 철학을 우리는 차 생활에서 배울 수 있다. 몸의 단련과 정신 수양을 목적으로 하는 무술 중에 으뜸인 유도를 부드러울 '유柔'로 쓰는 이유가 거기에 있다. 부드러운 몸과 마음이 되어야만 비로소 누군가에게 베풀 수 있는 여유가 생기는 법이다.

'급수공덕給水功德'이란 말이 있다. 목마른 자에게 물 한 그릇 떠준 공덕이다. 지극히 쉽고 대단치 않는 행위지만 선행이란 그런 것이다. '빈자일등貧者一燈'의 설화들처럼 불교 경전에는 많은 이야기의 주제가 작은 선행 공덕에 관한 것이다.

차는 외로운 사람을 달래주고, 차는 또한 고독한 시간을 마련해준다. 차는 아직 떠나지 않은 설렘이며, 여행에서 돌아온 안락함이다. 허허로움에, 사랑 때문에, 그리고 이웃의 아픔에 밤새 차를 마셔본 사람은 알리라. 나의 향기가 그대를 평온하게 한다면 세상을 살아갈 가치는 충분할 것이다.

모름지기 차를 하는 사람은 복덕을 쌓아야 하리라. 심산유곡의 난향처럼 스스로 그 복덕의 향기가 퍼져나가 우리 모두를 행복한 세상으로 이끌 의무가 있다. 인간으로 태어나 굶주리거나 헐벗거나 잘 곳이 없는 이에게, 사람답게 살지 못하는 이에게, 깨달음을 얻지 못해 스스로 탐진치의 굴레에서 허우적거리는 하고많은 우리의 이웃들에게 차향과 난향 같은 사람이 되어줄 그가 그립다.

옛 시조에 "말 타고 꽃밭에 드니 말굽 아래 향내 난다"란 구절이 있듯이 꽃밭에 들면 꽃향기가 몸에 배고, 생선 가게에 가면 비린내가 나기 마련이다. 다도 생활은 좋은 향기와 가까이하는 일이다.

불심천자佛心天子라 불릴 만큼 불교를 독실하게 믿는 양나라 무제가 달마에게 말했다.

"나는 즉위하고부터 절을 짓고, 불상을 조성하고, 경전을 베끼고, 스님들 공양하기를 이루 헤아릴 수 없이 많이 했습니다. 얼마만한 공덕이 있을까요?"

예나 지금이나 권력을 쥐고 있는 지배자들은 이런 식이다. 수많은 사람들의 피땀과 희생으로 이루어놓은 일임에도 마치 자기가 해놓은 양 우쭐거린다.

그러자 달마는 퉁명스럽게 잘라 말했다.

"아무 공덕이 없습니다無功德."

공덕이 될 거라고 생각하면서 지은 공덕은 참 공덕일 수 없다. 인간의 선행에는 어떤 작위가 개입되면 참다운 선행이 아니다. 베풀 때는 허심탄회한 빈 마음으로 베풀어야지 순수를 벗어나면 결국 베풀어도 베푼 것이 아니다.

미워하고 증오하는 마음을 갖지 않는 것도 하나의 공덕이거늘, 누군가에게 차의 향기로 산다는 것은 참으로 행복한 일이다.

그대여, 그 누군가를 위해 밤새 차를 마신 적이 있는가?

2부

그들이 차를 즐긴 이유

고전에서 길어올린
옛사람들의 향기로운 차 생활

조선 선비들, 맛과 멋을 알다
– 한 잔의 차에서 풍류와 수양을 배우다

조선의 선비들은 풍류와 인격 도야를 위해 차를 유유자적 즐기면서도
시대의 현실을 외면하지 않고 불의와 당당히 맞서기도 하며 시대의 양심을 이끌었다.
그것은 차 생활을 통한 수양이 큰 몫을 했으리라.

조선은 학문의 나라였고 선비의 나라였다.
『도덕경』은 선비를 이렇게 표현했다.

　예부터 훌륭한 선비는 사물의 이치에 통달하고 미묘하여 그 깊음이 헤아릴 길이 없다.
　古之善爲士者 微妙玄通 深不可識

선비는 때를 만나면 공을 세우고 때를 만나지 못하면 조용히 물러나 고결하게 마음을 닦는 사람이다. 가슴에 지닌 도와 뜻이 더럽혀지는 것을 욕됨으로 여기는 선비에게는 당연한 세상살이다.
　조선시대의 선비들은 국가와 사회를 이끌어 나가는 중심에 있었다.

관직에 나아가서는 나라의 정책을 결정하고, 물러나서는 초야에 묻혀 제자들을 가르치며 학문이 지방에까지 뿌리를 내리는 데 앞장섰다. 그러한 선비들의 일상엔 차가 있었고, 학식과 인품을 갖춘 선비에 대한 호칭이 차인이었다.

대체로 오늘날엔 선비라고 하면 자신의 일에만 집착하는 고집스럽고 고리타분한 사람을 연상한다. 그것은 잘못된 믿음이다. 실제 조선시대 선비의 삶은 매우 다양했다. 자신의 학문을 완성해나간 학자가 있었는가 하면, 모순에 찬 현실을 극복하고 사회를 개혁하기 위해 온몸을 던지기도 한 관료도 있었고, 나아가서는 정의롭지 못한 절대군주인 왕과 맞서 목숨 바쳐 당당히 충신의 길을 가는 것도 그 뿌리는 선비 정신에 있지 않은가. 또한 도와 진실이 땅에 떨어진 세상에서는, 출사하는 것을 자신을 더럽히는 것으로 여겨 재야에 은거하며 사회정의를 위해 현실 비판을 다하는 것을 임무로 삼은 군자君子도 있었다.

자신의 할 일에 최선을 다하고 청렴과 소신, 정의를 최우선의 덕목으로 삼았다는 점이 조선 선비들의 공통된 자세였다는 것은 부인할 수 없다. 강대국 사이에서 수많은 전쟁과 혹독한 기아, 질병에 시달리면서도 오백 년 조선 사회가 그나마 도덕적인 문화 국가로 자리 잡을 수 있었던 데에는 음으로 양으로 사회를 주도했던 올곧은 선비들의 역할이 컸다.

그러한 정신을 이어받은 이 땅의 선비라 함은 비록 세속에 살지라도 참됨을 잃지 않는 곧은 성정을 지닌 사람에 대한 존칭이 되어야 한다.

흔히들 조선의 차문화가 쇠퇴했다고 보는데, 조선의 선비들은 기청신명氣淸神明으로 차를 즐기며 인품을 갈고 닦아, 그 정신은 한국의 혼과 민족문화에 면면히 이어져 내려와 우리 정신세계의 뿌리가 되어왔다.

조선조에 이르러 음차 풍습이 쇠퇴한 것은 사실이다. 그 까닭은 중기 이후 자연재해와 흉년 등의 피해가 백성들을 기아와 질병에 시달리게 했고, 임진왜란과 병자호란 등 끝없는 외세와의 전쟁은 국가를 파탄 지경에까지 내몰리게 했다. 이런 질곡의 삶에서 차를 생산하거나 차를 즐기는 것은 사치였을 것이다.

손수 차 달이니 맑은 향기 잔에 가득하고 　手煮淸茶滿椀香
밝은 창에서 한 잔 마시니 속이 시원하네 　晴窓一啜覺肝瞠
已敎塵念無從起
무슨 마음을 다잡고 좌망을 배우리 　更把何心學坐忘

유방선의 차시이다.

조선 초기 태재泰齋 유방선柳方善(1388~1443)은 19년 동안 유배 생활을 했고, 벼슬을 하지 않고 평생을 유유자적 은자의 삶을 살았던 차인이다.

좌망坐忘이란 무엇인가?『장자』「대종사大宗師」에 처음 나오는 말이다. 대도와 하나가 되는 것, 진인의 경지를 말한다. 物물과 我아의 구별을 잊어버리는 것. 이미 좌망을 체득한 차인의 일생은 도인의 모습이다.

오동나무는 천 년을 늙어도 아름다운 가락을 지니고 　桐千年老恒藏曲
매화는 일생 동안 추위도 향기를 잃지 않는다 　梅一生寒不賣香
달은 천 번을 이지러져도 본바탕은 변하지 않고 　月到千虧餘本質

버들가지는 백 번을 꺾여도 새 가지가 돋는다 柳經百別又新枝

상촌象村 신흠申欽(1566~1628)의 『야언野言』에 나오는 글이다. 퇴계 이황이 평생의 좌우명으로 삼았던 유명한 글이다. 또 다른 차와 관련된 그의 시를 읽어보자.

덮여진 서리는 누에고치 같고 寞寞霜如繭
쌀쌀한 바람은 칼처럼 매섭네 蕭蕭風似刀
차솥 화로에 걸어두고 地爐安茗鼎
눈 녹인 물에 얼음 섞어 달인다네 嚴雪和氷熟

상촌은 영의정을 지냈고 임금과 사돈까지 맺었지만 평생을 청빈하게 살았다. 그는 전원생활의 즐거움으로 첫째, 좋은 밤에 차 달이고 책 읽는 것, 둘째, 비바람 불어 인적 없는 그윽한 서재에서 되는대로 이 책 저 책 뽑아 읽는 것, 셋째, 소리 없이 눈 내리는 밤에 화로 끼고 차 달이고 술 데우는 것이라 했다.

산중의 부귀는 금은초이고 山中富貴金銀草
길가의 풍류는 여기화라네 路畔風流女妓花
흥이 다해 돌아올 땐 숲은 석양에 물들고 興罷歸來林影夕
아이 불러 물 길어서 햇차를 달인다네 呼童汲水試新茶

우리나라 최초의 문화 백과사전인 『지봉유설芝峯類說』을 지은 지봉 이수광李晬光(1563~1628)의 차시이다. 『지봉유설』은 우리 민족문화에 대한 자부심을 바탕으로 세계문화와 문명을 소개하는 진취적인 입장을 보인 당시 선구적 역할을 했던 책이다.

조선의 선비들은 풍류와 인격 도야를 위해 차를 유유자적 즐기면서도 시대의 현실을 외면하지 않고 불의와 당당히 맞서기도 하며 시대의 양심을 이끌었다. 그것은 차 생활을 통한 수양이 큰 몫을 했으리라.

조선 후기 점차 쇠퇴의 길로 가던 우리 차문화에 다시 불을 지피고, 제자인 초의선사와 함께 차문화 중흥의 깃발을 세웠던 다산 정약용의 글을 읽어보자. 당시 조선 관리들의 가렴주구를 고발한 「애절양哀絶陽」이다. 계해년(1803) 가을 강진에서 유배 생활 중 들었던 백성의 아픔을 노래한 시인데, 조선 후기의 세금 제도인 삼정三政 중 '군정의 문란'을 고발한 것이다.

노전에 사는 젊은 아낙 울음소리 그칠 줄 모르네 蘆田少婦哭聲長
관청 문을 향해 울부짖다 하늘 향해 부르짖고나 哭向縣門號穹蒼
남편이 출정 나가 돌아오지 않음은 있을 수 있지만 夫征不復尙可有
남자 스스로 생식기 잘랐다는 말은 들어보지 못했네 自古未聞男絶陽
시아버지 상 치르고 갓난아이 배냇물도 마르지 않았는데 舅喪已縞兒未澡
삼대의 이름이 군보에 올라 있다네 三代名簽在軍保
짧은 언변으로 하소연했지만 범 같은 문지기 버티고 있고 薄言往愬虎守閽
이정이 호통치며 마구간에서 소마저 끌고 갔네 里正咆哮牛去皁
칼 갈아 방에 들더니 선혈이 낭자해라 磨刀入房血滿席

아이 낳은 죄라며 남편이 한탄하네 自恨生兒遭窘厄
잠실의 궁형도 지나친 형벌이요 蠶室淫刑豈有辜
중국 민閩 땅의 자식 거세함도 애절한 일 아니던가 閩囝去勢良亦慽
자식 낳고 사는 이치는 하늘이 준 것이요 生生之理天所予
하늘의 이치로 아들 되고 땅의 기운으로 딸 낳거늘 乾道成男坤道女
거세한 말과 돼지도 오히려 슬플 일인데 騸馬豶豕猶云悲
하물며 백성이 후손 이을 것을 생각함에 있어서야 況乃生民思繼序
세도가의 집에서는 일 년 내내 풍악을 즐기지만 豪家終歲奏管弦
쌀 한 톨 비단 한 조각 바치는 일 없구나 粒米寸帛無所捐
다 같은 백성들인데 어찌 이리 차별인가 均吾赤子何厚薄
객창에서 거듭거듭 「시구편」만 읊조리네 客窓重誦鳲鳩篇

『다산시문집茶山詩文集』 권4에 수록되어 있다. '절양絶陽'은 남성의 생식기를 자른다는 것이다. 노전에 사는 백성이 아이를 낳은 지 3일 만에 아이가 군보軍保에 올라 있어 이정里正이 군포軍布 대신 소를 빼앗아가니, 남편은 칼을 뽑아 자신의 남근을 잘라버리면서 "나는 이 물건 때문에 이런 곤액을 받는구나" 하였다. 그 아내가 피가 뚝뚝 떨어지는 남근을 들고 관가에 가서 울면서 호소했으나 문지기가 막아버렸다는 이야기를 듣고 다산이 지었다는 글이다.

조선 후기의 선비 매천梅泉 황현黃玹(1855~1910)이 나라가 한·일 강제 병합으로 일본에 주권을 빼앗기자, "벼슬을 안 했기에 죽어야 할 의무는 없지만, 이 나라 조선이 오백 년간 선비를 키워왔음에도 나라가 망함에 앞서 국가를 위해 죽는 자가 없다면 어찌 애통하지 않겠는가"라며「절명시絶命詩」를 남기고 자결해 역사 앞에 조선 선비의 자존을 지킨 일도 선비 정신이다.

청빈낙도의 삶은 일상에서 즐기는 차 한 잔에 있었고, 한 사발의 맑은 차에서 느끼는 즐거움은 바로 평상심시도平常心是道인 것이다.

조선은 '다례茶禮'의 나라였고, 세상 어디에도 없는 '차례'를 계승해온 훌륭한 민족문화를 지닌 국가였다. 선조들이 남긴 그 민족문화의 복원 운동이 전통문화를 올곧게 지키는 일이다.

정약전의 차시 '다헌'에 실린 뜻은
– 유배지에 뿌린 차의 향기, 정약전과 정약용

하늘과 땅 사이에 이 책을 지은 자는 미용(정약용)이고 읽은 자는 나인데
한마디 말이 없어서야 되겠는가. 이 책을 읽고 이 글을 쓰는 것만으로
나는 만족한다. 나는 참으로 유감이 없도다.

다산 정약용의 둘째 형인 정약전丁若銓(1758~1816)의 차시茶詩가 세상에 선을 보였다.
추사 김정희金正喜(1786~1856)의 '茗禪명선'처럼 정약전은 큰 글씨로 '茶軒다헌'이라 쓰고, 그 양 옆에 잔글씨로 차에 관한 글을 썼다. 다도를 체득한 사람의 글이며, 글씨 또한 예사롭지 않다.
추사는 초의가 보내준 햇차의 보답으로 '茗禪'이란 글을 크게 쓴 후 양 옆에 협서脇書로 차에 관한 글을 썼다.

초의가 스스로 만들어 보내준 차는 중국 몽정차와 노아차에 못지않네. 이에 글로써 보답하오. 백석신군비의 뜻을 따라 병든 거사가 예서체로 쓴다.

정약전이 차시 한복판에 쓴 '다헌'

艸衣寄來自製茗 不減蒙頂露芽 書此爲報 用白石神君碑意 病居士隸

이 '茗禪'은 추사가 절친한 벗인 초의에게 선사한 호號라고 주장하는 학자도 있다.

'명선'은 추사의 대표작이라 많은 연구가들이 나름대로 해석을 해 세상에 선보이고 있다. 추사는 상대방에 따라, 혹은 그 상황에 맞춰 명호를 지었다. 유학자이면서 유마거사를 자처할 정도로 불가에 심취했던 추사가 이 작품에서 '병거사예病居士隸'를 명호名號로 한 까닭은 무엇일까. '병거사病居士'란 중생의 병을 대신 앓고 있는 유마거사를 지칭하는 의미일 듯싶다. 석가모니 부처의 10대 제자들도 법력에서 상대가 안 된다는 유마힐維摩詰을 존경해서 아마 유마거사를 따른다는 뜻으로, 혹은 '백석신군비'의 필의를 따르는 사람이란 내용이 아닐까 싶다.

신유년(1801) 겨울에 정약용은 강진으로 유배되었고, 정약전은 흑산도로 유배되었다. 정약전은 본관이 나주이고, 호는 연경재硏經齋, 손암巽庵이다. 정조正祖 때인 1790년 문과에 합격해 병조좌랑 등을 역임했다.

저술엔 『논어난論語難』, 『영남인물고嶺南人物考』, 『동역東易』 등이 있으며, 일찍이 서학에 뜻을 두었다가 형제들 모두 고초를 겪으며 집안이 풍비박산이 되었다. 그 역사적 사건을 우리는 '신유사화辛酉士禍'라 기억하고 있다.

정약전은 유배지 흑산도에서 복성재復性齋를 짓고 섬의 청소년들을 가르치며 해양 동식물의 생태를 연구해 저술을 남겼는데, 『자산어보玆山魚譜』가 그것이다. 우리나라 최초의 해양학 연구서로 알려져 있다.

정약용은 흑산黑山란 이름이 싫어 편지를 보낼 때는 자산玆山이라 고쳐 썼는데, 자玆는 검을 현玄 자처럼 흑黑과 같기 때문이다.

손암이든 다산이든 남도의 적거謫居에서 얼마나 쓰라린 통분을 참고 견디었을까. 다산은 술을 마시고 또 마셔도 취하지 않는다며 절규했지만, 그에게는 안식처와 같던 다도의 세계가 있었다. 하지만 정약전은 술로써 세상을 잊으려 했고, 그 술로써 몸을 혹사했으리라 싶다. 아마 두 아들에게 술을 마시지 말라며 충고하던 다산처럼 정약전도 현실을 잊기 위해 술을 마시고 또 마셨을 것이다. 요컨대 그가 다산처럼 술보다 감로 같은 차를 더 좋아했더라면 다산 못지않은 저술 활동을 하지 않았을까 하는 안타까움이 든다.

형은 외딴 바닷가 섬에서, 동생은 강진 땅 다산초당에서 서로를 그리워하며 얄궂은 운명 앞에 애틋한 형제애를 나눴으리라. 문화유산 답사 때 간혹 다산초당 천일각天一閣에 오르면 지기상합志氣相合하던 형제의 정을 절절히 느끼게 된다.

다산 정약용이 강진 유배지에서 차를 벗 삼아 훗날 다산학茶山學을 이루는 기틀을 쌓는 동안, 정약전은 민중들의 고통을 함께하며 자신의 학문과 기량을 다 보여주지 않았던 모양이다. 그렇지만 동생 약용이 글을 쓰거나 책을 마무리할 때, 흑산도의 형에게 보내 감수를 받았을 정도로 그 내공이 대단했던 모양이다. 다산은 "나의 형님은 재질才質로 말하자면 나보다 훨씬 낫다. 머리가 영리해서 책을 보면 금방 이해하곤 했다"며 뜻을 펴지 못한 형의 학문을 안타까워했다.

조선 최고의 학자라는 다산이 스스로 밝혔듯이 자신은 세 번이나 성

다산초당의 천일각. 이곳에 서면 강진만을 바라보며 깊은 생각에 잠겼을 다산의 모습이 떠오른다.

균관 시험에 낙방했지만, 작은 형 약전은 성균관 시험에 바로 합격했다고 자랑했던 다산이었다. 형 손암 또한 아우 다산을 누구보다도 아꼈던 지기知己였다.

정약전이 무진년에 쓴 글을 보면, "미용美庸(정약용의 자)이 편안히 부귀를 누리며 존귀한 자리에 있었다면 아마 이런 책을 쓰지 못했으리라"며 오히려 미용이 뜻을 얻지 못한 것이 그 자신에게나 우리 모두에게 다행한 일이었다고 했다. 손암의 이런 생각은 세상사에 달관한 높은 경지가 느껴진다. 다산이 불우했기 때문에 그 많은 저술 활동을 하게 되었으리라고 형 손암은 생각했던 것이다.

다산이 만약 조정에서 정치를 했다면 그 정쟁의 와중에서 오늘날 우리에게 기억되는 훌륭한 인물이 되었을까 하는 의문을 가져본다. 다산도 그랬지만 정약전도 그랬을 것이다. 아마 두 형제에게 차의 세계가 없었더라면 어떻게 그 암울한 시대를 이겨냈을까 싶다.

茶也者禪 다야자선　　常時飮茶 상시음차
氣淸神明 기청신명　　道在其中 도재기중

　병인년 봄날에 쓴 정약전의 차시다. 그리고 자신의 호인 '硏經齋'를 써넣었다. 병인년(1806)이라면 정약전이 흑산도로 유배된 지 6년째가 되는 해다. 복판에 큰 글씨로 '茶軒다헌'이라 썼는데 차실茶室의 이름인지, 아니면 누군가에게 아호로 써주었는지 알 수 없다.
　'다야자선茶也者禪', 차라는 것은 선이다. 다도는 선에 이르는 길이다. 다선일미茶禪一味니 다선일여茶禪一如와 같은 뜻이다. 추사가 초의에게 보낸 '명선茗禪'과 일맥상통한다.
　'상시음차常時飮茶', 늘 차를 마시니. 그랬을 것이다, 끽다喫茶는 항다반사恒茶飯事였으리라.
　'기청신명氣淸神明', 말 그대로 풀이하면 마음은 맑아지고 정신은 밝아진다는 뜻일 게다.
　'도재기중道在其中', 한마디로 끝낼 문자가 아니다. 선의 경지에 이르게 하는 차를 늘 마시니 마음은 맑아지고 정신은 밝아지네. 다도의 묘미에 빠진 묘용妙用의 때를 표현했지 않았나 싶다.
　"차라는 것은 선이다茶也者禪"라고 한마디로 말한 그가, 도는 치우치지 않은 그 묘용의 마음에 있다는 것이다道在其中.
　중도와 중용의 세계를 정약전은 말하고 싶었을 것이다.

이 차시에서 연경재의 다도와 선의 경지를 엿볼 수 있지 않은가. 연경재 정약전은 다산 정약용 못지않은 차인이었음을 우리는 이 차시를 통해 알 수 있다. 정약전의 군더더기 없는 이 글로 조선 선비의 다선사상을 느껴본다.

정약전은 흑산도에서 우이도牛耳島로 거처를 옮겼는데, 옛날에 소흑산도로 불린 그 섬은 육지와 더 가까운 곳이었다. 이제나저제나 형은 아우를, 아우는 형을 기다리고 기다렸을 터이다. 하지만 정약전은 유배 16년 만인 1816년 한 많은 세상을 떠나고 만다. 그의 나이 59세였다. 온 섬의 사람들이 모두 마음을 다해 장례를 치러주었다 하니 정약전이 흑산도에서 어떻게 살았는지 짐작이 간다.

유산酉山과 운포耘浦 두 아들에게 보낸 유배지에서의 아버지 정약용 편지를 보면 다산에게 정약전은 어떤 의미인지 알 수가 있다.

"유월 초엿샛날은 어지신 둘째 형님이 세상을 떠난 날이다. 나를 알아주는 분이 세상을 떠났으니 어찌 슬프지 않으리오. 오! 현자가 그렇게 곤궁하게 세상을 떠나니 그 원통한 죽음 앞에 목석도 눈물을 흘리리라. 외롭기만 한 이 세상에 손암 선생만이 내 지기가 되어주었는데 이제 그분마저 잃었구나" 하며 비통한 심정을 표현한 글이었다.

손암 정약전은 다산 정약용이 보내준 글들을 읽고 동생의 학문을 이렇게 높이 평가하고 있다.

"하늘과 땅 사이에 이 책을 지은 자는 미용美鏞이고 이 책을 읽은 자는 나인데, 내가 어찌 또한 한마디 말이 없어서야 되겠는가. 다만 나는 섬 안에 갇힌 몸, 죽을 날이 멀지 않았으니 언제 미용과 함께 한 세상,

한 형제로 살아볼 수 있으랴. 이 책을 읽고 이 글을 쓰는 것만으로 나는 만족한다. 나는 참으로 유감이 없도다. 아! 미용 또한 유감이 없을 것이다. 내가 미용보다 몇 살 위지만 문장과 학식은 그 아래 있은 지 오래되었다. 천박한 말로 이 책을 더럽힐 수 없다."

불우한 운명에 처한 형과 아우의 형제애는 이렇게 깊고도 넓었다.

연경재 정약전의 담담한 차시에서, 불우한 삶을 살다 간 조선의 선비를 생각하다가 불현듯 조선 후기의 지식인 매천이 자결하면서 남겼다는 칠언절구 두 줄이 떠오른다.

> 가을 등불 아래 책 덮고 옛날 일 생각하니 秋燈掩卷懷千古
> 세상에 글 아는 사람 노릇하기 어렵구나 難作人間識字人

"빨리 차를 보내지 않으면
몽둥이로 응징하겠네"

– 세상에서 가장 향기로운 만남, 추사 김정희와 초의선사

편지를 보냈건만 한 번도 답장을 받지 못했네.
나는 스님을 보고 싶지도 않고 그대의 편지 또한 보고 싶지 않소.
다만 차에 얽힌 인연만은 차마 끊지 못하고 깨뜨릴 수가 없구려.

    해마다 때가 되면 어김없이 과천정과 열수장에 차를 보내주었는데 금년엔 이미 곡우가 지나고 단오가 가까워졌는데도 두륜산의 스님은 소식이 없구려.
    역마의 꼬리에 매달아놓은 햇차가 아직 도착하지 않았는지, 혹은 유마거사처럼 병이라도 났는가. 허나 이런 병은 중병이 아니거늘 어인 일로 기다리는 차는 이다지도 더딘가.
    만약 더 이상 늑장을 부리면 마조馬祖의 고함과 덕산德山의 몽둥이로 그 버릇을 응징할 것이오. 깊이깊이 마음의 계율을 가다듬게나.
    석류꽃 피는 초여름에 거듭거듭 청하네.

年來 茶神每先到 果川亭上洌水庄下 卽穀雨已度 端陽在邇也 頭崙一

衲 乃無形影 何喉茶神附驥尾 以抵此耶 間因難摩病而然耶 此病不足重矣 此茶何可遲耶 若爾遲緩也則 馬祖喝德山棒微其習戒其源也 深戒深戒 餘榴夏重重

老果 阮堂病只 艸衣禪師 榻下

추사 김정희가 초의 장의순張意恂(1786~1866)에게 차를 재촉하는 「완당이초의촉다서阮堂貽艸衣促茶書」라는 글이다. 추사는 초의에게 차를 보내달라는 편지를 여러 통 남겼다. 초의에게 보낸 편지는 '걸명乞茗' 또는 차를 선물받고 감사하는 내용이 많다. '과천정'은 추사의 집이요, '열수장'은 다산 정약용의 별저다.

『유마경維摩經』은 유마힐 거사를 주인공으로 한 경전으로 부처의 10대 제자 또는 여러 보살과의 대화를 통해 대승의 진리를 설한 경전이다. 불성은 본래 평등에 있음을 설명하며 이적과 장광설로 불법 진의를 이야기하고 있다.

앞글에서 잠깐 언급한 유마거사 이야기를 다시 해본다. 추사가 말한 '유마의 병'은 이런 연유가 있다.

문수보살이 세존의 명으로 문병을 와서 유마거사에게 물었다.
"거사여, 병세가 좀 어떻습니까? 원인은 무엇이며, 언제 생겼고, 언제쯤 완쾌되겠습니까?"
"나의 병은 무명과 애착 때문에 생겼으며, 만약 중생의 병이 다하면 따라서 보살의 병도 없어집니다. 보살은 모든 중생들을 아들처럼 여기므로

> 중생들이 병을 앓으면 보살도 병이 나고, 중생의 병이 쾌유되면 보살의 병도 낫는 법입니다. 문수보살이시여, 보살의 병은 대자대비로부터 생긴 것이지요."

 대자대비를 실천하는 일은 지금 만나는 모든 사람을 사랑하는 일이다. 진리는 먼 곳에 있지 않다. 진리를 가리키는 손가락을 보지 말자. 손가락에 정신 팔지 말고 손짓하는 달을 똑바로 보자. 조주의 청차淸茶는 깨달음에 이르는 길이다.
 '노과老果'는 완당, 추사처럼 김정희의 명호이다. 추사는 초의가 보내준 차를 받고서, 차 기운이 너무 강해 정기가 삭는 느낌이 있으니 다음에는 불 조절을 더 세심하게 살피는 것이 좋겠다고 주문한 내용의 글도 있고, 흡족하게 잘 만들어진 차를 마셔보고 차의 삼매를 터득한 듯하다고 치켜세운 편지도 있다. 초의가 보내준 차는 잎차綠茶와 떡차餠茶 모두 있었음을 알 수 있는데, 아마 이른 차는 잎차로 만들고, 찻잎이 큰 이후엔 오랫동안 보관하기 위해 고형차로 만들었던 것 같다.

 초의선사의 『동다송』보다 200여 년이 앞섰던 차 문헌에 고형차 이야기가 있다. 조선의 문신 김육金堉(1580~1658)이 편찬한 『유원총보類苑叢寶』가 그것인데 그중에 황차黃茶 이야기가 나온다. 신랑 집에서 신부 댁으로 차를 보내는 혼례 풍습이 있는데 그 차가 황차라는 것이다. 이 책에 나오는 차가 중국에서 만들던 떡차 또는 벽돌차塼茶 모양이라는 것과 차의 효능, 차에 얽힌 일화 그리고 차세茶稅에 관한 이야기가 나온다. 또한 하루라도 차를 마시지 않으면 병이 들 만큼 차를 좋아하는 사람을 감초벽甘草癖이라 했는데 그를 『다경』의 저자인 육우라 했다.

흔히 조선시대로 접어들면서 우리나라 차문화가 쇠퇴했다고 보는데 실제는 그렇지 않다. 차 생산은 전보다 못했을지라도 오히려 당시 지도층인 사대부들과 선비들의 생활 속에서 차 생활은 중요한 일상사였다. 선비들의 지참물엔 빠지지 않는 게 차였고, 서로 간의 만남에 다담茶談은 격조 있는 풍류 생활이었다.

조선 초기의 문신이며 단종 복위운동에 앞장섰다가 아들 현석玄錫과 함께 처형을 당한 충의공忠毅公 백촌白村 김문기金文起(1399~1456)에게 사돈인 집현전 부수찬 허조許稠(1369~1439)가 보낸 편지글에, "자부가 임신한 후에 묵은 체증이 있는 듯합니다. 황차가 가장 좋을 듯싶으니 석청꿀과 함께 보내주십시오子婦娠後之氣 似有滯積 黃茶最妙 與石淸更惠否"라는 대목이 나오기도 한다. 김문기는 세조가 그렇게 회유를 해도 당당히 충신의 길을 지켰던 인물이다.

초의에게 차를 재촉하는 또 다른 내용의 추사 편지를 읽어보자.

편지를 보냈건만 한 번도 답장을 받지 못했네. 생각건대 산속에 바쁜 일이 필시 없을 터인데 세상 인연과 어울리지 않으려 하는가. 이렇게 간절한데도 먼저 금강金剛으로 내려주시는 것인가? 곰곰이 생각해보니 늙어 머리가 백발이 된 나이에 이 모습이 참 우습구려. 인연을 양단간에 딱 끊기라도 하겠다는 것인가? 이것이 과연 선자禪者의 모습인가? 나는 스님을 보고 싶지도 않고 그대의 편지 또한 보고 싶지 않소. 다만 차에 얽힌 인연만은 차마 끊지 못하고 깨뜨릴 수가 없구려. 이번에 또 차를 재촉하니 보낼 때 편지도 필요 없고, 단지 두 해 동안 쌓인 빚을 함께 보내되 다시 지체하거나 어긋남이 없도록 해야 할 것이오. 만약 그렇다면 마조의 고함과 덕산의 몽둥이를 받게 될 터이니, 이 일할일방一喝 一棒은 수백 천겁이 지나도 피해 달아날 구멍은 없을 것이오. 예는 갖추지 않고 이만 줄이오.

有書而一不見答 想山中必無忙事 抑不欲交涉世諦 如我之甚切 而先以金剛下之耶 第思之 老白首之年 忽作如是 可笑 甘做兩截人耶 是果中於禪者耶 吾則不欲見師 亦不欲見師書 唯於茶緣 不忍斷除 不能破壞 又此促茶 進不必書 只以兩年積逋輸 無更遲悞可也 不然馬祖喝德山棒 尙可承當 此一喝此一棒 數百千劫 無以避躱耳 都留不式

추사가 초의에게 보낸 글에 '마조의 고함과 덕산의 몽둥이馬祖喝德山棒'란 글이 나오는데 선종에는 마조의 고함보다 '임제의 고함'이 일반적이다. 그런데 대학자요, 탁월한 서예가인 추사가 왜 마조의 할喝이라 했을까? 그 옛날 선禪의 전성시대에서 주역으로 활동한 마조가 출중한 제자인 백장百丈(720~814)에게 진리를 전하기 위해 고함喝을 쳤는데, 백장이 사흘 동안 귀가 먹었다고 하는 내용이 『백장어록百丈語錄』에 나온다.

진리는 스스로 깨쳐야 하는 법이다. 내가 마신 차 한 잔의 맛을 어떻게 설명할 수 있겠는가. 차의 맛을 묻는 이에게 차 한 잔을 건네주는 도리밖에 없지 않는가. 마조의 엄격한 가르침을 받은 백장은 한·중·일 선문禪門의 수행과 생활 규범이 되는 『백장청규百丈淸規』를 창안했다.

2년째 초의에게서 소식이 끊겨 차를 얻지 못하자, 보고 싶지도 않고 편지도 필요 없으니 2년 동안 밀린 차나 빨리 보내라고 으름장을 놓는 편지다. 선불교의 화두로 유명한 '일할일방一喝一棒'으로 은근슬쩍 협박하는 것도 잊지 않았다. 앞의 글처럼 읽으면 슬며시 웃음이 나오는 정겨운 편지다.

추사는 동갑내기 친구인 초의에게 장난치듯 어리광을 부린다. 친한 친구 사이가 아니라면 어찌 이런 편지를 보내겠는가. 차를 통한 초의와 추사의 우정은 동서고금에 보기 드문 아름다운 만남이었다. 초의에게 보낸 추사의 편지는 대개 1838년부터 1850년 전후까지 10여 년간 부친 내용이다. 이 중에 직접 차와 관련된 내용만 모두 11통에 달한다.

세간의 삶은 뿌리 없는 부초와 같지 않은가. 추사는 적적한 유배지에서 초의선사의 담담한 선가의 일상을 그리워했으리라. 초의가 법제해 보내준 차는 추사에게는 대자대비 관음의 감로수와 다를 바 없었으리라.

추사는 젊은 나이에 이미 당대 금석문의 대가이자 글씨와 그림의 달인이었다. 또한 권문세가 집안에서 태어난 유가儒家의 총명한 인재였다. 당시 전남 무안 빈농의 자식으로 태어나 일찍이 불문에 출가해 사문沙門의 몸이 된 초의와는 전혀 어울릴 것 같지 않았지만 두 사람은 한평생 뜨거운 우정을 나눴다.

두 사람의 인연은 학문과 예술을 논하며 우정을 나누던 추사의 친구 동리東籬 김경연金敬淵을 통해서다. 그렇게 만난 동갑내기 추사와 초의의 우정은 관포지교管鮑之交를 무색하게 한다.

훗날 추사가 10년 먼저 세상을 떠나자 그의 제문도 초의가 썼다. 병진년丙辰年(1856) 가을 추사가 71세로 죽자 초의는 일지암一枝庵에서 두문불출하다가 무오년戊午年(1858) 청명淸明 날, 추사 영전에 애절한 제문을 올려 뜬구름처럼 덧없는 삶을 애통해했다.

생전의 절친함과 자신의 인생에 큰 영향을 미쳤던 친구를 향한 그리움이 배어 있었으리라. 그토록 좋아하던 시도 읊지 않고 선정에 들었을 초의는, 차를 보내달라던 추사의 재촉 편지가 한없이 생각났을 듯하다. 초의도 흰 구름처럼, 밝은 달처럼 살다가 서쪽을 향해 앉아 홀연히 이승을 떠나니 세상 나이 81세였다. 그 후 일지암도 연못과 석간수 샘 그리고 주춧돌만 남기고 그 흔적이 사라져버렸다.

초의의 스승이었던 다산 정약용이 을축년乙丑年(1805) 겨울에 혜장선사惠藏禪師(1772~1811)께 차를 청하는 「걸명소乞茗疏」도 유명한 편지다.

"나는 요즘 차 벌레가 되어 차를 약으로 마십니다"라고 시작해 "목마르게 바라는 이 심정에 무상 선물을 아끼지 마십시오"라며 차를 구걸(?) 하는 모습이 입가에 미소 짓게 한다.

차를 통한 만남은 이렇듯 살가우니 흔히들 삼생三生의 인연이라 한다. 그래서 차 모임茶會을 할 때 일평생에 단 한 번의 만남처럼 그 순간을 귀중히 여기라는 뜻의 '일기일회一期一會'는 차실茶室의 좌우명이 된 지 오래다.

제주도로 귀양 간 추사를 만나기 위해 초의는 다섯 번이나 추사 적거지를 찾아가 다담을 나눴다. 예컨대 유배 시절 추사에게 차와 선의 세계가 존재하지 않았다면 술로써 그 한탄의 세월을 보내지 않았을까 싶다. 울분과 적적함을 차 한 잔으로 달랬기에 오늘날의 추사로 자리매김할 수 있었으리라. 추사에겐 초의가, 초의에겐 추사가 큰 버팀목이었을 것이다. 그리고 그 매개체는 향기로운 차였을 것이다.

추사가 초의로부터 귀한 차를 선물받고 그 보답으로 써준 '茗禪명선'

이란 휘호에서 추사의 다도관을 엿볼 수 있다. 차를 마시되 선의 맛과 차의 희열을 느끼지 못한다면 차는 참살이Well-being를 위한 단순한 마실거리일 뿐이다.

아끼고 존경하는 벗畏友 초의가 정성껏 법제한 차를 보냈는데 정작 자신은 글씨로 보답할 길밖에 없음을 알고, 그 고맙고 안타까운 심경을 그렇게 표현했으리라. 추사는 향기와 맛이 뛰어난 초의차草衣茶를 한 봉지만 더 보내달라고 보챘고, 추사의 아우 산천도인山泉道人 김명희金命喜(1788~1857)는 산중의 차가 그 맛이 뛰어나다는 소문으로 인해 세금을 내게 될까봐 걱정도 했다.

이렇게 초의는 추사의 아우이자 차인인 김명희와도 절친했다. 초의가 보내준 햇차를 선물받고 보내온 김명희의 편지에 다시 초의가 답장을 보내기도 했다. 그 답장 가운데 우리가 즐겨 인용하는 "예로부터 성현들은 차를 사랑하였네. 차는 군자의 성품을 닮아 사특함이 없어서라네古來賢聖俱愛茶 茶如君子性無邪"라는 유명한 글귀도 있다. 한국의 다성茶聖인 초의의 다도 철학을 느낄 수 있는 글이다.

"차향이 참 좋은데요."
차를 한 모금 마신 그가 찻잔을 바라보며 나직이 말했다.
"사는 맛이 나지요."
벌써 다 마셔버린 찻잔을 만지작거리며 그에게 조용히 속삭였다.
등 뒤로 한줄기 청량한 바람이 불어왔다.

우리 차문화 역사에 금자탑을 세웠던 초의와 추사가 서로 만나 아마 이런 대화를 나누지 않았을까 싶다.

　차를 통한 만남은 세상에서 가장 아름다운 만남이라 생각한다. 초의 스님과 추사 선생이 차를 매개로 이렇게 멋진 사귐을 가졌듯이 너와 나, 우리도 맑고 깨끗한 청교淸交를 맺어보자. 석류꽃 피는 이 계절에 함께 하는 찻자리는 참으로 행복한 순간이리라.

"차나 시를 논할 이는 매창뿐이구나!"
– 조선의 이단아 허균이 남긴 차시

허균은 매창(계생)을 높이 평가했다.
"계생은 부안 기생인데 시를 잘 짓고 음률이 뛰어났으며 거문고를 잘 탔다. 차나 시를 논할 이는 계생뿐이로구나!" 하며 오래 사귀었던 그녀를 보고파 했다.

남쪽으로 두 개의 창문이 있는 손바닥만 한 방에
한낮에 햇볕 내려 쬐이니 밝고도 따뜻하다
집은 비록 바람 가릴 정도지만 책은 고루 갖추었다
베잠방이 걸친 이 몸 문군卓文君의 짝이라네
차 마시고 향 한 자루 사르며
한가로이 지내며 천지고금을 생각하노라
남들은 누추해서 어찌 사노라지만
내가 보기엔 신선의 세상인 것을
몸과 마음이 편하거늘 그 누가 누추하다 말하랴
내가 누추하게 여김은 몸과 이름이 함께 썩는 것
원헌原憲은 쑥대로 엮은 집에 살았고

도연명은 울타리만 휑한 집에 살았다네
군자가 머물러 산다면 어찌 누추하리오

房闊十笏방활십홀　南開二戶남개이호　午日來烘오일래홍　旣明且煦기명차후
家雖立壁가수입벽　書則四部서즉사부　餘一犢鼻여일독비　唯文君伍유문군오
酌茶半甌작차반구　燒香一炷소향일주　偃仰栖遲언앙서지　乾坤今古건곤고금
人謂陋室인위누실　陋不可處누부가처　我則視之아즉시지　淸都玉府청도옥부
心安身便심안신편　孰謂之陋숙위지루　吾所陋者오소누자　身名竝朽신명병후
廬也編蓬려야편봉　潛亦還堵잠역환도　君子居之군자거지　何陋之有하루지유

"산이 높지 않아도 신선이 살면 명산이 된다山不在高 有仙則名"는 옛글이 있다. 중당中唐의 학자인 유우석劉禹錫(772~842)이 쓴 유명한 「누실명陋室銘」에 나오는 말이다. 덕 높은 이가 거처하면 그곳이 바로 선계 아니겠는가.

"덕이 있는 군자가 그 나라에 있으면 감히 누추하다고는 못하리라"는 공자의 '하누지유何陋之有'를 인용해 안빈낙도의 삶을 노래한 중국 선비 유우석의 마음을, 조선의 선비 차인 교산蛟山 허균이 다시 읊은 「누실명」이란 글이다.

옛 선비들은 자신의 집을 누옥 또는 누실이라 불렀다. '누추한 집'이라는 뜻이다. 띠나 쑥대로 엮은 보잘것없는 집이었지만 선비들에게는 자부심이었다. 심지어는 번듯한 기와집에도 '누실명'을 지어 내걸 정도로 겸양을 내세웠다. 어떤 이는 '누실'을 자신의 호로 삼기도 했다. 그런 거

처를 기리는 것은 그곳이 차 마시며 독서하고 마음을 수양하는 곳이기 때문이다. 당의 시인 유우석은 자신의 집을 삼국지의 영웅 제갈량의 초려草廬에 비견했다.

생각과 행동에서 거리낌이 없었던 풍운아 허균의 집도 조촐한 누옥이었다. 그는 그곳에서 차 마시고 독서하며 천지고금을 마음에 품었으리라. 비뚤어진 세상을 바로 세워보려고 온몸으로 저항하다가 끝내 허망한 죽음으로 끝난 허균이지만 그가 남긴 문장과 행적은 남았다. 그가 누추하게 여기는 것은 보잘것없는 집이 아니라 몸과 명예가 썩는 것이었다. 덕의 향기는 누구에게서 나오는가.

노자의 "하늘의 이치는 공평하여 누구를 편들지 않고 항상 선인을 가까이 한다天道無親 常與善人"라는 경구가 생각난다. 사서삼경 중에 처음 읽어야 할 『대학』과 마지막에 읽어야 할 『중용』은 안팎의 조화를 이룬 책인데 『대학』의 핵심이 선善이 아니던가.

허균의 「누실명」에 나오는 "작차반구酌茶半甌 소향일주燒香一炷"는 추사의 시로 잘 알려진 "정좌처靜坐處 다반향초茶半香初 묘용시妙用時 수류화개水流花開"의 '다반향초茶半香初'와 비슷한 내용이다.

이 글은 중국 송나라 사람인 산곡山谷 황정견黃庭堅(1045~1105)의 "저 멀리 푸른 하늘에 구름 일고 비 내리니 사람 자취 없는 빈산에 물은 흐르고 꽃은 피네萬里靑天 雲起雨來 空山無人 水流花開"란 시와 닮아서 '황산곡의 시'라고 말하는 이도 있다. 글귀가 비슷하다고 해서 전체 내용이 다른 글을 왈가왈부한다는 건 한번 생각해볼 일이다.

이를테면 당나라 때 천태 덕소의 "심외무법心外無法 만목청산滿目靑山"

과 신라 때 원효의 "심외무법心外無法 호용별구胡用別求"란 선시는 어떻게 해석할까. 원효스님이 덕소스님보다 먼저 태어났으니 천태 덕소스님이 차용한 것일까……. 깨달음의 글에 왈가왈부하지 말자.

"공산무인空山無人 수류화개水流花開"는 유명한 글귀라 조선의 화가들이 자신의 그림에 화제畵題로 곧잘 쓰곤 했다. 조선의 천재 화가 호생관毫生館 최북崔北의 단아한 그림에도 화제로 쓰였다.

"차 마시고 향 한 자루 사르네"란 이 내용처럼 추사의 '다반향초茶半香初'도 그렇게 풀이하는 게 좋을 듯하다. 흔히들 "차를 반쯤 마시니 그 향은 처음과 같이 그윽하다"고 해석을 하거나, "차를 반쯤 마신 후에 향을 피운다"라고 해석을 한다. 하지만 '다반'의 '반半'을 절반이 아닌 한창으로 해석해야 할 듯싶다. 차를 마음껏 음미하고 비로소 향을 처음 피운다는 차인의 일상사로 보아야 한다.

허균이 삼척 부사로 있을 때였다. 유학밖에 모르는 당시의 관료들은 목에 염주를 걸고, 불상을 모셔놓고, 향을 피워 절까지 하는 그를 규탄하고 파면하기를 청했다. 그는 파면장을 받고 울부짖는 처자에게 "사람의 명은 하늘에 있는 법, 세상이 내 뜻을 어찌 알겠소. 고루한 선비들의 비위를 맞추느니 차라리 죽을 먹더라도 내 뜻대로 살겠소"라고 했다.

그는 파직을 당한 후 전북 부안에 누실을 짓고 『홍길동전』을 집필했다고 한다. 이 차시도 그 시기의 작품으로 알려져 있다.

벼슬에서 물러나 잠시 여유를 가지게 되었을 때, 시대의 저항아였던 그는 권력 암투와 당쟁의 소용돌이를 온몸으로 느끼며 살았던 현실과 새 세상을 꿈꾸던 이상에서 초탈하고 싶었을 것이다.

이화우 흩날릴 때 울며 잡고 이별한 님
봄바람에 지는 잎에도 나를 생각하는가
머나먼 길에 외로운 꿈만 오락가락하여라

 허균이 그리워했던 여류 시인 매창梅窓의 시다. 이 시는 매창이 당시 유명 시인이었던 정인情人 유희경劉希慶과 임진왜란으로 헤어진 후 그를 그리워하며 지은 것이지만, 허균은 매창을 높이 평가했다. "계생은 부안 기생인데 시를 잘 짓고 음률이 뛰어났으며 거문고를 잘 탔다. 차나 시를 논할 이는 계생뿐이로구나!" 하며 오래 사귀었던 그녀를 보고파 했다. 계생은 매창을 말한다. 또는 계랑이라고도 한다.

 허균이 매창을 만난 것은 그의 나이 서른세 살 때이고 매창은 스물아홉 살이었다. 송도 명기 황진이와 함께 부안 명기 매창도 거문고와 노래로 명성을 떨쳤는데, 조선의 선비와 어울려 풍류를 함께한 기녀들이다.

 세속적인 가치에 대한 부정으로 인한 혼란과 당시의 제도를 개혁하려는 의지의 좌절 등으로 벅찬 삶을 살았지만, 선비로서의 기품을 잃지 않고자 하는 여유 있는 삶의 자세와 당당한 기개를 펼쳐 보인 허균.

 조선의 역사에 비극적인 삶을 살다가 간 사람이 어디 한둘이었을까. 하지만 교산 허균은 죽임을 당하고 난 후에도 오랫동안 거론조차 금기시되었던 사람 중 한 명이었다.

 그에게 한 잔의 차는 어떤 의미였을까. 차 한 잔 마시며 향 사르는 그 순간은 어떤 마음이었을까.

원효의 자리이타행이 그리운 날
- 다도 정신의 효시, 원효와 설총

백성의 생각을 알고 부처의 마음으로 그들을 안아주었던 불멸의 성자 원효.
위대한 인물과 그 정신은 영원히 우리 가슴속에 살아 있는 법.
그래서 오늘도 원효를 그리워한다.

원효는 한국 불교사뿐 아니라 동양 정신문화에도 지대한 족적을 남긴 위대한 인물이다.『우리 茶문화』「원효의 생각」에서 원효의 생애를 나름대로 조명한 졸고拙稿가 있는데, 그 글엔 차인으로서의 원효를 중점적으로 다뤘다.『삼국유사』「사복불언」에 언급된 신라 성인 '뱀복蛇福'과의 인연 등과 함께 그의 생애와 설화 등을 살펴본 원효의 이야기였다.

우리는 원효를 설화 속에서 자주 만나고 있지만 설화 속의 인물이 아니라 역사 속의 인물로 찾아내 인간 평등을, 갈등과 분열의 시대에 진정한 화합과 소통의 길을 1300여 년 전에 이 땅에 실현하려고 했던 그의 행동하는 정신을 읽어야 하리라. 원효의 그러한 생각은 오늘날에도 진정 유효하기에 그를 그리워한다. 원효를 세계 사상사에도 우뚝 솟은 봉우리라 한들 지나친 표현이 아니리라.

　당과 송에 이르기까지 고승들의 삶을 기록한 『송고승전宋高僧傳』에 의하면, 원효는 일찍이 출가해 스승을 따라 배우되 일정한 스승은 따로 없었다 한다. 다른 고승들 전기에 비해 「신라국황룡사원효전」의 원효 이야기는 그들이 불세출의 인물로 인식했는지 찬양만 있다. 원효는 도리에 정통해 입신의 경지에 도달했다는 것이다.

　원효의 학문과 사상은 그 폭이 매우 넓어서 어느 종파에도 치우치지 않았다. 당시 동아시아권에서는 원효의 저술을 읽지 않았거나 그의 사상을 모르면 부끄럽게 여길 정도였다고 한다. 8세기경 신라로 유학 온 일본 승려들에 의해 원효의 불교사상과 학풍이 이웃 나라에 전해지기도 했다. 국내에는 판본조차 없는 원효의 저술들을 당시 일본의 지식인이나 승려들이 즐겨 읽고 공부했다는 사실은 그들의 증언이나 현존하는 기록 등을 통해 알 수 있다. 당시 원효의 영정을 봉안한 일본 사찰도 있었다.

　원효가 활동하던 시대는 불교가 공인된 지 100년이 지난 무렵이고, 신라에는 적지 않은 고승들이 배출되어 있었다. 원효는 그들을 찾아 수학했지만, 훗날 불법의 깊은 뜻을 깨달음에 있어서는 특정한 스승에 의존하지 않았다. 그는 어느 종파에도 국한되지 않은 독창적인 불교사상을 이 땅에서 펼쳤다고 할 수 있다.

　원효가 살았던 7세기의 동아시아 불교는 사상 논쟁과 수많은 종파로 난립되어 있었다. 그러한 종파의 대립을 원효가 『십문화쟁론十門和諍論』에서 밝힌 화쟁사상 등을 통해, 당시 동아시아 불교 사상사의 소통과 화합에 큰 힘이 되었음을 부인할 수 없으리라.

젊은 날의 원효에 대한 자료는 거의 없지만, 청소년 시절 화랑도에 심취한 적도 있었다. 스스로 머리를 깎고 자신의 집을 절로 고쳐 불가에 귀의했다. 그는 불교는 물론 유가와 도가에 이르기까지 광범한 학문을 닦는 한편 수행자로서 철저한 고행을 했던 것으로 유추된다. 그것은 그가 남긴 다양한 저술과 행각들에서 그 모습들을 찾아볼 수 있다.

원효의 일생을 파악하는 데는 10세기 중반의 기록인 『송고승전』과 13세기의 기록인 『삼국유사』, 그가 생전에 가장 오래 머물렀던 고선사高仙寺에서 발견된 9세기 초의 유물인 '서당화상비誓幢和尙碑'가 중요한 역할을 한다. 그중 '서당화상비'는 역사적 신빙성이 높다. 이 비는 신라 애장왕哀莊王(800~809) 때 건립된 비석으로, 원효의 손자인 설중업薛仲業이 일본에 사신으로 다녀온 후 훗날 헌덕왕憲德王(809~825)이 된 각간角干 김언승金彦昇에게 건의해 원효를 추모하기 위해 건립한 비석이다. 지금은 수몰되어버린 고선사에 있었던 것으로 원효의 일생을 정리한 최고의 자료적 가치가 있다고 할 수 있다. 그곳에는 '수공垂拱 2년(686) 3월'에 '혈사'에서 열반했고, 당시 춘추가 70세였다는 기록이 있다.

또한 고선사는 원효와의 차 인연으로 유명한 신라의 도인 뱀복이 그를 찾아가 만났던 역사적 장소이다. (뱀복과의 인연은 '3부 차문화 유적을 찾아서' 「부안 개암사 울금바위의 석굴, 원효방 이야기」에서 자세히 다루었다.)

원효가 남긴 철학은 어떤 것이고, 그가 실천한 사상과 그 본질은 또 어떤 것인가. 먼저 원효의 생애를 간략히 살펴보자.

우리 민족의 위대한 사상가 원효는 신라 진평왕 39년(617), 압량군 불지촌 율곡栗谷(현 경북 경산시 자인면.『삼국유사』에는 현재의 경북 경산으로,『송고승전』에는 경북 상주로 기록되어 있다)에서 태어났다.

『삼국유사』「원효불기」에 따르면, 그의 어머니가 원효를 잉태할 때 유성이 품으로 들어오는 꿈을 꾸었으며, 그를 낳을 때는 오색 구름이 땅을 덮었다고 한다.

원효의 어릴 때 이름은 서당誓幢으로 '새털'을 의미한다. 이는 그의 어머니가 원효를 잉태하고 해산을 위해 친정으로 가던 중 집 근처의 사라수娑羅樹 밑을 지나다가 갑자기 산기를 느껴, 남편의 털옷을 그 밤나무에 걸고 그 밑에 자리를 깔아 아기를 낳은 데서 얻어진 이름이라고 한다.

원효의 속성은 설薛 씨다. 원효의 행적 가운데 특별히 눈길을 끄는 대목이 있다. 그것은 우리에게 너무도 잘 알려진 이야기로, 두 차례에 걸쳐 당 유학을 시도했던 그가 문득 스스로 크게 깨닫고 발길을 돌린 일이 그것이다.

원효는 34세 때 당에 유학하기 위해 의상義湘(625~702)과 함께 압록강을 건너 요동까지 갔다가 그곳 순라꾼에게 잡혀 뜻을 이루지 못하고 되돌아왔다. 그 후 45세에 다시 의상과 함께 이번에는 바닷길을 통해 당나라로 가기 위해 당시 백제 땅이었던 당성으로 향했다. 지금의 경기도 화성 지화리 일대로 추측되는데, 그곳이 당시 당으로 가는 배의 출발지였기 때문이다.

항구에 당도했을 때는 이미 밤이 되었고 날씨도 좋지 않아 어느 토굴에서 묵게 되었다. 아침에 일어났을 때 그곳이 토굴이 아닌 옛 무덤인 줄 알았지만 비바람이 그치지 않아 하룻밤을 더 자게 되었다. 당시 그 무덤은 횡혈식 석실 고분 형태였을 것이다. 무덤 내부는 가족 합장묘를 꾸미고 통로를 따로 만들었는데 밖은 흙으로 덮여 있지만 널길의 문이 있기에 토굴로 보였을 것이다.

그날 밤 원효는 분별심이란 귀신의 장난에 잠을 이룰 수 없었는데, 그날 그 고총古冢에서의 하룻밤이 곧 그에게 큰 깨달음의 계기가 되었다. 바로 '일체유심조一切唯心造'이다.

> 마음이 일어나는 까닭에 여러 가지 법이 생기고 心生則 種種法生
> 마음이 없어지니 감실과 무덤이 둘이 아니네 心滅則 龕墳不二
> 삼계는 오직 마음이요, 모든 현상이 유식이로다 三界唯心 萬法唯識
> 마음 밖에 아무 진리도 찾을 수 없는데 무엇을 따로 구하랴 心外無法
> 胡用別求

이후 그는 "당나라에 가지 않겠다" 선언하며 신라로 되돌아왔다. 또 다른 기록인 12세기의 『임간록林間錄』은 이렇게 전한다.

> 그날 밤 그는 황폐한 무덤 속에서 잠을 자다가 갈증이 심해 깜깜한 밤중에 일어나 옆에 고여 있는 물을 손으로 떠서 시원하게 마셨다. 새벽에 일어나 그렇게 달고 시원했던 물이 해골에 담긴 더러운 물인 줄 알고는 구역질을 느끼고 토하면서 심법心法을 깨달았다고 한다.

분별은 어떤 대상에 있는 것이 아니라 내 마음에 있다는 것이다. '심외무법'을 깨달은 그는 이처럼 인간의 내면에 존재하는 마음의 실상을 꿰뚫어보고, 또한 신라인으로서의 주체적인 자각을 이루지 않았나 싶다. 그 당시 학문을 하거나 진리를 구하려는 자는 누구든 당나라 유학을 꿈꾸었으리라. 하지만 구당 유학을 포기하고 돌아온 원효는 경주 분황사 등지에서 독창적인 통불교通佛敎를 주창하며 독학으로 당당히 자신의 길을 걸었던 것이다.

젊은 시절부터 장년에 이르기까지 열렬하게 유학의 꿈을 품어온 원효가 한순간에 생각을 바꿔 신라로 돌아온 후, 그는 오직 불학 연구와 저술 그리고 대중 교화에 몰두했다. 그의 저술은 107종 231권으로 알려져 있다. 그 연구 범위도 대승·소승불교의 모든 부문을 망라하고 있다.

그의 대표적 저술이라 할 수 있는 『화엄경소華嚴經疏』와 『대승기신론소大乘起信論疏』 그리고 『금강삼매경론金剛三昧經論』에서 보인 탁월한 견해는 당시 중국의 석학들이나 일본의 학자들이 찬탄을 아끼지 않을 정도였다. 그러나 안타깝게도 오늘날 그의 저술은 19부 22권만이 전해지고 있을 뿐이다.

소의 두 뿔 사이에 벼루를 놓고 집필했다는 저술 일화가 있는 『금강삼매경론』, 원효 사상의 중심 개념인 '화쟁和諍'을 풀이한 『십문화쟁론』 등은 다행히 남아 있어 그의 불교 철학을 짐작할 수 있다. 그중에 원효의 철학과 사상이 가장 잘 드러나는 저술로는 『대승기신론소』를 들 수 있을 것이다. 그 저술은 마명馬鳴의 『대승기신론大乘起信論』에 원효가 주석을 달아 풀이한 책으로 그의 천재성과 독창성을 엿볼 수 있는 책이라 할 수 있다.

불교 경전이나 논서를 읽을 때는 그 사상사적인 맥락에서 읽는 것도 좋은 방법이지만, 중요한 것은 원래 부처가 말하려 했던 근본정신을 기본으로 삼아야 하리라.

아무리 원효가 천성적으로 뛰어난 재능이 있고, 또한 홀로 공부를 했다지만 그에게 영향을 끼친 스승이 없을 수 없다. 고려의 대각국사大覺國師 의천義天이 남긴 글에 의하면, 원효는 의상과 함께 고구려 고승으로서 백제 땅 전주 고대산孤大山으로 옮겨 간 보덕普德의 문하에서 『유마경』 등을 배웠다고 한다. 또한 『삼국유사』에는 원효가 반고사磻高寺에 있을 때 영취산靈鷲山의 낭지朗地에게도 사사한 걸로 보인다. 자신을 사미라 낮추고 상대방인 낭지를 상덕上德으로 높이고 있는데, 낭지는 원효에게 『초장관문初章觀文』과 『안신사심론安身事心論』 두 권의 책을 짓게 했다는 기록도 보인다.

또한 『삼국유사』는 원효가 혜공惠公에게 불학을 배운 사실을 이야기하고 있다. 즉, 당시의 신승神僧 혜공이 만년에 항사사恒沙寺(지금의 오어사吾魚寺)에 있을 때 원효가 여러 경소經疏를 찬술하면서 힘든 문제가 있을 때는 언제나 혜공에게 가서 질의했다는 것이다. 그 외에도 대안大安 등 여러 도인들이 그의 스승 역할을 하지 않았나 싶다. 이렇듯 원효가 광범위한 분야에서 내공을 쌓거나 여러 사람, 여러 곳에서 수학한 경력을 짐작만 할 수 있을 뿐, 깊고 큰 깨달음은 철저한 내공을 쌓은 후에야 얻는 것이리라.

원효는 수도와 저술과 대중 교화에 전념하다가 그의 나이 일흔 되던 해인 신문왕 6년(686) 음력 3월 30일 '혈사穴寺'에서 열반했다. 원효가 세상을 타계하자 그의 아들 설총薛聰이 그 유해를 바수어 진흙과 유골 가루로 소상塑像을 만든 후 분황사에 모시고 공경했다.

원효가 만년에 살았던 혈사 옆에 설총이 살았던 집터가 있었다 한다. 『삼국유사』의 집필자인 일연一然이 적기를, 어느 날 설총이 원효의 진용眞容인 소상을 향해 절하자 원효 소상이 불현듯 돌아보았는데 돌아본 그대로 있었다 한다. 아마도 아버지와 아들의 애틋한 정을 그렇게 표현했으리라.

원효는 『대승기신론별기大乘起信論別記』에서 "무리지지리無理之至理요, 불연지대연不然之大然"이라는 철학을 내세웠다. "이치가 없는 듯해도 그 이치가 지극한 이치요, 그렇지 않은 것이 더욱 그러한 것"이라고 이해할 수 있지만, 원효 사상에서 본다면 '무리지지리無理之至理'는 '궁극적인 이치에 도달했기에 따로 이치가 존재하고 있는 것도 아니다'는 뜻으로 해석할 수도 있다. 또한 '불연지대연不然之大然'이란 말이 '그렇지 않은 것이 더욱 그러하다'는 의미도 되겠지만 '지극히 당연하다'는 뜻으로도 해석할 수 있다는 것이다. 다시 말해 불연不然과 대연大然은 대립이 아니라는 것이다.

이것은 '염정무이染淨無二', '진속일여眞俗一如'라는 그의 사상적 이론을 뒷받침해준다. 염染과 정淨이 융합하기 때문에 진眞과 속俗이 평등하고, 동動과 정靜이 이루어지기에 오름과 내림의 차이가 생긴다는 뜻은, 생멸심生滅心의 입장에서는 탁하고 깨끗하고, 참되고 속됨의 대립의 속성으로 나타나지만, 불변의 진리 앞에서는 이런 대립이 서로 융합하고 서로 성립하게 해준다는 것이다. 마치 악惡이라는 이름이 없다면 선善이란 이름도 없다는 논리다. 무애無碍의 도인은 선도 악도 구애받지 않는다.

만유의 실체인 '일심'이란 참마음은, 심진여문心眞如門과 심생멸문心生滅門인 이문사상二門思想으로 전개되고, 나아가 3대三大, 4신四信, 오행五行으로 확대시켜 나갔다. 원효의 '참마음'은 민족 불교의 중심 사상이며 우리 민족 문화의 바탕이 되었음을 부인할 수 없다.

깨달음을 얻은 원효는 온몸으로 중생 속에서 중생과 함께 호흡하면서 진리를 폈던 것이다. 그들을 구제하러 간 것이 아니라 그 또한 구제받기 위해서 그들 속으로 들어간 것이리라. 원효의 '무無'는 상대가 있는 무無인 것이다. 사바세계와 출세간이 둘이 아님을 깨달은 것이다.

『삼국유사』의 "몸을 백 그루 소나무로 나타냈다分軀於白松"는 이야기는 원효의 무애자재無碍自在한 상징적 표현이리라. 거사의 모습으로 살았다고 해서 불교를 떠난 게 아니라 『금강삼매경론』의 '출가와 재가의 어느 곳에도 치우치지 않는' 모습을 보여준 것이다. 중국 선불교 3조祖 승찬대사僧璨大師의 『신심명信心銘』에 나오는 "세간 속의 인연을 좇지도 말고莫逐有緣 인연이 비워진 그 공의 자리에도 머물지 말라勿住空忍"는 생각이었을 것이다. 집착하지 않으니 초월하고, 초월함으로써 자유로운 것이다.

귀족과 천민이란 무엇인가? 세상의 모든 사람은 모두가 평등하다는 신념으로 원효는 당시의 신라 사회에서 백성과 함께 그 철학을 몸소 실행에 옮겼던 대중 운동가로 살았던 것이다. 진정한 삶이란 인식이 아니라 실존 그 자체이리라.

당시 신라 사회는 원광圓光과 자장慈藏의 교화에 큰 영향을 받았으나 삼국 중 가장 늦게 수용된 신라 불교가 왕실을 중심으로 하는 귀족층에 널리 퍼진 반면, 일반 대중층 사이에는 아직 괴리가 있었음을 여러 문헌을 통해 살펴볼 수 있다. 당시 혜공惠空, 혜숙惠宿, 대안大安 등의 대중 불교 운동가들이 민중 속으로 깊이 파고들어가 일반 백성들에게까지 불교를 일상생활화시킴으로써 힘없는 백성들의 의지처가 되게 하였다.

그런 시절에 나타난 원효가 그들의 뒤를 이어 주인공 역할을 당당히 했음을 기록들을 통해 엿볼 수 있다. 당시 일반 승려들이 대체로 성내의 큰 절에서 호의호식하며 귀족 생활을 하고 있던 것에 반해, 원효와 같은 대중 불교 운동가들은 지방의 촌락 등을 두루 돌아다니며 부처의 뜻을 펴왔던 것이다. 그는 "온갖 것에 걸림이 없는 자, 나고 죽음을 벗어나리라一切無碍人 一道出生死"는 「무애가無碍歌」를 부르며 대중 속에서 불법을 널리 알려, 힘들고 지친 일반 백성들의 마음에 큰 안식을 주는 일에 힘을 기울였다.

그가 이처럼 대중의 교화에 나선 것은 입당 포기 후 심법心法을 깨달은 후이며, 요석 공주와의 파계로 스스로 소성거사小性居士라 자칭하던 때 이후이다. 오히려 원효가 스스로 소성小性이라 칭함은 자신도 다른 민중들과 다름이 없다는 뜻이었을 것이다. 전쟁 등으로 고통받는 백성들에게 한 걸음 더 나아가기 위해 선택한 길이었을 것이다. 이 또한 대중 교화의 한 방편이었던 것이리라. 그에겐 이미 분별이 없는 세상이지만 세속으로 뛰어들기 위한 처절한 몸짓이었을 터.

언젠가 국왕이 100명의 고승들을 초청해 '백좌인왕경대회百座仁王經大會'란 법회를 열었는데 여러 대덕들의 반대로 원효는 그 자리에 참석하지 못했다. 그 후 당시 왕비의 머리에 종기가 나 백약이 효험이 없었는데, 원효가 왕비의 병을 낫게 하기 위해 아무도 설하지 못한 『금강삼매경론』을 황룡사黃龍寺에서 강설하게 된다. 그때 '어디 한번 해봐라'며 오만하게 앉았던 고승들의 입에서 찬탄의 소리가 저절로 흘러나왔다 한다.

강설을 끝낸 원효가 "지난날 100개의 서까래를 구할 때는 참여할 수 없더니 오늘 하나의 대들보를 가로지르는 일은 나밖에 할 수 없구나" 하며 신분과 사상의 대립에서 벗어나지 못한 당시의 지성인인 승려들에게 일침을 놓았던 일화는 참으로 후련한 스토리가 아니겠는가. 대중 교화의 행각을 마친 원효는 다시 소성거사가 아닌 원효화상으로 돌아가 혈사에서 생애를 마쳤다.

원효의 위대한 점은 부처의 가르침을 깨달아 대중 속에서, 자리自利의 수행과 이타행利他行의 교화를 온몸으로 실천한 무애행無碍行에 있다. 원효는 다도를 즐기며, 수행과 교화의 실천행을 구현하며, 신 나는 삶을 살았던 호방한 풍류인이었다. 세속의 잣대를 초월해 「무애가無碍歌」를 부르며 무애무無碍舞를 췄던 원효는 진정한 자유인이었다.

원효는 그의 「발심수행장」에서 "행지구비行智俱備는 여거이륜如車二輪이요, 자리이타自利利他는 여조양익如鳥兩翼"이라 했다. 실천과 지혜를 두루 갖춤은 수레의 두 바퀴와 같고, 나와 남을 이롭게 하는 것은 마치 새의 양 날개와 같다며 정진하기를 경책하고 있다.

따라야 할 가르침을 실천하는 일은 종교인의 본분사本分事이다. 그러나 온몸으로 그 깨달음을 나타낸 성자는 과연 얼마나 될까. 그리고 그가 연구하고 이룩해낸 사상적 성과는 우리나라뿐 아니라 동아시아 정신사에 우뚝한 존재로 각인되었다는 특별함이다.

원효의 일관된 유식사상唯識思想은 중기의 대승불교 경전을 바탕으로 나타난 사상이며 인간의 감각과 인식에 대한 정교한 논리를 전제로 한다. 곧 우리들 중생은 각자의 업으로 인해 깨닫지 못한 상태, 즉 무명無明에 물들어 있다는 것이다. 그러므로 유식사상은 이 물리적 대상 세계 자체를 오직 식識, 즉 심상의 차원으로 보지만 인간의 분별 망상만 타파하면 진리의 세계를 볼 수 있는 지혜를 갖출 수 있다고 보았기 때문에 후천적 수행을 중시하는 것이 특성이다.

원효의 사상은 이론적으로도 그 당시의 불교계에 획기적인 전환점을 마련해준다. 원효는 『기신론起信論』과 『화엄경華嚴經』을 통해 깨달음을 얻어 그의 일관된 사상이라 할 수 있는 일심一心과 화쟁사상을 성립시킨다. 흔히들 원효를 '화쟁국사和諍國師'라 한다. 화쟁국사의 시호는 고려 숙종으로부터 받은 것인데, 이 비석은 경주 분황사에 세워졌다. 훗날 추사가 이를 확인하고 '차신라화쟁국사지비적此新羅和諍國師之碑蹟'이라 써 놓았는데, 지금은 비석의 받침 부분만 남아 있다.

쟁론爭論을 그치게 하고 불교의 여러 사상을 통일하여 조화시킨 화쟁사상과 함께 누구든 마음의 평화를 얻으면 그 자리가 바로 천당이요, 극락이라는 원효의 생각은 통일 전쟁에 지쳤던 신라인들의 마음을 어루만져주었던 큰 버팀목이었을 것이다.

원효는 계율에 구애받지 않는 무애행과 정토사상에 입각한 정신을 대중에게 보여주었다. 발심과 수행은 하나다. 마음이 생기면 갖가지 법이 생기고, 마음이 없어지면 갖가지 법도 사라진다는 원효의 생각을 붙잡아 챙겨 무애차 한 잔 마실 일이다.

결국 원효는 '상홍불도上弘佛道'의 정신으로 널리 불도를 넓히고, 하화 중생下化衆生의 마음으로 자리이타의 대승불교 정신을 보여준 것이다. 속세로 돌아와 중생과 더불어 호흡하자는 원효의 실천철학을 그의 치열한 삶의 흔적에서 우리는 자세히 보아왔지 않는가.

불교의 옷을 입었지만 민중 속에서 철저한 신라인으로서의 정신을 잃지 않고 삶을 살았던 원효는, 백성의 생각이 무엇인지를 알고 부처의 마음으로 그들을 안아주었던 이론과 실천을 다 함께 이룩한 불멸의 성자였다. 위대한 인물과 그 정신은 영원히 우리 가슴속에 살아 있는 법이다. 그래서 오늘도 원효를 그리워한다.

조선의 감찰다시를 아시나요?
– 차를 마시며 공직자의 기강을 바로잡다

회의 때 차를 마셨다고 해서 '다시'라 했다. 차를 마신 후 서경을 하고
탄핵할 일들을 논의했다. 차를 나누는 의식을 통해 몸과 마음을 신중히 한 다음
사무사의 정신으로 엄정한 판단을 하기 위한 제도라 할 수 있다.

우리 차문화 역사 중에 특이한 미풍양속이 있었는데 그것은 정치의 자리에 차가 등장하고 있다는 점이다. 독창적인 차문화라 할 수 있는 다시茶時라는 제도이다. '다시'는 예전 사헌부 감찰들이 날마다 차를 마시며 업무를 조율하던 자리였다.

'가야 차문화 한마당 축제'를 기획하고 그 일을 총괄할 때, 추진위원회 집행위원 및 사무국장을 맡아 큰 힘이 되어주었던 김해의 향토사학자 정영도 선생으로부터 어느 날 연락이 왔다. 최근에 발견된 『낙하생집 책이십洛下生集册二十』「동사일지東事日知」에 '감찰다시監察茶時'란 말이 나오는데 한번 읽어보라는 것이다. 감찰다시가 분명 '다시'와 연관된 것은 알겠지만 흥미 있는 대목이라 관심을 갖게 되었다.

감찰다시는 『승정원일기』에 간혹 나오는 단어인데 그 『승정원일기』를 일반인이 쉽게 읽을 수 있도록 번역을 맡았던 민족문화추진회 승정원일기 팀도 팀 회의에서 그 단어를 어떻게 해석할지에 대한 논쟁으로 이어지고, 관련 자료를 총동원해 해석을 해봤지만 더 이상 진전이 없다는 것이다. 문맥상으로 보면 단순히 차를 마시는 일이 아니라 어떤 제도라는 생각은 들지만 어떻게 해석해야 할지 아직도 결론을 내리지 못한다고 하는데, 그것은 당시의 생활과 문물을 표현한 한문을 종합적으로 번역해야 하는 어려움 때문일 것이다.

『승정원일기』는 『조선왕조실록』 편찬의 기초 자료인 셈인데, 조선시대 승정원에서 일어난 모든 일을 기록해놓은 문서, 왕명의 출납과 각종 의례의 순서, 관청에서 임금에게 올리는 문서는 물론 어떤 일이 일어났으며 그 원인까지 기록해둔 역사의 보고다. 이를테면 『조선왕조실록』에 "왕이 수원에 갔다"고 기록했다면, 『승정원일기』에는 "임금이 몇 날 몇 시에 누구와 함께, 어떤 가마를 타고 행차했으며, 가는 도중 누구를 만났으며, 무엇을 먹고 마셨는지"도 기록돼 있는 그야말로 임금 일상사의 세세한 기록이다. 그 양도 방대해서 『조선왕조실록』의 3배가 넘는 3,243책이 남아 있고, 글자 수로는 2억 4,250만 자에 달한다.

『낙하생집책이십』「동사일지」에 '감찰다시'란 글을 남긴 이학규의 삶을 살펴보기로 하자.

낙하생 이학규李學逵(1770~1835)는 남인계 실학파 문인이며 학자이다. 자는 성수, 호는 낙하생洛下生이다. 1801년 신유사옥에 연루되어 경상도 김해 지방에서 오랫동안 유배 생활을 했다. 문집으로 『인수옥집因樹屋

集』등의 필사본이 전하는데, 근래에 이들을 모은 전집이 간행되었다. 그리고 인삼의 재배에 대해 기술한 『삼서蔘書』, 우리나라 역사의 고사와 용어 등을 풀이해놓은 『동사일지』 등의 저술이 있다. 신유사옥이 일어났을 때 그는 천주교도로 몰려 억울하게도 외삼촌 이가환李家煥, 정약용 형제 등과 함께 감옥에 갇혔다.

정약용은 전남 강진에서 18년 동안 유배 생활을 했고, 이학규는 경남 김해에서 24년 동안 유배 생활을 보냈다. 32세에 유배를 떠나 그의 나이 56세에 유배가 풀릴 때까지 김해 지방을 한 발자국도 벗어나지 못한 삶을 살았다.

경제적인 궁핍과 환경의 제약으로 그는 학문적 연구를 체계적으로 계속해나가기가 어려웠다. 그런 환경에서 그는 답답하고 암울한 심사를 고백하거나, 삶에 대한 허무와 애상을, 그리고 한아閑雅한 정취를 명징明澄하고 수려한 글을 통해 잘 표현했다. 먼저 세상을 떠난 아내를 그리워하며 애달픈 심정을 토로한 이학규를 생각하면 그의 유배 생활이 얼마나 허허했는지 짐작이 간다.

당시에 다산 정약용과 함께 '일대의 재사'로 인정받았지만 오늘날에는 잘 알려지지 않은 이름이 낙하생 이학규가 아닌가 싶다. 간결한 그의 '감찰다시'의 기록은 이렇다. 원문을 싣고 나름대로 풀이를 했다.

監察茶時 國朝古例也 兩司臺員不備 或有故不得詣臺 則監察一員 具公服 詣承政院 口稱茶時 卽退出 至今行之 嘗歷問老成典故者 無能詳其故 高麗忠烈王六年 監察司撿諸司勤怠 謂之衙時 監撿常以冬夏孟月行 今之衙時 乃茶時也 意者 臺員不得詣臺 則報茶時 以識不忘

撿飭也 茶時之例 似本于此

감찰 다시는 예로부터 우리(조선)조에 내려온 관례다. 양사(사헌부와 사간원) 대원들이 갖추어 있지 않아, 혹은 유고가 있어도 대(관청)에 예방하지를 못했다. 그러므로 감찰의 일원이 복식을 갖추어 입고 승정원을 예방했다. 입으로 말하기를 '다시茶時'라 하고 퇴출했다. 이것이 오늘날까지 행해지고 있다. 일찍이 나이 많은 사람들에게 물어 전례가 되는 옛일을 이루었다. 그러나 그 연고를 상세히 알 수는 없었다. 고려 충렬왕 6년(1280)에 감찰사검의 여러 관원들의 근무가 태만하여 이르기를 아시衙時(고려 때 감찰사가 제사諸司 관리의 근태를 조사하던 일)라 하였다. 감검監撿들이 늘 겨울과 여름의 첫 달에 이를 행하였다. 이것이 오늘날의 아시이고, 곧 다시이다. 생각건대 내원들이 관청을 예방하지 않고도 다시를 이루었다. 이를 단속하고 경계함을 늘 잊지 않았으니 다시의 예가 여기에 근본을 두고 있는 듯하다.

감찰 간부회의 제좌와 다시

당시 감찰의 간부회의에는 두 종류가 있었는데 제좌齊座와 다시茶時가 그것이다. '제좌'는 정기적으로 갖는 정례회의이고 '다시'는 제좌가 없는 날 매일 갖는 약식회의로 일종의 간담회였다. 회의 때 차를 마셨다고 해서 다시라 했다. 다시에서 차를 마신 후 서경署經을 하고 탄핵할 일들을 논의했다.

고려나 조선시대 관리의 비행을 적발하고 규탄하며 풍기와 풍속을 바로잡고 백성의 억울한 누명을 풀어주는 기관인 사헌부는 대례의大禮儀

를 익히고 대사를 의논할 때는 재좌청齋坐廳에서 회합을 가졌다. 재좌란 마음과 몸을 깨끗이 하여 앉아 있는 것을 말하는데, 이때 대사헌을 비롯해 정5품 이상의 대관들이 정좌하여 차를 마신 후 서로 의논했다.

재좌의 의식은 절도가 있어 들어가고 나가기를 비롯하여 그 예절이 엄숙해 다른 관청에서 만날 때의 예의와는 비교가 되지 않는다고 했다. 길을 갈 때에도 차례대로 갔으며 만일 상관이 먼저 왔고 하관이 뒤에 오면 비록 상관이라도 북쪽을 향해 서서 하관을 기다려 서로 읍하고 그 자리에 앉았다고 했다.

감찰이 하는 일을 살펴보면 사헌부에는 대관臺官과 감찰監察이 구분되어 있었다. 감찰은 실제 감찰 업무를 담당했다. 감찰은 사헌부에 소속되었던 정6품직으로 관리들의 비위를 규찰하는 일을 담당했다. 감찰에 대해서는 "남루한 옷에 해진 띠를 착용한다"고 전한다.

대사헌은 대청大廳에서, 감찰은 감찰방監察房에서 근무했다. 감찰은 24명으로 구성되었지만 때에 따라 그 숫자가 바뀌었다고 한다. 감찰방은 별청에 따로 마련되어 있었으며 내방과 외방으로 구분되어 있었다. 내방은 감찰방을 대표하는 방주房主가 유사有司 2명과 함께 집무하는 곳이요, 외방은 이들을 제외한 나머지 감찰들이 집무하는 곳이었다. 방주는 감찰들의 업무 분장을 주관하기도 하며 유사를 선임하는 권한이 있었다. 유사는 그날그날의 업무를 본청에 보고하고 동료 감찰의 비위를 규찰했다. 감찰은 상하 위계실서가 엄격했고 상관이 출근할 때 영접해야 하며 절도 있는 생활을 했다.

원래 고려시대 어사대御史臺의 감찰어사직을 계승해 20명을 두었으나 중간에 많고 적음이 있다가 24명으로 정해졌다. 감찰어사란 고려 때 어사대에 속했던 종6품 관직이다. 조선의 사헌부와 같은 곳이라 할 수 있다. 조선 후기 다시 11명을 줄여 문관 3명, 무관 5명, 음관 5명으로 13명만 두었다 한다.

　감찰은 관원의 불법행위, 각종 집회, 각종 제사, 부당 상거래, 조회, 과거 시험장 등 모든 곳의 부정을 감찰했다. 따라서 외근이 많았다. 아침에 출근하면 지평이 업무를 분담시키는데 이를 분대分臺라 했다. 감찰이 입회해야 하는 행사는 법률로 지정되었다. 주관 관청은 행사 수일 전에 공문을 보내 행사 사실을 사헌부에 통지했다. 업무 분담은 장무지평掌務持平이 하되 이를 사헌부 간부회의인 제좌나 약식회의인 다시에서 확정한다. 오늘날의 티타임 격이다. 업무를 배정받은 감찰은 해당 관청으로 간다.

승정원과 사헌부에 설치된 다시청

　'다시청茶時廳'이란 말이 있다. 다시청은 태종 원년에 승정원과 사헌부 안에 설치되었으며, 사헌부는 사간원들이 하루에 한 번 한자리에 모여 회좌會座하며 차를 마셨다고 한다.

　그 옛날 조선은 나라의 기강을 바로 세우기 위해 사헌부와 사간원 양사를 뒀다. 풍속을 단속하고 관헌들에 대한 감찰 업무를 맡았던 사헌부는 위계질서가 엄격했다. 내부 위계질서는 엄격했지만 업무는 민주적으로 처리했다. 반면 임금의 과오를 시정하도록 직언을 해야 하는 사간원은 지위 고하를 막론하고 잘못이 있다면 서슴지 않고 탄핵을 했던 자유분방함이 있었다. 간원諫院이라고도 하는 이 독립된 기관은 연산군 때 없어졌다가 중종 때 부활됐다. 왕조시대의 이 사간원이 오늘날에도 있었다면 우리 사회는 좀 더 공명정대한 나라가 되었을 것이다.

『승정원일기』를 보면 사헌부는 매일 해가 뜨기 전에 다시청에 모여 하루 업무를 점검했고 전날의 감찰 결과를 보고했다. 하루도 거르지 않았다. 부패한 관리가 있다면 탄핵을 하거나 죄상을 기록한 나무판을 가시덤불과 함께 당사자 집 대문에 걸어놓아 사회적으로 지탄을 받도록 했다. 당시 조선의 최고 권력기관은 사헌부였다. 『경국대전』은 사헌부에 대해 "현행 정사에 대해 논집論執하고, 백관을 규찰하고, 풍속을 바로잡고, 원통하고 억울한 일을 풀어주고, 너무 지나쳐 분수에 맞지 않고 거짓된 것을 금한다"라고 규정하고 있다.

조선 중기의 학자 지봉 이수광은 '감찰다시'를 "감찰들이 사헌부나 감독과 검열을 하는 관청에 모였다가 파하는 것을 '다시'라 일컬으니 그것은 차를 마시고 파하는 것이다"라 했다. 다산 정약용의 『흠흠신서欽欽新書』에는 "감찰이 '다시'라는 패를 가지고 앞에서 인도하고 가면 비록 대관을 만나더라도 말에서 내리지 않는다"고 했다. 다시가 얼마나 위엄을 갖추었나를 알 수 있다.

다시는 또 밤에 모여 즉석 판결을 하는 '야다시夜茶時'라는 것을 탄생시켰다. 이수광의 다른 글을 보면 "예전 왕의 시대에는 신하들 중에 간악하고 비리를 저지르며, 추하고 탐하는 자가 있으면 여러 감찰이 밤에 야다시를 열고 그 집 근처에서 그 사람의 죄상을 따져 흰 널빤지에 써서 문 위에 걸고 가시나무로 그 대문을 단단히 봉한 뒤 서명하고 간다. 이렇게 되면 그 사람은 도덕적으로 버림받게 되는데, 이러한 일은 오래전에 없어졌다"고 했다.

야다시는 왕에게 고하지 않고도 행할 수 있는 즉석 판결로, 형벌로 다스리기 곤란한 경우에 행해지기도 했다. 당시 여러 선비들이나 학자들이 한목소리로 야다시의 좋은 풍습이 없어진 것을 아쉬워하는 글을 남겼다. 조선 초기 태종 때는 모든 관아가 다시를 행한 적도 있었고 다례도 엄하고 절도가 있었으나, 조선 후기가 되면서 다시의 때와 장소를 소홀히 하고 불참하는 등 기강이 점차 해이해지면서 다시의 본래 뜻을 조금씩 상실하게 되었다.

고려 때는 왕이 관리의 죄가 중할 때에는 직접 나서서 결정하는 '중형주대의重刑奏對儀'라는 것과 고관대작들만의 '다시'가 있었다. 중형주대의나 다시가 모두 먼저 차 한 잔으로 의식을 치른 다음 중요한 사안을 결정했다는 점이 특징이다. 왕이 내전의 남쪽 행랑에 앉고, 여러 신하들도 재배한 후 제자리를 앉는다는 식이 그것이다. 차를 나누는 의식을 통해 몸과 마음을 신중하게 한 다음 사무사思無邪의 정신으로 엄정한 판단을 하기 위한 제도라 할 수 있다.

서거정徐居正(1420~1488)은 『사헌부재좌청중신기司憲府齋坐聽重新記』에서 언급하기를 "사헌부의 직무는 임금께 아뢸 말씀을 의논하고 탄핵하며 모든 관리들을 다스리고 감시한다. 뇌물을 탐하는 관리를 내쫓고, 곧은 자를 천거하고 굽은 자를 버리며, 탁한 것을 배격하고 맑은 것을 찬양한다"고 했다. 그리고 '다시'에 관해 이야기하기를 "사헌부의 청에서는 두 가지 일을 했다. 하나는 다시이며, 또 하나는 재좌齋坐이다. 다시란 다례의 뜻을 취한 것이다茶時者取茶禮之義"라고 했다.

다시는 다례인 것이다. 우리 민족만이 갖고 있는 아름다운 풍속인 다례, 즉 '차례'는 이렇게 면면히 이어져왔는데 오늘날엔 그 이름만 남아 아쉽기 그지없다. 설날과 한가위에 우리는 어느 나라에도 없는 차례를 지내고 있지만, 차례란 이름만 있을 뿐 정작 그 자리에 주인공인 차가 없다. 그 자리에 술이 등장하는 웃지 못할 전통을 만들어온 셈이다.

다산 정약용은 『목민심서』 「율기육조律己六條」에서 "청렴은 목민관의 본래 의무요, 온갖 선의 근본이요, 덕의 바탕이니 청렴하지 않고서는 목민관 노릇을 잘 할 수 없다廉者 牧之本務 萬善之源 諸德之根 不廉而牧者 未之有也" 하면서 또 "예부터 지혜가 깊은 선비는 청렴을 교훈으로 삼고 탐욕을 경계하지 않은 사람이 없다自古以來 凡智深之士 無不以廉爲訓 以貪爲戒"라고 설파했다. 또한 중국 원나라의 『경행록景行錄』은 이렇게 말하고 있다. "정치의 요체는 공정과 청렴"이다.

공자도 사이비를 미워했다. 외모와 겉은 그럴듯하지만 본질과 인격은 전혀 다른 사이비 정치가나 공직자가 없는 사회가 되어야 한다는 생각은 누구나 똑같을 것이다.

청렴을 추구한 관리들은 염치와 수분守分의 덕을 지녔다. "청렴하면서도 능히 너그럽고, 어질면서도 결단을 잘 내리는" 『채근담菜根譚』의 명언처럼 그런 공직자를 '감찰다시'를 생각하며 기대해본다.

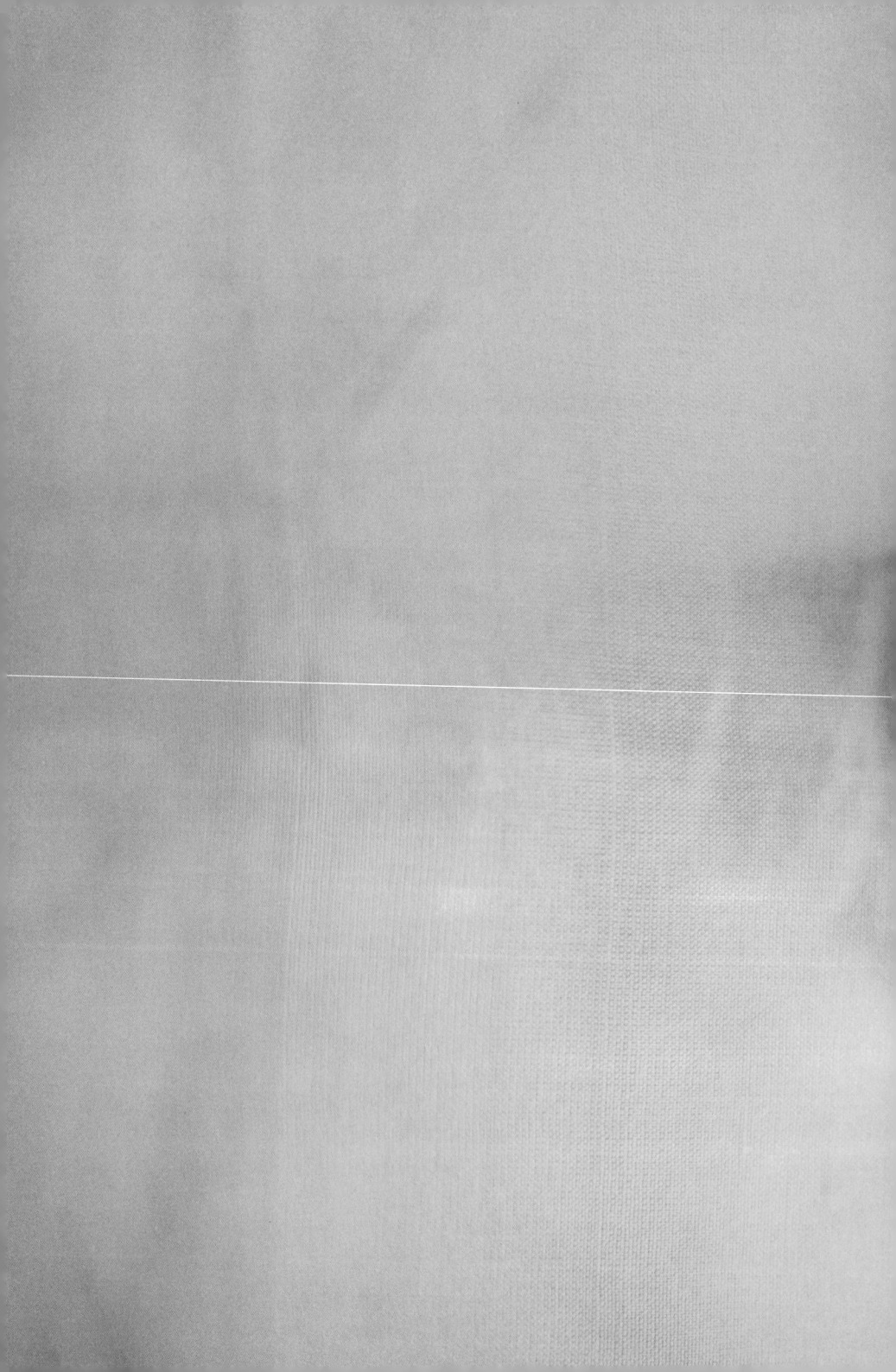

3부

차문화 유적을 찾아서

옛 차인들의 인문향과
풍류의 흔적을 더듬다

차인들의 놀이터,
경주 남산 서출지 연못에서

– 정자에 올라 옛사람의 풍류를 떠올리다

분홍빛 연꽃 사이로 무심히 지나가는 천 년의 바람 소리도 임의 소리요,
진초록 연잎에 구르는 빗소리도 그리운 임의 목소리다.
송풍회우를 즐기며 그 옛날 이곳 서출지 연못에서 찻물 끓이던 사람은 누구였을까.

    1980년대 초부터 부산을 비롯한 대구·경주 등지에 여천차문화원如泉茶文化院 다도교실을 열어 차문화를 비롯한 우리 전통문화를 지도하러 다닌 적이 있었다.

    차 공부를 마칠 즈음, 야외 수업을 겸한 우리 민족혼을 찾는 문화유산 답사를 꼭 다녔는데, 특별한 일이 없는 한 언제나 경주를 찾았다. 답사의 핵심은 경주慶州 남산南山을 위주로 신라 문화유산을 두루 돌아보는 프로그램이었다. 찬란한 우리 민족의 불교 문화유산이요, 세계문화유산인 경주 남산 유적 곳곳을 찾아보고, 현장에서 『삼국유사』 등 옛 기록들을 참고하며 공부하는 식이었다. 경주 남산 불보살에게 회원들과 함께 차 공양은 필수였고, 적당한 곳에서의 들차회野外茶會는 꿈결 같은 풍류 모임이 되어주었다.

남산뿐 아니라 석굴암, 불국사, 기림사, 삼불사, 분황사, 오어사 등 여러 절집과 감은사지 등의 불적과 함께 조선조의 선조들이 남긴 옥산서원과 독락당 등 문화유산을 현장에서 공부하는 즐거움은 이루 말할 수 없는 행복이었다.

배리拜里 삼존석불에서 먼 과거로부터 지은 업보를 씻으며 고졸한 천년의 미소를 배우고, 부처골 감실불상에서 인고의 지혜와 선정을 얻고, 미륵골 여래좌상에서 한없는 자비심의 기운을 받았다. 어디 그뿐이랴. 서라벌 옛 땅의 뿌리 깊은 나무들과 풀 한 포기 그리고 천년바위에도 숨어 있는 경주의 문화유적은 온갖 신화의 향연이 되어주었다.

특히 경주 수업 중 꼭 들르는 곳이 있는데 통일전 옆의 서출지書出池와 이요당二樂堂이다. 경주 남산 자락에 위치한 서출지는 삼국시대에 조성된 연못으로 연못가의 '이요당'이라는 정자와 함께 수려한 경관을 자랑하는 곳이다. 계절마다 보여주는 풍경이 남다르지만 한여름의 서출지는 신비스런 남산 아래에서 우리들에게 시공을 초월한 천 년 전의 시절로 여행을 하게 했다.

조선시대에 지어진 '이요당'이란 정자는 조선 현종顯宗 5년(1664)에 임적任勣(1612~1672)이라는 사람이 연못가에 지은 건물로, 그곳에서 글을 읽고 경치를 즐겼다고 한다. 『논어論語』「옹야편雍也篇」의 '요산요수樂山樂水'에서 유래한 정자이리라. 공자가 말하기를 "지혜로운 자는 물을 좋아하고 어진 자는 산을 좋아 한다子曰 知者樂水 仁者樂山. 지혜로운 자는 움직이고 어진 자는 조용하며知者動 仁者靜, 지혜로운 자는 즐겁게 살고 어진 자는 오래 사느니라知者樂 仁者壽" 했다.

경주 남산 기슭에 위치한 연못 서출지. 연못가에 정자 이요당이 있어 한 폭의 그림 같은 경관을 연출한다.

이요당은 20여 평 되는 정면 4칸, 측면 2칸의 팔작지붕을 한 ㄱ자형 정자로 마루와 온돌방으로 되어 있다. 앞은 훤히 트였고 옆으론 남산이 있어 산과 물을 동시에 즐기는 요산요수의 정자이니 아마 그 이름을 이요당으로 정했으리라.

조선 현종 3년, 이 지방에 가뭄이 극심해 동네 사람들이 마실 물이 부족할 때 임적은 주민들을 위해 메마른 서출지 주변 자기 땅에다 우물을 팠고, 마침 물이 쏟아져나와 마을 사람들을 도와주었다 한다. 이에 마을 사람들이 자진해 축대를 쌓으며 임적을 도와 이 정자를 완공했다 전한다. 지금은 풍천임씨 종부 댁의 개인 소유로 출입이 통제돼 들어갈 수 없지만, 우리는 언제나 찾을 때마다 열쇠를 얻어 그 정자에서 바람결 같은 풍류 모임을 즐겼다.

여름날이면 긴 연못 둑에 있는 수십 그루의 배롱나무와 2,000여 평의 연못 안에 그득한 연꽃이 남산의 연봉과 어우러져 펼치는 풍취는 상상만 해도 즐겁다. 연꽃이 만발할 때와 못가에 우거진 배롱나무가 꽃을 활짝 피울 때의 모습이 특히 장관을 이루어 경주 부근에서도 보기 드문 경승지로 손꼽히고 있다. 사적 제138호이다.

백일홍 피고 지면 벼가 익는다고 했던가. 농사짓는 백성들에겐 희비가 교차하는 꽃이었을 터. 어떤 이는 무덥고 힘든 시절에 허리 한 번 펴서 잠시 바라보며 위안을 받았을 것이고, 또 어떤 이는 100일 동안 피어 있는 그 진분홍 꽃에서 자신의 신세를 한탄했으리라. 그래서 그런지 추위를 잘 타는 배롱나무는 남녘 지방에서 잘 자라며 일반 민가보다 절집이나 사당, 서원 등에 주로 자란다.

서출지 연못은 또한 '사금갑射琴匣' 설화를 간직한 곳으로 유명하다. 『삼국유사』 「사금갑」 조를 보자.

신라 제21대 비처왕毗處王(炤智王이라고도 함)은 즉위 10년(488)에 천천정天泉亭에 행차했다. 이때 까마귀와 쥐가 나타나서 "이 까마귀가 가는 곳을 잘 살피시오"라고 했다. 왕이 이 말을 듣고 신하에게 명령해 뒤쫓게 했다. 신하가 남쪽 피촌(지금의 남산동 양피사)에 이르러 두 돼지가 싸우는 것을 한참 보고 있다가 문득 까마귀가 가는 곳을 놓쳐버렸다.

이때 한 노인이 못 속에서 나와 글을 올리니 겉봉에 이렇게 씌어 있었다. "이것을 떼어보면 두 사람이 죽을 것이요, 떼어보지 않으면 한 사람이 죽을 것이다."

신하가 돌아와 왕에게 황급히 알리자 왕이 말하기를 "두 사람이 죽는 것보다 한 사람만 죽는 것이 낫다"고 했다.

이때 한 신하가 말하기를 "두 사람이란 백성이요, 한 사람은 임금을 말함입니다"라고 하자, 이 말을 옳게 여겨 왕이 글을 펴보니 '금갑琴匣을 쏴라射琴匣'라고 적혀 있었다. 왕이 궁에 들어가서 거문고 갑을 향해 활을 쏘니 그 안에서는 내전에서 분향 수도하던 승려가 궁녀宮主와 몰래 애정 행각을 하고 있었다. 두 사람은 곧 사형을 당했다.

이로부터 나라 풍속에 해마다 정월正月 돼지上亥, 쥐上子, 까마귀上午 날에는 모든 일을 조심해 감히 움직이지도 않았고, 15일을 오기일烏忌日이라 해 찰밥으로 제사를 지냈다. 이런 일은 지금까지도 계속 행해지고 있다.

항간에 떠도는 말에 이것을 '달도怛忉'라고 한다. 슬퍼하고 조심하며 모든 일을 금하고 꺼린다는 뜻이다. 또 노인이 나온 못을 이름하여 '서출지書出池'라고 한다.

第二十一, 毗處王(一作炤智王) 卽位十年戊辰 幸於天泉亭 時有烏與鼠 來鳴鼠作人語云 此烏去處尋之 (或云 神德王欲行香興輪寺 路見衆鼠含尾 怪之而還占之 明日先鳴烏尋之云云 此說非也)

王命騎士追之 南至避村 今壤避寺村在南山東麓 今壤避寺村在南山東麓 兩猪相鬪 留連見之 忽失烏所在 徘徊路傍 時有老翁自池中出奉書 外面題云 開見 二人死 不開一人死 使來獻之 王曰 與其二人死 莫若不開 但一人死耳 日官奏曰 二人者庶民也 一人者王也 王然之開見書中云 射琴匣 王入宮見琴匣射之

乃內殿焚修僧與宮主潛通而所奸也 二人伏誅 自爾 國俗每正月上亥上子上午等日 忌愼百事 不敢動作 以十五日爲烏忌之日 以糯飯祭之 至今行之 俚言怛忉 言悲愁而禁忌百事也 命其池曰書出池

정월 보름날 비처왕이 행차한 것은 나라의 태평을 비는 기도를 위한 행위가 아니었을까 싶다.

당시 신라는 고구려, 백제와 달리 불법을 널리 펴지 못했다. 비처왕 때 아도阿道스님이 불교를 펴려 했으나 실패했는데, 그건 그 당시 신라 화백회의에서 반대했기에 그렇다. 당시 신라인들의 신앙은 조상신을 섬기는 전통이 깊었기에 외래 종교인 불교를 용납할 까닭이 없었으리라. 신라 제23대 법흥왕法興王(514~540) 15년 이차돈의 순교와 더불어 비로소 불교가 신라 사회에 공인된다.

이 설화의 배경은 무엇이었을까. 추측하건대 신라 사회의 기득권 세력이었던 귀족들의 뿌리 깊은 민속신앙과 왕권 확립을 겸한 왕실에서의 불교운동과의 마찰에서 생겨난 일화로 이해할 수 있으리라.

서라벌의 혼이 고스란히 남아 있는 경주, 어느 땅이든 정답고 포근하지 않은 곳이 어디 있으랴. 비록 문화유적이 아니라도 옛 신라의 땅은 어느 곳이든 천 년의 이야기를 들려주지만, 특히 이곳 서출지 이요당에서의 찻자리는 그 감회가 남다르다.

연꽃이 만발한 연못을 배경으로 시원한 연잎 위에 웅크리고 앉은 청개구리가 그림처럼 앉았고, 연꽃 위로 낮게 나는 고추잠자리들의 날갯짓은 연못가의 배롱나무에 피어난 붉은 꽃잎과 어우러져 또 다른 생활의 발견이다. 연꽃을 통한 자신의 성찰이다.

연화蓮花는 늪에서 자라는 숙근초목宿根草木 식물이다. 꽃의 빛깔만큼 향 또한 사랑스럽다. 연화는 불교의 상징이다. 진흙 가운데 나서 청정한 꽃을 피우는 것으로 예부터 진중한 보배로 여겨 불가에서 불보살의 자리를 연꽃 문양의 연화좌로 표현한다.

연꽃의 뿌리는 진흙 속에 뻗고, 잎은 수면에 떠 매끄럽게 뻗어난 줄기 가장자리에 꽃이 핀다. 해가 뜨면서 서서히 피어나고 해가 지면서 서서히 오므라드는 성질이 있는데 청련, 황련, 홍련, 백련의 우아한 꽃으로 세상에 선을 보인다. 황련은 황금빛이라 금련이라 부르기도 한다.

연꽃은 진흙 수렁에서 자라면서도 물들지 않고 더럽혀지지 않는 깨끗함과 향기로움을 지니고 있다. 연꽃은 꽃망울의 맺힘과 동시에 열매도 함께 맺혀 나오고, 꽃이 피면서 연실도 함께 실과로 성장되어 나오다 꽃이 완전히 만개했을 때 연 씨앗도 완전히 익어간다. 연꽃은 물속에서 피기도 하고, 혹은 수면에 떠서 피거나 물 밖에 높이 솟아 피는 꽃도 있다.

서출지 정자에서 누리는 청유淸遊는 오묘한 자득自得의 자리다. 비가 내리던 어느 날 서출지에서 남도 민요 〈흥타령〉을 흥얼거리며 즐기던 차맛은 특별났다. 삶이란 한바탕 꿈이기도 했고, 어쩌면 인생이란 찻잔 속에 담긴 찻물 그 이상도 이하도 아닌 하나의 몸짓이라고 생각하기도 했었는데……

> 꿈이로다 꿈이로다. 모두가 다 꿈이로다
> 너도 나도 꿈속이요. 이것저것이 꿈이로다
> 꿈 깨이니 또 꿈이요, 깨인 꿈도 또 꿈이로다
> 꿈에 나서 꿈에 살고 꿈에 죽어가는 인생 부질없다

남도 육자배기 〈흥타령〉이 절로 흥얼거려지는 곳이다. 살아온 인생사를 되돌아볼 수 있는 추억의 장소요, 앞으로 살아갈 날을 가늠해보는 터전이다.

연꽃에 얽힌 아름다운 이야기가 있다. 청나라 건륭乾隆 때 심복沈復이란 사람의 자서전 『부생육기浮生六記』에 나오는 그의 아내 운芸에 대한 사랑의 추억담이다. 지혜로운 여성의 고운 심성이 담긴 일화다.

아침마다 아내가 만들어주는 차의 향이 독특하고 은은했다. 연못에 피는 수련은 저녁이면 화심花心을 오므렸다가 아침이면 활짝 핀다. 아내는 저녁나절 꽃송이가 오므릴 때 비단 주머니 속에 차를 넣고 화심에 넣어둔다. 차를 품은 수련은 밤새 별빛과 달빛 이슬을 맞으며 차의 향과 어우러져 독특한 차향으로 변한다. 아침 일찍 꽃봉오리가 입을 벌릴 때 비단 주머니를 꺼내 이 차로 차를 달였기 때문이다.

말단 관리였던 남편 수입으로 향기로운 고급 차를 우릴 수 없기에 생각해낸 아내의 멋스런 지혜를, 운이 세상을 떠난 후 아내와의 추억을 그린 글 중에 나오는 내용이다. 중국의 유명 작가 임어당林語堂은 심복의 아내 운을 중국 문학에 있어 가장 사랑스런 여인이었으며 뛰어난 재인으로 손꼽는다고 했다.
온갖 것이 꿈인 듯 아득하기만 한 것이 사람의 한평생이라, '덧없는 인생浮生'을 노래해 짧은 기쁨을 이야기하려는 것이리라.
이백은 이렇게 노래했다.

삶이란 한바탕 덧없는 꿈이라, 세상 즐거움을 누린들 얼마나 지속하리
浮生若夢 爲歡幾何.

연을 이야기하면서 연꽃차를 빼놓을 수 없다.

1590년 무렵에 도륭屠隆이 지은 『고반여사考槃餘事』의 「다전茶箋」 편에 연꽃차에 대한 이야기가 있다.

> 연꽃차를 만드는 법은, 해가 뜨기 전에 반쯤 핀 백련 꽃의 봉오리를 열어 차 한 주먹을 꽃 속에 채운 다음 삼실로 살짝 봉오리를 봉하여 하룻밤을 보낸 후에, 다음 날 아침 일찍이 연꽃에서 찻잎을 꺼낸 뒤 종이봉지建紙에 싸서 불기운을 쬔다. 이렇게 찻잎을 같은 방법으로 여러 차례 반복해 연꽃 향이 찻잎 깊숙이 스미게 해서 말려 마시면 그 차맛이 가히 일품이다.

연은 오늘날에 다시 주목받는 그 가치가 우수한 식물이다. 관상용으로도 좋아 전국 곳곳에 연밭을 조성해놓은 곳이 많아지고 있다. 연은 성인병과 정신 안정에도 효과가 있으며 피부 건강에 좋다. 연의 온갖 부분은 차로 음용이 가능하다. 꽃잎에 차를 넣은 연꽃차와 차와 연향蓮香이 어우러진 연향차, 연잎과 줄기를 썰어 말린 연잎차, 연뿌리蓮根를 말려 가루 낸 연근차蓮根茶, 연자 가루로 만든 연자차蓮子茶 등이 있다. 맑고 청정하고 그윽한 그 향은 한여름 찻자리에 멋과 맛과 흥을 더해준다.

초록 바탕의 분홍빛 연꽃 사이로 무심히 지나가는 천 년의 바람 소리도 임의 소리요, 진초록 연잎에 구르는 빗소리도 그리운 임의 목소리다. 돌솥石鼎의 찻물 끓는 송풍회우松風檜雨를 즐기며 그 옛날 이곳 서출지 연못에서 찻물 끓이던 사람은 누구였을까.

두륜산의 일지암 유천에서
– 초의선사를 추억하며 유천 찻물을 맛보다

홀로 마시면 신선이요, 둘이 마시면 승의 경지에 드는 한 잔의 차가 생각나거든,
문득 삶이 부질없구나 싶거든 훌훌 떠나 두륜산 일지암에 갈 일이다.

완만하고 부드러운 두륜산 중턱 한 자락에 고즈넉한 삼간 초당을 지었으니 그 이름이 일지암이다. 법상에는 금동불, 초당에는 초의스님과 동자. 아침저녁의 목탁 소리는 풍경 소리와 함께 송림과 죽림을 스쳐 바람 소리와 만났을 터.

축대를 쌓아 과일 나무를 심고 산등성이 석간石澗에서 나오는 석간수는 대나무 통으로 흘러와 찻물이 된다. 그대로 흘러 남은 물이 고인 곳에 연못을 파고 그 주변엔 수석을 갖춘 정원을 만들었다.

쪽빛으로 밝아오는 새벽이면 청잣빛을 닮은 하늘을 바라보며 맑고 깨끗한 유천乳泉을 길어와 찻물을 끓이고, 해가 중천에 떴을 한낮엔 좌선하던 스님과 동자는 석간수 길어와 다도 삼매에 빠졌을 것이다. 또한 해질 녘 서해의 낙조가 자줏빛으로 물든 순간 유천 물로 끓인 차맛은 감

초의선사가 40여 년간 살았던 일지암. 우리나라 차문화의 성지이다.

일지암 유천의 석간수. 추사의 아버지 김노경이 이 물을 맛보며 감탄했다고 전해진다.

로처럼 달았으리라. 원래 흰 구름이 떠다니는 곳에 있다 하여 백운천白雲泉이라 불렀다가 훗날 유천이라 이름 지었으리라. 산에서 나는 물은 유천에서 나는 물이 그중 으뜸인 법이다.

차와 선이 둘이 아니듯 차와 물 또한 둘이 아니다. 차는 물의 신이요, 물은 차의 몸이다. 좋은 물을 만나지 못하면 좋은 차도 이미 그 신령스러운 기운을 잃고 만다.

다선일여茶禪一如로 한평생을 보낸 초의스님은 39세 되던 해에 대흥사에서 두륜봉 가는 중턱에 일지암을 짓고, 입적할 때까지 40여 년간 다산 정약용, 추사 김정희, 해거도인海居道人 홍현주 등과 다담청교茶談淸交를 나누고, 차문화와 함께 고담준론을 펼쳤을 것이다. 일지암 유천은 그들에게 청복을 누리게 한 생명수였으리라.

일지암은 초의선사가 소요와 유유자적하는 자득의 터전이었다. '一枝庵일지암'이란 이름도 『장자』「남화경南華經」의 '소요유逍遙遊'에 "뱁새는 잘 때 한 가지에서만 자고 다람쥐는 물 마실 때 배를 채우지 않는다"는 구절에서 연유되었다고 한다. 또는 "뱁새는 나무 한 가지만 있어도 편안하다"는 『한산시寒山詩』에서 유래했다고 한다.

어느 날 일지암에 반가운 손님이 찾아왔다. 유당酉堂 김노경金魯敬(1766~1840)이다. 초의스님의 지란지교인 추사 김정희의 아버지다. 아들과 친하게 지내는 일지암의 승려가 어떤 인물인가 싶어 완도 고금도古今島에서 유배가 풀린 후 한양으로 가기 전 잠깐 들른 것이리라.

초의스님은 『동다송』에서 이 만남을 "유당 어른께서 이곳 자우산방紫芋山房(一枝庵)에서 하룻밤 묵고 유천 물을 마시며 '소락酥酪보다 맛이 좋구나' 하였다"고 전한다. 그는 이 유천을 무척 사랑했던 모양이다.

"내 사는 곳에 유천이 있어 수벽탕秀碧湯과 백수탕百壽湯이 이루어져도 목멱산木覓山(南山) 아래 해옹海翁(洪顯周)에게 어이 보낼까"라며 찻자리를 함께하지 못하는 지인을 떠올리고 있다. 정조 임금의 딸인 숙선 옹주淑善翁主의 남편 홍현주는 초의스님을 한국의 다성茶聖이란 칭호를 받게 해준『동다송』을 쓰게 한 인물이다. 더구나 조선시대 홍현주의 차시「섣달 눈 녹은 물로 차를 달이다臘雪水烹茶」의 한 구절에는 후발효차인 '보이차普洱茶'를 마신 내용이 나온다.

정조와 수빈 박씨 사이에서 태어난 순조의 여동생 숙선 옹주도 생전에 차를 즐겨 마셨고 많은 시문을 남긴 여류 차인으로 알려져 있다. "매옥에서 늦도록 차 마시고 나오니 난간 위 오동나무에 깃든 새가 우는구나", "개울가 푸른 이끼에 앉아 솔잎 태워 차를 달인다네. 차 마시고 또 시 읊으니 꽃 사이 나비들이 춤을 추누나" 등이 있다.

우리 차의 덕과 우수함을 노래한『동다송』은 정조의 부마인 해거도인 홍현주가 진도부사 변지화卞持和를 통해 다도에 관해 물어옴으로 초의스님이 지은 책이란 사실은 이미 잘 알려진 사실이다.

수벽탕과 백수탕은 천지의 빼어난 기운이 모인 돌에서 나온 물로 끓인 것으로 오래 마시면 백 살을 능히 살 수 있다는 신비로운 탕이다. 석간수 중에서도 그 물맛이 뛰어난 물을 유천이라 한다. 돌의 수기石之秀氣가 풍부한 것인데 날씨가 더우면 차갑고, 추울 땐 따듯해 자연의 조화가 이루어진 물이다. 유천이나 우수한 석지石池에서 흘러내리는 하류의 민물과 짠물이 섞여 흐르는 곳에는 반드시 은어가 산다고 한다.

물은 여덟 가지 덕이 있는데 곧 가볍고輕, 맑고淸, 차고冷, 부드럽고軟,

맛있고味, 냄새 없고不臭, 마실 때 알맞고調適, 탈이 없는無患 것이라 한다. 유천이란 젖과 같은 맛 혹은 젖처럼 생명을 키운다는 뜻인데 옥천玉泉이라 부르기도 한다.

몸이 존재해야 정신이 깃들 듯 물은 차의 빛깔, 향기, 맛을 드러내는 근본이다. 육우는 『다경』에서 물山水 중에서 유천과 석간수를 최고로 쳤고, 당나라 장우신張又新은 『전차수기煎茶水記』에서 "대체로 차가 자란 곳에서 나는 물로 차를 달이는 것이 가장 좋다. 물의 좋은 기운은 그곳을 떠나면 물의 공덕이 반으로 줄어든다夫茶烹於所産處 無不佳也 蓋水土之宜 離其處 水功其半"고 했다.

산이 맑아야 물이 맑고, 산이 온화하면 물도 또한 온화하다. 산에서 나는 샘물은 지기地氣를 담고 있기 때문이다. 차 생활에서 기본이 차와 물인데 좋은 차와 좋은 물을 갖추기는 참으로 어렵다.

> 아침안개 저녁연기 자욱한 이곳 송림에
> 두어 칸 초가를 지어 뒤뜰에 과수를 심었네
> 뜰에 가득한 꽃들은 마당의 연못에 아롱대고
> 추녀 아래는 돌샘을 마련했다네

돌샘石泉에서 나온 유천으로 차를 마시던 일지암 풍경은 탈속의 미학을 갖춘 우리가 꿈꾸는 차실茶室이다.

초의스님이 흰 구름과 밝은 달처럼 살다가 홀연히 세상을 떠나니 세상 나이 81세였다. 그가 떠나니 일지암은 연못과 주춧돌 몇 개만 남기고 그 흔적이 사라져버렸다. 그러다가 약 100년 후 뜻있는 차인들에 의해 복원되었지만 옛 모습과 그림 같은 정겨움은 찾을 수 없다.

일지암의 맑고 깨끗한 유천 물은 오늘도 변함없이 흐르는데 초의차 맛볼 수 없으니, 밝은 달 벗을 삼고 흰 구름 자리 펴던 다도인이 그립다.

이른 아침 동자승을 앞세워 이슬 머금은 찻잎 따서 추사도 감탄하던 초의차를 법제하여 차 마시기 위해 찻물로 사용하던 일지암 석간수 유천은 아직도 그 맛이 일품인데, 그 물을 끓여 마시던 초의차 향기는 어디에 남았을까.

못을 파니 허공에 밝은 달이 잠기고
간짓대를 놓아 백운천을 얻었네
눈앞 가리는 꽃가지 잘라내니
석양 하늘에 고운 산의 어울림이여

초의스님의 시 한편 읊으며 마시는 한 잔의 차는 '천지인'의 이치가 담겼다. 홀로 마시면 신선이요, 둘이 마시면 승勝의 경지에 드는 한 잔의 차一碗淸茶가 생각나거든, 문득 삶이 부질없구나 싶거든 훌훌 떠나 두륜산 일지암에 갈 일이다.

이른 새벽 푸른빛으로 밝아오는 하늘 아래 유천 물 길어와 초의스님 모셔놓고 마음 밖에 달리 진리가 없다는 '심외무법' 화두 챙겨 차 한 잔 하자. 대숲에서 청량한 바람 불어오면 바로 그 자리가 "흰 구름 밝은 달 두 손님 맞이하여 차 마시는 도인의 자리 이보다 좋을 손가惟許白雲明月爲二客 道人座上此爲勝"라고 노래하던 초의스님의 찻자리인 것을.

부안 개암사 울금바위의 석굴, 원효방 이야기

- 원효대사와 뱀복의 감천 설화를 간직한 곳

성인과 범부가 누구인가. 미혹할 때 범부요, 깨달으니 부처의 자리다.
지옥과 천당이 어디인가. 불행하면 지옥이요, 행복하면 천당인 것을.

쪽빛 하늘로 밝아오는 이른 새벽에 원효스님과 사포蛇包 성인이 참선을 마친 후 차를 마신다. 청화淸話도 없이 차만 나눈다. 지저귀는 새소리에 찻물 끓는 소리만 장단을 맞춘다. 원효와 사포가 명선茗禪하던 곳. 원효방의 모습이 아니었을까.

『우리 茶문화』에서 잠시 언급했지만, 옛 선인의 글을 다시 읽어보자.

부령 현재縣宰 이 군李君과 다른 손님 예닐곱 명과 함께 원효방에 갔다. 나무 사다리가 있는데 높이가 수십 층이나 되어 다리를 후들후들 떨면서 올라가니 정계庭階와 창호窓戶가 수풀 끝에 솟아나 있는 듯했다. 간혹 호랑이와 표범이 사다리를 타고 오르려다가 결국 올라오지 못한다고 한다. 곁에 한 암자가 있는데, 전해 내려오는 이야기로 사포蛇包 성인聖人

이 옛날에 머물던 곳이라 한다. 원효가 와서 살자 사포가 와서 모셨는데 차를 달여 원효에게 드리려고 했으나 샘물이 없어 딱하게 생각하던 중, 물이 갑자기 바위틈에서 솟아나왔는데 물맛이 매우 좋아 유천乳泉과 같으므로 늘 차를 달였다고 한다.

  원효방은 겨우 여덟 자쯤 되는데 한 노승이 거처하고 있었다. 그는 삽살개 눈썹과 다 헤어진 누비옷에 도통한 모습이 고고하였다. 방 한가운데를 막아 내실과 외실을 만들었는데 내실에는 불상과 원효의 초상화가 있고, 외실에는 병 하나, 신발 한 켤레, 찻잔과 경궤經机만 있을 뿐 취사도구도 없고 시중드는 사람도 없었다. 그는 다만 소래사蘇來寺에 가서 하루 한 차례의 재齋에 참예參詣할 뿐이라 한다.

고려시대의 문신이요, 뛰어난 차인인 이규보가 1199년에 쓴 『남행월일기南行月日記』에 나오는 '원효방' 이야기다.

원효방은 전라북도 부안군 상서면 감교리 개암사 뒤 울금바위에 있는 석굴로 신라의 고승 원효스님이 수도했다고 전해오는 곳이다. 이곳에서 개암사 경내를 한눈에 바라볼 수 있다.

신라 문무왕 16년(676)에 원효와 의상이 개암사에 와서 이 사찰을 중건했다는 기록으로 보아 이곳에서 원효가 기거했음을 알 수 있다. 아마 신라가 주도해 삼국을 통일한 후 나라가 망한 백제인들의 마음을 불법으로 달래기 위해 원효가 잠시 머물렀는지 모른다. 어쩌면 증오와 분열, 미움과 갈등, 고통과 절망, 대립과 투쟁의 시대를 이제 마무리하자고 몸소 백제 땅에서 화쟁사상和諍思想을 실천했는지도 모른다.

개암사 뒷산에 있는 울금바위에는 남·북·서 세 곳에 석굴이 있다.

개암사 뒷산 울금바위에 있는 석굴. 원효대사가 수도했던 곳이라 해서 원효방이라 불린다.

북쪽의 석굴은 세 곳 중 제일 협소하며 백제 부흥운동 당시 군사들을 입히기 위해 베를 짰다 해서 베틀굴이라 전해오고 있으며, 서쪽의 석굴은 가장 큰 굴로 역시 백제 부흥운동의 지도자인 복신福信(?~663)이 병을 핑계로 나오지 않았던 굴이라 하여 복신굴이라 불렀다 한다. 안쪽에는 옥천玉泉이라 부르는 석간수가 사철 내내 가뭄이 들어도 나온다고 하는데, 사람들은 원효샘元曉泉이라 부른다.

남쪽의 굴은 바위 절벽 중간에 위치하고 있는데, 땅에서 20m 정도 되는 암벽 중간에 있어 그냥 오르기엔 도저히 오를 수가 없는 곳이라고 옛 글은 말하지만, 지금은 벼랑 사이로 좁디좁은 길을 따라 아래는 아득한 낭떠러지인 암벽에 기대고 의지해 겨우 찾을 수 있다. 석굴의 크기는 6~7평 정도이고, 이 석굴 바로 옆에 3평 크기의 또 다른 석굴이 있다.

이 석굴에서 바라보면 첩첩산중에 산과 들과 바다가 어우러진 변산반도 풍경이 한눈에 들어와 세 곳의 석굴 중 가장 경관이 뛰어나고, 또한 종일 햇볕을 받을 수 있는데 이곳이 원효 설화를 간직한 '원효방'이다.

원효방 이야기엔 '감천 설화'가 나온다. 차문화를 논할 때 대표적인 유적 중 하나가 차의 몸인 찻물의 원천 석간수石間水다. 이 감천 설화에 등장해 원효스님께 차 시중을 들던 뱀복蛇包(蛇福)은 사포 성인으로 불린다. 사포가 차를 달여 스님께 드리려고 했으나 샘물이 없어 안타까워하던 중 바위틈에서 물이 갑자기 솟아났다고 했는데, 과연 우연의 일치였을까. 그 유천은 그가 도력으로 바위틈에서 물줄기를 찾아낸 샘물이었으리라. 그 사포는 누구였을까.

『삼국유사』가 전하는 뱀복의 이야기를 들어보자.

서라벌慶州 만선북리萬善北里에 사는 홀어미寡女가 남편도 없이 아이를 낳았는데 나이가 열두 살이 되어도 말을 못하고 일어나지도 못한 채 기어만 다니기에 그 아이를 '뱀아이蛇童'라 불렀다. 그 뱀복이 자라 과부 어머니를 봉양했다.

어느 날 뱀복의 어머니가 죽었다. 그가 고선사高仙寺에 주석하고 있던 원효스님을 찾아가자 원효스님은 예로써 맞이했고, 그는 답례도 하지 않고 말했다.

"스님, 우리가 전생에 경을 싣고 다니던 암소가 이제 죽었으니 나와 함께 장사 지냄이 어떻소?"

원효스님이 좋다고 했다. 원효는 뱀복과 함께 그의 움막으로 갔다. 원효는 뱀복이 원하는 대로 선을 기르고 악을 없애주는 의식을 치르며 그 주검 앞에서 빌었다.

"세상에 태어나지 마라, 죽는 일이 괴롭구나莫生兮其死也苦. 죽지를 마라, 세상에 나는 일이 괴롭도다莫死兮其生也苦."

그 간단하고 훌륭한 염불을 뱀복이 듣고 너무 번거롭다 하니 원효스님은 다시 고쳐 짧게 말했다.

"죽고 사는 게 모두 괴로움이로구나死生苦兮."

그제야 뱀복은 고개를 끄덕이고 두 사람은 상여를 메고 활리산活里山 동쪽 기슭으로 갔다. 원효스님은 요령을 흔들며 염불을 했다.

"산하대지 삼라만상이 내 마음의 장난이로구나. 콩 심어 콩 나고 팥 뿌려 팥 거두니 인과응보는 분명하구나."

뱀복을 따르는 천민의 무리가 행렬을 이루며 뒤를 따랐다.

어느 벌판에 이르자 뱀복은 여기서 쉬어가자며 주검을 내려놓았다. 그리고 게송을 지어 읊었다.

"그 옛날 석가모니 부처께서는 사라수沙羅樹에서 열반에 드셨네. 지금 그와 같은 사람이 있어 연화장 세계로 들어가려 하네."

이 게송을 남긴 후 뱀복은 홀연히 풀 한 포기를 뽑으니 또 다른 장엄한 세계인 청허淸虛한 세상이 펼쳐졌다. 그 연화장 세상으로 죽은 어미와 함께 들어가니 그 땅이 합쳐졌다. 이것을 보고 원효스님은 돌아왔다.

'연화장蓮花藏 세계'란 이상적인 불국토를 가리키는 말이다.

성인과 범부가 누구인가. 부처 아닌 이 어디 있을까. 미혹할 때 범부요, 깨달으니 부처의 자리다. 지옥과 천당이 어디인가. 불행하면 지옥이요, 행복하면 천당인 것을. 내 마음의 장난일 뿐. 집착을 놓아버리고 선도 악도 생각하지 않는 본래 자리로 돌아갈 때가 진정 자유인이다.

원효와 뱀복은 한바탕 무애춤을 추었을 것이다. 깨달음에 이르는 「무애가無碍歌」를 불렀을 것이다. 고려 때 일연스님은 『삼국유사』에서 뱀복을 이야기하며 「사복불언蛇福不言」이라 했다. 『노자』 제56장의 "지자불언知者不言 언자불지言者不知", 곧 "제대로 아는 사람은 말을 하지 않고 말을 하는 사람은 제대로 알지 못한다"는 구절이 떠오른다. 도를 아는 자는 말을 아끼는 법. 천하의 원효스님 법문을 번거롭다며 일침을 가하던 뱀복이 아니던가.

원효스님과 뱀복은 전생의 도반이었고, 두 사람이 경전을 싣고 다니던 암소가 사람으로 태어나자 뱀복은 그의 아들로 다시 태어나 업보든, 보답이든 그의 어머니를 원효스님과 함께 연화장 세계로 인도한 것이다. 일연스님은 그가 어머니와 함께 땅속 연화장 세계로 사라져버렸다고 했는데, 과연 그랬을까.

'원효방 이야기'를 생각하면 뱀복은 그렇게 허무하게 세상을 떠나지 않았을 것이다. 나고 죽는 일도 자유자재로 했던 도력의 소유자 뱀복은 할 일을 마치고 전생의 도반인 원효스님 곁에서 그림자처럼 시자侍者로 살았으리라. 주연 옆에서 뛰어난 연기를 보인 탁월한 조연처럼.

신라라는 사바세계를 무대로 원효와 뱀복은 주연과 조연이었다. 우리는 안다. 조연의 내공이 탄탄해야만 주인공이 단연 돋보인다는 것을.

뱀복은 신라 때 흥륜사 금당십성金堂十聖 중 한 사람으로 원효와 함께 추앙받던 성인이었다. 동경흥륜사東京興輪寺 금당십성을 소개하면, 동쪽 벽에 앉아서 서쪽으로 향한 이상泥像(진흙으로 만든 형상)은 아도我道·염촉厭髑·혜숙惠宿·안함安含·의상義湘이다. 서쪽 벽에 앉아서 동쪽을 향한 이상은 표훈表訓·사파蛇巴·원효元曉·혜공惠空·자장慈藏이다. 흥륜사는 신라 최초의 절집이다.

뱀복은 힘없는 백성들과 함께 살았던 민중 불교 운동가였다. 『삼국유사』에서 사라져버린 그 뱀복이 백제 땅에 나타나 원효방에서 원효스님과 함께 살았다는 이야기다. 전설 같은 이야기지만 이미 신화가 되어버린 옛사람의 흔적이다. 이르는 곳마다 도인은 숨어 있다고 했는데 우리 시대에 이런 뱀복 같은 도인을 어디서 만날까.

경주 반월성 귀정문 터에서 떠올린 옛사람들의 티타임

- 경덕왕과 차인 충담사의 극적인 만남의 현장

차를 마시는 그 자리는 자리이타를 위한 화합의 시간이며,
누군가에게 차를 올리는 그 순간은 하늘과 땅과 사람이 하나 되는
황홀한 기도의 향연이다.

싱그러운 차향이 벌써 그리워지는 계절이다. 옛 서라벌 궁성을 감아 도는 경주 남천 월정교 터에서 남산을 넌지시 바라보며 아득한 그 시절 풍경을 그려본다.

지금(2009)으로부터 1244년 전 어느 봄날, 정확히 말하자면 삼월삼짇 날이었다. 서라벌 월성 귀정문歸正門 누각에서 묘한 찻자리가 펼쳐졌다. 당시 귀정문 터는 월정교 흔적이 있는 곳 바로 옆 월성 윗부분이라 생각 된다. 그래야 남산에서 걸어 내려오는 충담사忠談師를 볼 수 있을 터. 주인은 신라 35대 임금인 경덕왕景德王(742~765)이었고, 손님은 시문에 능한 차승 충담이었다. 경덕왕은 생명의 기운이 넘치는 삼월이라 삼짇날 좋은 날을 택하여 나라에 필요한 인재를 구하기 위해 좌우 신하를 거느리고

귀정문에 올랐던 것이다.

　삼짇날은 봄을 알리는 명절이며 왕성한 양의 기운이 넘치는 날이다. 이날은 강남 갔던 제비가 돌아오며 뱀이 동면에서 깨어나 나오기 시작하는 날이라고도 한다. 또한 나비나 새도 나타나기 시작하는데 이날 장을 담그면 맛이 좋다고 한다. 또한 농경제를 행함으로써 풍년을 기원하기도 한다. 대표적인 풍속은 화전놀이이며, 사내아이들은 물이 오른 버드나무 가지를 꺾어 피리를 만들어 불거나 여자아이들은 풀을 뜯어 각시 인형을 만들어 각시놀음을 즐기기도 했다. 또한 동쪽으로 흐르는 물에 몸을 씻고 몸과 마음을 정결히 하는 날이기도 하다.

　충담사와 신라 경덕왕의 극적인 만남은 아름다운 차 이야기로 전해지고 있어 자주 인용하는 역사라 또다시 소개해본다.

　경덕왕은 남쪽에서 걸어오던 충담을 첫눈에 알아보고 범상치 않은 인물임을 간파했다. 월성 귀정문에서 극적으로 충담을 만난 것이다. 충담은 차 도구가 들어 있는 앵통櫻筒을 걸머지고 있었는데 야외용 차 도구함이었다.

　"그대는 누구시오?"

　"충담이라 합니다."

　"어디서 오는 길이오?"

　"저는 해마다 삼월삼짇날과 중구일에 남산 삼화령 미륵님께 차 공양을 합니다. 오늘도 마치고 돌아오는 길입니다."

　"나에게도 한 사발의 차를 나눠주겠소?"

　충담은 그 자리에서 차 도구를 펼쳐 차 한 잔을 달여 임금께 드렸다.

'그 차는 한 사발의 맑은 차―甌淸茶'였으리라 생각된다. 차의 명인이 만들어준 그 향기로운 한 사발의 차는 궁궐에서 맛보던 차와 판이하게 달랐기 때문이다.

왕은 차를 맛있게 마시고는,

"내 들으니 그대가 지었다는 기파랑을 노래한 「사뇌가詞腦歌」가 그 뜻이 깊다는데, 과연 그러하오?"

"그렇습니다."

"그렇다면 나를 위해 백성을 다스려 편안하게 할 노래를 지어주면 고맙겠소."

충담은 바로 그 자리에서 "왕은 왕답게, 신하는 신하답게, 백성은 백성답게 한다면 나라는 태평하리라"는 내용의 향가를 지었다.

임금은 충담의 인품과 경륜과 다도를 통한 공력을 알아보고 왕사王師가 되어 자신을 도와달라고 간청했지만, 충담은 그 길로 왕궁을 떠나 역사 저편으로 사라져버렸다.

여담이지만 신라 경덕왕 시대는 문화예술의 꽃이 활짝 피웠던 통일신라의 전성기였다. 오늘날 경주를 찾는 현대인들이 신라 문화를 마음껏 느낄 수 있는 바탕을 마련했던 시기다. 하지만 당시 신라 정치 상황은 예사롭지가 못했다. 왕을 따르는 왕당파와 왕의 정책에 불만을 품은 세력의 대립이 심화되어 충신들은 주위에서 멀어지고 다음 왕위를 이을 태자는 아직 어렸다.

차인 충담과 극적으로 만났지만 그를 떠나보내고 귀정문에서의 차회茶會 석 달 후 경덕왕은 세상을 떠났다. 왕위를 이어받은 태자는 겨우 여덟 살의 혜공왕惠恭王(765~780)이었다. 나이가 어리니 정사를 제대로 다스리지 못했고, 도적의 무리들은 떼를 지어 민심을 흉흉하게 했다. 결국 군사를 일으켰던 김양상金良相 등에 의해 젊은 나이에 왕비와 함께 목숨을 잃고 만다.

인재를 한눈에 알아볼 지혜를 가진 경덕왕도 훗날 그렇게 참혹하게 죽을 아들의 앞날은 내다보지 못했던 것이다. 옛날이나 지금이나 인간의 어리석음은 어쩔 수 없는 법이다.

아름다운 차의 향연이 천 년도 훨씬 넘는 그 시절의 아련한 풍경화가 되어 다가왔다. 그 정겨움은 그리움이다.

봄철은 누군가에게 차를 올릴 좋은 계절이다.

인류가 발견한 최상의 마실거리인 차는 대자연이 우리에게 준 최고의 선물이다. 천지신명과 조상 그리고 부처님과 하느님께 헌다獻茶함은 사람이 사람답게 살아가는 최선의 도리이며, 뿐만 아니라 스승이나 부모 등 윗사람에게 진다進茶하는 일은 가장 바람직한 사람의 예의범절이다.

1982년 삼월삼짇날 무렵부터 여천차문화회 회원들이 충담사의 길을 따라 경주 남산 불보살께 헌다를 한 후 지금까지 경주 지역 불적에 차를 올리고 있다. 그 후 경주, 대구, 울산을 비롯한 전국 각지의 차 문화인들이 이맘때면 '삼화령'이라 일컫는 경주 남산 용장골 연화대좌 등지에서 여법하게 헌다식을 치르는 모습을 볼 수 있는데, 참으로 아름다운 이 시대의 전통문화가 되었다.

예의범절을 천하게 여기는 천민의식을 순화하고, 돈이 곧 권력이 되어 버린 욕망의 시대를 조절할 수 있는 조화로움을 향한 바람이 바로 차문화운동이다.

한 잔의 향기로운 차를 올리고 절을 하거나 기도하는 섬김의 마음이 무엇이겠는가. 결국 나 자신을 향한 끝없는 참회요, 모두를 위한 베풂이리라. 이런 전통문화운동을 통해 오직 우리 민족의 정서에만 살아 있는 '차례문화'를 꽃피울 수 있는 계기가 되리라 믿는다.

반월성 주위를 배회하다가 이런저런 상념 속에서 걸음을 옮기니 조선의 선비들이 유학을 가르치거나 정치를 토론하던 사마소司馬所가 눈에 보이고 불현듯 한 장면이 떠오른다.

시대는 조선, 장소는 사헌부, 등장인물은 사헌부 관리들.

관원들이 등청하여 공정한 판결을 위해 일정한 시간을 정해 토론을 시작한다. 이때 청정한 정신을 지키기 위한 티타임을 갖는데 바로 '차시茶時'의 역사인 것이다.

오늘날 이 시대의 공무원들도 그 아름다운 전통을 이어받아 지위 고하를 막론하고 누구나 참여해 공정과 청렴을 가슴으로 느낄 수 있는 차 모임茶會을 갖는다면 이 사회는 행복한 사회가 되리라.

옛 차인들이 남긴 시문을 살펴보면 아름다운 차 모임을 많이 가졌던 우리 선조들의 지혜를 엿볼 수 있다.

때론 핍박받는 백성의 처지를 마음 아파하기도 하고, 벗들과 함께 고담준론을 주고받기도 하며, 또는 홀로 앉아 수양의 방편으로 삼기도 하는 다도 생활을 즐겼던 것이다.

가족끼리 모여 앉아 오순도순 차 모임을 갖는 가정이 많아졌으면 얼마나 좋을까. 가끔 이런 봄날에 집을 벗어나 경주 반월성 잔디나 그 옆 계림 숲에 찻자리를 펴고 앉는다면 그 즐거움은 천 년의 세월만큼 오랜 향기로 남으리라 생각된다.

경주 어디엔들 찻자리로 적합하지 않은 곳은 없다. 왕릉들도 좋고 안압지 등도 훌륭하지만 역시 반월성 잔디밭이나 계림의 숲은 스토리가 있는 찻자리를 만들어줄 것이다.

다도는 여유로운 자의 사치가 아니다. 천상에서 노니는 바람결 같은 풍류도 아니다. 자신만이 잘 먹고 잘 살자는 유치하고 천박한 행위는 더욱더 아니다.

차를 마시는 그 자리는 '자리이타'를 위한 화합의 시간이며, 누군가에게 차를 올리는 그 순간은 하늘과 땅과 사람이 하나 되는 황홀한 기도의 향연이다.

천 년 전에도 차 향기를 싣고 스쳐갔을 신라의 바람과 그 오랜 세월 동안 내리쬐었을 따뜻한 햇살도 온몸으로 느끼며 그대와 함께 차 한 잔 나누고 싶다. 꽃피고 새 지저귀는 이 봄날에.

차의 향기로 가야 혼을 깨우다
- 김해에서 펼쳐진 '가야 차문화 한마당 축제'

김해는 가야 문화의 발상지이자 우리 민족의 차문화 발상지이다.
서기 48년 고대 인도 아유타국에서 허황옥 공주가 수로왕에게 시집올 때
차 씨를 가져와 심었다는 기록이 우리 차문화 역사의 시작이라고 할 수 있다.

어느 해 가을날 따뜻한 햇살을 받으며 김해를 자주 찾았던 적이 있었다. 그리고 대성동 고분이나 구지봉龜旨峯에서 먼 옛날 가야라는 나라를 떠올려보았다.

그 옛날 수로왕이 내려온 하늘은 청명하기만 한데 그 시절 사람도 가고, 세월도 가고, 역사도 흘러갔지만 한줄기 바람, 풀 한 포기, 이끼 낀 바위 하나에도 옛 자취가 스며 있을 듯싶어 못내 발길을 돌리지 못한 아쉬움을 한 잔의 차로 달랬던 추억이 묻어나는 곳이 김해이다.

2005년 가을에 시작되어 오늘날까지 경남 김해시에서 매년 치러지는 '가야 차문화 한마당 축제'와의 인연을 회고하며 유서 깊은 김해의 차문화를 다시 생각해본다.

맹자는 "근원 있는 샘물이 끊임없이 흘러 밤낮을 가리지 아니하여孟子曰原泉混混不舍晝夜 웅덩이에 가득 찬 후에 넘쳐흘러서 사해에까지 이르게 되나니盈科而後進放乎四海, 근본이 있는 것은 모두 다 이와 같은 것이니라有本者如是" 했다.

대저 지나간 역사와 문화는 물과 같아서 웅덩이에 가득 찬 후에 넘쳐흘러서 가는 법이다. 결국 가야의 차문화를 간직한 전통문화도 어딘가에 웅덩이 속의 물처럼 그 흔적은 남아 있을 터. 물이 말라 메마른 것 같지만 깊은 속 그 문화는 어디론가 흘러가고 있을 것이다.

첫 번째 행사는 김해 수로왕릉과 수로왕비릉 그리고 국립김해박물관에서 그 막을 열었다.

하늘가 저녁노을은 멀리 달리는 말떼들 같고 天外斜陽帶遠驟
섬돌 앞 부딪힌 달빛은 꽃 그림자 펼친 듯 階前碎月鋪花影
봄가을 서로 만나기를 덕과 예로써 하니 春秋相生德與禮
하늘의 은혜 소리 없어도 성조의 보살핌 다함이 없네 天恩無音聖精畢
상쾌한 날 밝은 창가에 한가로이 먹을 찍으며 快日明窓閑試墨
시원한 샘물로 옛 솥에 차를 달인다 寒泉古鼎自煎茶
부드러운 바람에 단비는 부처의 가르침일세 和風甘雨法輪轉

이 글은 제1회 '가야 차문화 한마당 축제'를 위한 행사 책자 앞장에 쓴 열림 시詩로서 수로왕릉 숭모재崇慕齋 주련柱聯에 있는 글이다.

오랜 역사의 고장답게 김해 곳곳에는 차문화의 흔적이 남아 있다. 오늘날 우리 차문화의 정체성을 찾기 위해서라도 깊이 잠든 가야의 차문화를 깨우지 않으면 안 될 것이다.

오래전 김해신문사에서 주최하는 '시민을 위한 차문화 강연'에 초청을 받은 적이 있었다. 시민들의 관심이 적어 그 강연은 불발되었지만 그 무렵 김해 문화계 인사들과 차인들이 차인 단체를 만들었고, 그들의 권유로 김해 연화사와 김해문화원에서 다도 강좌를 개설한 인연과 오늘날에 그 위상이 높아진 장군차將軍茶와의 만남이 이 행사를 하게 된 계기가 되었다.

당시는 김해 특산물인 장군차를 김해시에서 의욕적으로 심고 가꾸며 차 산업을 진흥시키기 위해 힘쓸 때였다. 장군차의 생산과 그 홍보를 돕고 자문을 해주기 위해 김해를 자주 찾았다가 우리 역사의 원형을 간직한 대표적인 고장에 걸맞은 차문화 축제가 필요하지 않겠나 싶었다. 또한 유서 깊은 김해 찻사발의 역사와 현재의 김해 지역 분청도자기를 알리기 위한 행사도 반드시 필요함을 느꼈다.

그 옛날 김해 찻잔은 오래전부터 이웃 나라 차인들이 즐겨 사용하며, 지금도 저들이 우리보다 더 자랑하고 있는 우리의 도자기 문화가 아니던가. 얼마 전 한국을 방문해 김해를 찾은 일본 다도의 대가는 김해행의 중요한 이유 중 하나로 자신의 선조가 애호했던 김해다완金海茶碗을 보고자 방문한 것이라 했지 않는가.

그러던 중 김해 지역의 몇몇 지인들과의 대화에서 나눈 공감도 있고 해서 가야의 오래된 차문화와 함께 '김해 장군차'와 '김해 찻사발'을 위한 '가야 차문화 한마당 축제'를 기획했다. 김해시 문화 담당 국장을 통

김해 수릉원의 장군수

해 이 행사의 필요성을 알렸고, 적은 예산이나마 지원을 받아서 '가락 문화 축전' 일정 중에 '제1회 가야 차문화 한마당 잔치'를 개최했는데 그 반응이 상상외로 좋았다.

짧은 기간에 기획되었지만 시청 담당 공무원들의 적극적인 도움으로 시작된 이 전통문화 행사는 오랜 전통의 역사와 그 뜻이 확고했기에 가능한 일이었다. 아울러 이 축제를 준비하면서 전국의 차인들과 차문화 단체들의 뜨거운 성원이 큰 힘이 되어 멋과 흥이 있는 알찬 잔치로 자리매김할 수 있었다.

주최는 김해시에서, 주관은 가야 차문화 한마당 축제 추진위원회에서 맡기로 하고 추진위원회를 조직, 행사를 총괄하는 위원장을 맡았다.

김해시에서 행사를 처음 치르다 보니 아무래도 김해 지역 어른들의 무형유형의 도움도 필요해 대성스님, 배도석 전교, 송재줄 원장, 이도재 회장, 허명철 원장 등 김해 지역 유력 인사들을 자문위원으로 모셨고, 당시 김해시 여성 위원이었던 신용옥 전 도의원을 공동 추진위원장으로 영입했다. 그리고 준비위원장으로는 '장군차 영농조합'의 김종국 조합장과 '김해도예협회' 김광수 이사장이 맡았고, 사무국장 겸 집행위원에는 향토사학자 정영도 선생을, 간사에는 김문희 씨를 선임했다. 특히 제1회와 제3회 행사 때 사무국장을 맡아 적은 예산으로 행사를 무리 없이 진행시킨 정영도 씨의 치밀한 행정력과 도움에 감사드린다. 또한 서울, 부산, 대구, 울산, 창원, 광주, 김해 등지의 예술인들과 전국의 차문화 단체장들의 협조와 열정이 이 행사의 밑거름이 되었음을 밝혀두고 싶다.

행정 주관 부서인 김해시 문화관광국 관광과, 문화재과, 여성아동과의 직원들이 원활한 행사를 위해 많은 도움을 아끼지 않았던 김해 지역의 첫 번째 전통 차문화 잔치라 할 수 있는데, 요즘은 그 담당 부서가 바뀌어 농업기술센터에서 지원과 더불어 행사를 진행하고 있다.

이 행사는 한국뿐 아니라 중국과 일본에서도 관계자들이 참여해 명실공히 국제적인 차문화 축제가 되었고, 전국의 차인들과 관계자들이 김해에서 펼쳐지는 이 잔치에 관심과 성원을 아끼지 않았다. 한국 차계를 대표하는 박권흠 한국차인연합회장, 이원홍 전 문화부 장관, 이진수 국제차문화교류협력재단 이사장, 이미자 부산차문화진흥원 회장 등 전국 각지의 차문화 단체와 각계의 인물들이 동참해준 이 축제는 자칫 잊힐 뻔했던 가야의 차문화를 다시 돌아보는 계기가 되었고, 역사의 도시 김해를 차의 향기 그윽한 곳으로 만들었다.

행사의 주요 내용을 간단히 소개하면, 수로왕과 허황옥 왕비에 대한 헌공다례의식을 비롯해 유명 차문화 단체들의 다도 시연, 문화예술인들의 축하 공연, 전국 차인들의 두리차회 한마당, 전통문화 체험 마당 등이 열렸다. 그리고 본 행사에 앞서 국립김해박물관 강당에서 가야 차문화를 재조명하는 한·중·일 국제 학술 세미나 등 다채로운 문화 행사가 펼쳐졌다.

수로왕릉의 수릉원 앞뜰의 본 행사장과 허황후 능에서의 헌다의식, 그리고 국립김해박물관에서의 국제 차문화 학술대회는 전국적인 차문화 잔치로 자리매김했다는 평가를 받고 있다.

그다음 해인 제2회 때는 한국에서 처음으로 열리는 제1회 '부산 국제 차문화 대전'이란 국제적인 전통문화 잔치에 필자가 행사를 총괄하는 추진위원장을 맡아 동분서주할 때라 김해의 다른 단체(가야대학교)에서 맡았고, 제3회 때 다시 김해시의 위촉을 받아 그 일을 추진했었다. 그때는 당시 장군차 영농법인의 김영근 조합장을 운영위원장으로 위촉했다.

제4회는 정인오 한서대학교 교수의 주관으로 열렸는데 '국제 차 품평대회'를 겸한 행사로 진행되어 다시 한 번 김해 장군차의 위상이 국제적으로 알려지는 계기가 되었다. 이후 이 행사의 규모는 축소가 많이 되었지만 김해시에서 주최, 주관해 전국 차 문화인들의 관심 속에 열리고 있는 축제가 되고 있다.

첫 번째 행사 때부터 빠짐없이 찾아와 축하를 해주었던 한국차인연합회 박권흠 회장은, "김해는 가야 문화의 발상지이자 우리 민족의 차문화 발상지이기도 합니다. 서기 48년 고대 인도 아유타국에서 허황옥 공주가 수로왕에게 시집올 때 차 씨를 가져와 심었다는 기록이 우리 차문화 역사의 시작이라고 할 수 있습니다. 우리 차문화 발원지에서 '가야 차문화 한마당 축제'가 열리게 된 것은 매우 큰 뜻이 있다고 생각합니다"라고 말했다.

그리고 당시 송은복 김해시장은 "오백 년 가야의 도읍지에서 제1회 '가야 차문화 한마당 축제'가 열리게 된 것은 매우 의미 있는 행사로 기억될 것입니다. 오늘 이 자리에서 전국의 차인들과 함께 수로왕과 허황옥 왕비에게 차를 올리는 헌다식과 한국차·일본차·중국차 등의 다양한 차를 음미하는 두리차회를 펼치고, 한국·중국·일본의 저명한 학자들이 한자리에 모여 국제 학술 세미나를 통해 김해 장군차와 찻사발의 전통성을 재조명하는 그 어느 때보다 뜻 깊은 행사라 생각합니다"라는 축하 메시지를 남기기도 했다.

제1회 축제 때 '왜 우리 차문화인가?'라는 인사말을 통해 이 행사의 의의를 나는 이렇게 밝혔다.

"…… 김해는 예로부터 우리 문화의 원형을 지켜오면서 역사와 멋과 풍류를 아는 문화 중심 도시입니다. 서기 42년 개국한 금관가야의 철기문화는 동북아의 해상 강국으로 우뚝 솟았고, 찬란한 가야 문화의 꽃을 피웠던 이곳 김해는 서기 48년 김수로왕에게 시집온 고대 인도 아유타국의 허황옥 공주가 가져와 심었다는 장군차의 역사가 있고, 이웃 나라 차인들이 지금까지도 못 잊어 하는 김해 찻사발의 고장입니다. 동양 삼국 중 어느 나라에도 없는 '차례'의 민족답게, 유구한 역사와 함께한 우리 전통문화를 오늘날에 살리자는 뜻이 이 '가야 차문화 한마당 축제'에 담겨 있습니다. 또한 하늘이 열린다는 좋은 날, 이 잔치를 통해 잊혀져가

김해 수릉원에 있는 허황옥 왕비 동상

대한민국 제1호 차인 허황옥 동상 앞에서 매년 치러지는 헌다의식

는 우리 전통문화의 원형을 다시 세우고 잃어버린 가야의 혼을 찾고자 합니다 …….'

그때 그 축제를 그리워하는 많은 사람들을 통해 예전처럼 민간 전문 단체에서 주관을 해 명실공히 전국적인 전통문화 축제로 다시 되돌려야 한다는 이야기를 자주 듣곤 한다. 그래서 행사 때 한 번씩 참석해 축제를 주관한다고 수고하는 관계 공무원들에게 건의를 하지만, 예산 문제로 인한 어려움을 토로하기도 한다.

'차의 향기로 가야의 혼을 깨우다.'

처음 이 축제를 열면서 내세운 슬로건이다. 잃어버린 가야의 혼, 김해의 차 역사가 다시 그 꽃을 활짝 피워내기를 염원한다.

제3회 축제는 날짜를 가을에서 5월로 바꿔 김해 연지공원과 수로왕비릉 그리고 김해 문화의 전당에서 학술 세미나와 함께 개최했다. 본 행사는 연지공원에서 야외 행사로 준비했는데 행사 도중 엄청난 비가 내려 급히 체육관으로 옮겨 행사를 마무리했지만 참으로 아쉬움이 많이 남았다. 원래 계획된 날은 행사하기 좋은 청명한 날씨였는데 '경남 찻사발 축제'와 연계해 그 행사도 우리 축제 중에 함께하는 잔치로 만들다 보니, 마침 일본의 도예 작가들과 야마구치현의 지사 일행들이 오는 날에 맞춰달라는 부탁을 받고 다시 잡은 날이 하필이면 폭우가 내리는 날이었던 것이다.

그래도 축제 중 있었던 특별한 행사가 기억난다. 행사 때마다 참석해 격려를 아끼지 않았던 한국차인연합회 박권흠 회장과 공동 명의로 함께

한 '대한민국 제1호 차인 허황옥' 선포식이 그것이다. 우리 차의 역사를 한층 끌어올린 계기가 되었고, 오백 년 역사를 간직한 제4의 제국 가야를 차의 향기로 흠뻑 젖게 한 시간이었다. 그 내용은 이렇다.

오늘 전국 차인들의 중지를 모아 가락국 수로왕비 보주태후 허황옥 님을 대한민국 차인 제1호로 선정합니다.

가락기원 1966년 5월 16일(음 3월 30일)
서기 2007년 5월 16일

사단법인 한국차인연합회 회장 박권흠
가야 차문화 한마당 추진위원회 위원장 김대철

그 후 김해시에서는 수로왕릉이 있는 곳 옆쪽에 자리를 마련해 대한민국 제1호 차인 '허황옥' 동상을 건립해 세워놓았다. 그리고 행사 때마다 매년 이 자리에서 김해 지역 차인들의 엄숙한 헌다의식이 거행된다.

김해에는 지금까지 끊임없이 이어져온 대표적인 전통 행사가 있는데, 수로왕과 왕비의 신위를 모신 숭선전에 봄가을로 제향을 올리는 의식이 그것이다. 오래전 뜻을 함께하는 차인들과 숭선전 앞에서 지리산의 햇차로 헌다를 한 적이 있다. 한반도 역사 최초로 '차례'를 올린 곳에서 향기로운 차 한 사발 올리는 일을 앞으로도 계속 관심을 갖고 이어가기를 하는 바람을 가져본다.

『삼국유사』「가락국기」에 신라 문무왕이 수로왕의 제사 때 차를 올리라고 했던 기록이 가야 차에 관한 최초의 문헌이다. 조선조 인조 8년에 편찬된 『김해읍지金海邑誌』 「토산土産」 조에 "황차黃茶는 금강 계곡에 있으며 일명 장군차라고 한다"라고 했고, 허황옥 왕비와 연결시킨 최초의 김해 차문화 기록은 이능화의 『조선불교통사朝鮮佛敎通史』에 나오는 다음과 같은 대목이다.

김해 백월산에는 죽로차가 있는데, 세상 사람들이 전하기를 수로왕비 허씨가 인도로부터 가지고 온 차 씨라고 한다.

주제와 다른 이야기지만, 제1회 행사를 마치고 다음 해 봄 우연히 일본 규슈 남쪽 가고시마로 여행을 갔다가 '기리시마신궁霧島神宮'의 모습과 신궁지기들의 옷차림에서 문득 가야와 백제의 흔적이 느껴져 낯설지가 않았다. 왜 그랬을까. 상상 속 옛 가야의 모습을 이곳 일본인들이 신성하게 여기는 신궁이란 장소에서 보았다는 것은 분명 까닭이 있으리라.

이 신궁에서는 해마다 일본 건국신화의 주인공을 기리는 성대한 축제를 벌인다. 『일본서기日本書紀』에 의하면 일본의 천손이 내려온 곳은 '구지후루', 즉 '구지마을'이라 했다. 수로왕이 하늘에서 내려온 '구지봉'의 신화인 '천손강림天孫降臨'과 그들의 의식이 다를 바 없지 않는가. 앞에서 언급했듯이 전통문화는 물과 같아서 어디론가 흐르기 마련이다.

말발굽 따라서 명승지 두루 살피고 歷盡名區信馬蹄
분성 북쪽의 성곽을 찾아보네 盆城城北訪招提
금관가야 옛 나라는 하늘과 땅도 오래되어 金官故國乾坤老

화려한 수레로 노닐었던 세월도 아득하여라 玉輦遊蹤已遠
시조 왕릉은 깊은 산속이라 적적하고 鼻祖陵深山寂寂
장군차 늙은 나무 찻잎만 무성하네 將軍樹老葉重重
가야의 옛 보물 가야금만 여기 있으니 伽倻古物琴猶在
종요로이 아름다운 사람 불러 노래나 다시 청할거나 爲喚佳人更請彈

2007년 개최한 제3회 '가야 차문화 한마당 축제' 때 학술 세미나 책자 앞장에 기록한 조선의 문신 서거정의 「금강사金剛社」란 시 전문이다.

오늘날 김해 지역의 뜻있는 사람들이 '장군차'라는 이름의 가야 차를 심고 가꾸며 새로운 패러다임을 찾으려 노력하고 있다. 장군차의 고증과 우리 차문화사에 면면히 이어오는 황차를 비롯한 여러 가지 차 제다법을 연구해 가야 차의 정체성을 확립하는 일이 무엇보다 필요하다.

또한 자랑스러운 가야 토기문화를 이어받아 우리 민족의 독특한 분청사기를 통해 빚어진 김해 찻사발은 예나 지금이나 명품 대우를 받던 도자기가 아니던가.

차는 단순한 마실거리인 웰빙 음료가 아니라 동양 정신문화의 꽃이라는 사실을 인식해야 한다. 가야의 차문화에서 우리나라 전통문화의 원형을 찾고 발전시켜나간다면 더할 나위 없으리라.

이 차문화 축제가 새 시대를 활짝 열어젖힐 신명 나는 문화운동으로 자리매김해 훗날 자랑스러운 역사가 되리라 믿는다.

"차나 한 잔 들게"
– 중국 백림선사에서 조주선사의 '끽다거'를 음미하다

누구나 차별 없고 평등한 자격으로 차를 마시는 이 자리가 차의 정신이다.
이 순간이 다도의 즐거움이다. 행복한 때는 언제나 지금 이 순간이기 때문이다.

    차 마시는 일과 선정에 드는 일은 하나다. 차 마시며 선을 닦는 일喫茗修禪, 차 마시며 선정에 드는 일喫茗入禪은 둘이 아니다. 일찍이 옛 차인들은 한 잔의 차一碗茶야말로 참선의 시작이라고 했다.

    2005년 10월 18일부터 21일까지 '천하조주 선차문화 교류 대회天下趙州禪茶文化交流大會'가 중국 하북성 석가장시石家庄市 백림선사栢林禪寺와 인민대회당에서 열렸다. 중국 하북성 불교협회와 한국 〈차의 세계〉 잡지사가 주최하고, 중국의 백림선사가 주관한 이 행사는 시작부터 그 열기가 대단했다. 한국 대표단 일행으로 중국 북경에 도착, 유서 깊은 석가장시로 향했다.

    선다일미禪茶一味, 다선불이茶禪不二의 무대인 중국 석가장시에 위치

3부 | 차문화 유적을 찾아서 195

한 '백림선사'는 이 행사가 아니더라도 꼭 한 번 가보고 싶던 곳이었다. 그 옛날 선의 황금시대를 이끌었던 시절에 조주선사가 오랫동안 주석하면서 한 잔의 차로써 법을 전한 '끽다거喫茶去'의 현장이기 때문이다.

백림선사는 천하고불天下古佛 조주가 기거하며 수많은 구도자들에게 주옥 같은 화두를 남겼던 바로 '관음원觀音院'의 오늘날 이름이다. 이 사찰은 남송시대엔 영안원永安院으로 불렸고, 금나라 때엔 백림선원柏林禪院으로 고쳐 불리다가, 원나라 때에 백림선사라 칭하게 되었다. 또한 조주의 별칭인 고불도량이라 부르기도 한다.

선불교를 꽃피운 중흥조라 할 수 있는 조주종심趙州從諗은 남자 수명의 한계라는 120세를 살았다고 전해진다. 그는 그의 스승인 남전선사南泉禪師(843~886)가 입적하자 사리를 수습해 안치한 후 60세에 '운수행각'을 떠나면서 "일곱 살 먹은 어린아이라도 나보다 나은 이는 내가 그에게 물을 것이요, 백 살 먹은 노인이라도 나보다 못한 이는 그를 가르치리라" 했다. 그는 주유천하를 마친 후 80세 되던 해부터 관음원에서 40년을 살면서 수많은 후학들을 지도했다.

조주의 법문 중에는 '개에는 불성이 없다狗子無佛性'는 무無 자 화두를 비롯해 앞에 언급한 '차나 마셔라喫茶去', '뜰 앞의 잣나무庭前栢樹子' 등 선문에 널리 알려진 공안이 헤아릴 수 없이 많다.

『목주어록睦州語錄』에 다음과 같은 일화가 전한다.

> 선사가 말하기를,
> "자네는 어디서 왔는가?"
> "하북에서 왔습니다."

"조주화상이 계시는 곳인데 자네는 참문한 적이 있는가?"

"저는 막 조주화상의 처소에서 왔습니다. 조주선사는 '끽다거喫茶去'라고 합니다."

목주화상은 웃으며 "좋구나, 좋아"라고 말했다.

또 어느 학인이 목주화상에게 물었다.

"차란 무엇입니까?"

"그것은 다라니陀羅尼이니라."

이처럼 차를 통해 깨달음의 자리를 극명하게 보여준 선승들의 삶과 사상을 조사어록 등에서 심심찮게 엿볼 수 있다. 그래서 차의 정신을 선의 정신이라 말할 수 있지 않겠는가. 조주는 남전보원선사南泉普願禪師의 정신을 이어받아 당시 선풍을 드높였던 인물이다.

봄에는 아름다운 온갖 꽃이 만발하고 가을에는 밝은 달이 비추네
여름에는 서늘한 바람이 불어오고 겨울에는 흰 눈이 날리도다
한가로이 걸림 없는 마음이면
이때가 인간 세상의 좋은 시절이로다

春有百花秋有月 夏有凉風冬有雪
若無閑事掛心頭 便是人間好時節

조주선사의 「오도송悟道頌」이다. 그는 20세 무렵 스승인 남전선사에게 물었다.

"무엇이 도입니까."

"평상의 마음이 도이다."

깨달음을 얻게 되면 형식이나 절차에 구애받지 않고 산을 산으로 보고, 물을 물로써 보는 법이다.

진리를 묻는 구도자에게 조주선사가 물었다.

"그대는 이곳에 와본 적이 있는가?"

"와본 적이 없습니다."

그러자 선사는 "차 한 잔 들게나喫茶去"라고 말했다.

선사는 다른 납자衲子에게 같은 질문을 했다.

그러자 그는 "와본 적이 있습니다"라고 답했다.

그러자 선사가 말했다.

"그대도 차 한 잔 들게나喫茶去."

그러자 그 선문답을 들은 원주院主가 이를 의아하게 여기며 선사께 여쭈었다.

"스님께서는 와본 적이 있는 사람에게도 차를 권하고, 와본 적이 없는 사람에게도 똑같이 차를 권하신 겁니까?"

그러자 선사는 원주를 불렀고, 그가 답을 하니 선사는 이렇게 말했다.

"원주, 그대도 차 한 잔 들게나喫茶去."

師問新到 曾到此間陵 曰 曾到 師曰 喫茶去 又問僧 僧曰 不曾到 師曰 喫茶去 後院主問曰 爲甚陵曾到也云喫茶去 不曾到也云喫茶去師召院主 主應諾 師曰 喫茶去

『조주록趙州錄』에 나오는 '끽다거' 이야기다.

조주의 진면목을 보고 싶은가. 순수 만들어 마시는 따뜻한 차 한 잔에 있지 않은가. 다른 곳에서 찾지 말자. 모두가 허상이다.

하북성 석가장시에 도착한 우리 한국 대표단 일행은 하북호텔에 여장을 풀고, 하북성 '성덕궁 음악 연출'의 중국 전통 음악을 감상하며 만찬을 즐기고, 선차 대회에 참여한 여러 나라의 차 문화인들과 인사를 나누었다.

백림선사에서의 중국식 발우 공양 빼고는 아침, 점심, 저녁 전부 이곳 하북호텔에서 식사를 했는데 중국 스님들과 함께해서 그런지 모두 채식이었다. 단순한 채식이 아니라 온갖 요리가 나오는데 그 재료가 흡사 고기처럼 보이지만 모두 콩과 같은 야채로 만들어진 것이 특이했다. 물론 중국에서 그 흔하디흔한 술과 고기는 구경도 못했던 특별한 체험이었다.

다음 날 일찍 백림선사에 도착하니 중국 승려들과 많은 사람들이 절집 안팎에 운집해 있었고, 수많은 취재진들이 진을 치고 있었다. 대단한 호응이었다.

백림선사의 위풍은 대단했다. 여태껏 보아온 중국 절집은 흡사 관광지 같았는데 이 고찰의 느낌은 절 맛이 났다. 마치 중국 옛 궁전에 들어온 기분이었다. 두 줄로 도열한 백림선사 승려들을 따라 사찰 안으로 들어갔다. 법당에서 불교의식을 마치고 곧 조주선사 탑 앞에서 각국 차인들이 모여 헌다의식을 시작했다. 한국과 또 다른 양식의 중국풍 탑전에서 한국 다도 단체의 헌공다례도 있었다.

조주 탑 아래엔 많은 비석이 세워져 있었다. 그중 한국과 인연이 깊은

'조주고불선차기념비'가 2001년 10월 이곳 백림선사에 세워졌는데 "한·중의 불교는 한 뿌리이니 예로부터 한 집안이며 선풍을 함께하니……"란 글귀가 새겨져 있었다.

중국 스스로 원류라 생각했던 불교와 유교 그리고 다도까지도 그 전통과 원형을 제대로 지켜오지 못했다가, 오히려 그것을 고스란히 지켜온 한국에서 다시 그 참모습을 찾고자 하는 중국의 현실을 감안한다면 오늘날 이곳 백림선사에서의 묘한 느낌은 남달랐다. 그동안 문화혁명 등에 의해 말살되고 쇠퇴했던 중국 전통문화의 복원이랄까 하는 그런 기운을 강하게 읽을 수 있었다.

백림선사에서의 중식 공양은 또 다른 체험으로, 일반인들에겐 좀처럼 개방하지 않는다는 중국 전통 절집의 발우 공양이었다. 중앙 한쪽에 젊은 주지스님이 마치 법좌에 앉듯 전체를 향해 높이 앉았고, 그 양쪽으로 첫 줄엔 승려들이 앉고, 다음으로 일반 남자와 여자를 구분해서 앉았는데 그 인원이 상당했다. 우리나라로 치면 절집의 행자쯤 되는 승려들이 연방 공양물을 들고 다니며 각자의 공양 그릇에 담아 주었다. 물론 음식물을 남기지 않는 원칙은 중국이나 한국이나 마찬가지였다.

점심 식사를 마친 후 도량 안 측백나무 뜰 앞에선 중국 전역에서 온 차인들이 저마다 찻자리를 펴고 앉아 나름대로 두리차회인 무아차회無我茶會를 열어 손님들에게 차를 대접했다. 학술대회가 열리기 전에 마련된 야외차회였다. 중국식 다예는 의자에 앉아 행다를 하는 탁자 문화인데 여기선 맨바닥에 그대로 앉는 걸 보면 우리식 차문화의 영향을 받았는지도 모른다는 생각이 들었다.

결국 우리도 오십보백보지만 오늘날 중국식 다법들을 살펴보면 전통이 그대로 계승·발전되지 않고 급조되거나 대체로 미숙한 점을 많이 느낄 수 있다. 어쨌든 동양 삼국의 문화가 차문화를 통해 하나로 어우러지는 모습에서, 내가 늘 생각하는 '동양 정신문화의 뿌리요, 우리 민족 전통문화의 꽃인 다도'가 결국 세계 평화에 큰 기여를 하겠구나 싶었다.

그 옛날 조주의 법문과 차향이 그윽한 관음원栢林禪寺 뜰에서 마시는 차의 맛은 더욱 향기로웠다. 관음원 절 뜰엔 고목의 잣나무(측백나무)들이 무성하게 자라고 있었다. 금방이라도 조주의 사자후가 들릴 듯했다.

> 어떤 것이 조사達摩가 서쪽에서 온 뜻입니까? 如何是祖師西來意
> 뜰 앞의 잣나무니라 庭前栢樹子

유명한 '끽다거'와 '뜰 앞의 잣나무'란 공안公案이 1200여 년 전 이곳, 이 자리에서 조주에 의해 전해진 역사의 현장이다. 잣나무 또는 측백나무라 불리는 고목들 아래서 세계의 차인들이 남녀노소 할 것 없이 저마다 찻자리를 펴고 앉아 손님들께 차를 대접하고 있었다. 누구나 차별 없고 평등한 자격으로 차를 마시는 이 자리가 차의 정신이다. 이 순간이 다도의 즐거움이다. 행복한 때는 언제나 지금 이 순간이기 때문이다.

백림선사 보현각普賢閣에서는 '천하조주 선차문화 교류 대회'의 학술 행사가 열렸다. '조주차학술연토회'는 한·중 학자들이 끽다거의 전승사를 발표하는 자리인데, 한국에선 김철수 창원대학교 교수와 최석환 〈차의 세계〉 발행인 그리고 나까지 포함한 세 명이었고, 중국에선 북경대 누우열樓宇烈 교수, 강서성의 여열余悅 교수와 진문화陳文化 교수, 절강성 호주의 차 연구가인 구단寇丹 선생, 천진에서 온 진운군陳云君 선생, 대만의 범증평范增平 선생 등이 발표했다.

보현각 법당은 중국 전역에서 온 차 문화인들과 젊은 학생들로 가득 찼고 그 열기 또한 대단했다. 원래 학술 행사가 그렇듯 오랜 시간 진행되었지만 중간에 빠져나가는 사람들이 보이지 않았다.

「조주의 끽다거와 금당의 끽다래」가 내가 발표한 주제였다. 그 요지는 이렇다.

선禪은 부처가 들어 보인 꽃 한 송이에서 비롯되었고, 선차는 조주선사의 화두인 '끽다거'에서 시작되었다. 중국 당나라 관음원에서 조주종심선사가 주석하며 구도자가 찾아와 법을 물어오면 "차나 한 잔 하게나 喫茶去"란 화두로 선문답을 했던 조주청차의 고사에서 유래된 이야기이다. 생사일대사生死一大事를 밝혀 깨달음을 얻기 위해 찾아온 구도자에게 차 한 잔 마시고 가라는 것이다. 천하의 조주선사는 '끽다거'란 공안을 우리에게 던져준 것이다.

차로써 진리를 전한 것이다. 임제의 고함喝도 아니요, 덕산의 방망이棒도 아닌 조주의 '차 한 잔'이었다.

선불교의 공안집인 『벽암록』에서 "덕산스님이 사정없이 내려치는 주장자의 모습은 마치 소나기 빗방울 쏟아지는 듯하고, 임제스님의 고함소리는 천둥이나 벼락 치듯 한다"라고 표현하고 있다. 하지만 조주스님의 '차 한 잔'은 얼마나 따뜻한 배려인가.

조주는 '끽다거'란 숙제로 우리에게 마음공부를 시켰고, 금당錦堂(최규용 선생)은 '끽다래'란 인사로 우리에게 마음의 평화를 주었다. 세상은 하나의 꽃밭이다. 동아시아 다도인들의 이런 한마음 잔치는 그 꽃을 아름답게 가꿔 멋진 정원을 만들어가는 일이리라. 조화로운 그 꽃밭의 향기가 이화세계를 펼치는 밑거름이 되리라 생각한다.

비교적 쉬운 말로 발표하려고 노력했다. 그럼에도 통역을 통해 제대로 전달되지 못한 아쉬움은 컸지만 경청하던 참석자들의 질문도 받았던 짧은 발표였다.

차의 정신은 선의 정신과 일맥상통한다. 고함도 아니요, 방망이도 아닌 참으로 애정 어린 노스승의 배려가 담긴 '끽다거'는 조주차 한 잔에 삼라만상뿐 아니라 도가 들어 있음을 빨리 알아차리라는 것이다.

'끽다거' 화두 하나로 관음원을 찾은 구도자들을 공부시킨 천하조주의 일완청차一碗淸茶는 어떤 맛과 향기였을까. 차로써 진리를 전한 그 이치를 공부하는 것이 사람 공부요, 다도 공부인 것이다. 수많은 게송과 설법보다 손수 만든 따뜻한 차 한 잔이 오히려 낫다는 옛 도인들의 이야기가 실감난다.

다음 날부터 본격적인 세계 선차 대회가 하북성 석가장 인민대회당에서 열렸다. 원래 계획은 한국, 중국, 일본, 싱가포르, 말레이시아 팀이 참여하게 되었는데 거의 한·중 양국의 선차 대회가 되어버렸다.

중국 대표 팀의 선차 발표는 이 행사 주제와 맞지 않는 다예 시연이었는데, 그래도 강서 남창 직업학교 학생들이 펼치는 '용행 18식 다예' 정도가 볼만했고 나머진 아직 선차禪茶의 개념조차 모르는 듯했다.

한국에선 강수길 씨가 이끄는 '숙우회熟盂會' 회원들의 선차 발표와 창원대학교 김철수 교수의 지도를 받은 '한국다도교육회' 회원들의 다도 시연이 있었다.

한국 선차 문화를 주도하고 우리 행다 문화의 수준을 끌어올렸다는 평가를 받는 '숙우회'와 김 교수의 엄격한 지도로, 많은 인원들이 일사불란하게 그 큰 무대에서 최선을 다해준 한국다도교육회 회원들에게 아낌없는 박수를 보낸다.

개막 축하 공연인 '천수관음무千手觀音舞'는 13억 중국인의 가슴을 울렸다는 그 소문이 무색하지 않았다. 청각장애인 21명이 펼치는 환상적인 손놀림과 현란한 몸짓에 절로 감탄이 나왔다. 귀가 안 들리는 21명의 춤꾼들이 황금빛 관음상으로 분장해 흡사 한 사람처럼 동작을 했다. 음악이 들리지 않으니 서로 간에 앞뒤로 바싹 붙어 호흡과 느낌으로 소통하는 춤이었다. 얼마나 힘들었을까. 마음으로 호흡을 맞춘 인간 승리다.

천 개의 손바닥 하나하나에 눈이 있어 온갖 사람의 괴로움과 고통을 그 눈으로 살펴보고 그 손으로 구제하고자 하는 염원의 상징이 '천수천안관세음보살千手千眼觀世音菩薩'이 아닌가.

경주 분황사에 얽힌 '천수대비맹아득안千手大悲盲兒得眼'의 일화가 떠오른다. 신라 경덕왕 때 한기리漢岐里에 사는 희명希明이란 여인의 아이가 태어난 지 5년 만에 갑자기 눈이 멀었다. 어느 날 어머니는 이 아이를 안고 분황사 좌전左殿 북쪽 벽에 그려진 천수관음千手觀音 앞에 나아가 아이를 시켜 노래를 지어 빌게 했더니 멀었던 눈이 다시 보이게 되었다는 설화다.

우리와 달리 천수관음에 얽힌 중국의 설화는 좀 다르다. 부왕父王에게 자신의 눈과 손을 떼어준 공주의 효심에 감동한 부처님이 그 공주에게 천 개의 손과 천 개의 눈을 주었다는 이야기다.

저녁에 다시 인민대회당 무대에서 관람한 '하북 승덕 보녕사 가무단 河北承德普寧寺歌舞團' 공연은 좀처럼 보기 드문 압권이었다. 티베트 불교의 사상과 설화가 어우러진 이 가무극은 청나라 황실에서 지은 보녕사에 소속된 예술 단체가 선보였다.

한국인의 관점으로 봐서 그런지 몰라도 유·무형을 떠나 중국의 전통문화 등을 접하면서 여태껏 감명을 거의 못 받았는데, 이번 공연들을 통해 중국의 저력과 중국인들의 앞날을 볼 수 있었다. 이를테면 만리장성이나 자금성, 당송시대의 도자기 그리고 중국의 가무극인 경극 등을 보고 감흥을 받지 못했던 것은 사실이다. 전체를 보지 못하고 일부만 접한 우물 안 개구리의 우둔함이라면 할 말이 없지만, 눈을 뗄 수 없는 중국 한 지역의 불교 단체 가무극을 관람하면서 우리 문화예술계도 이런 총체적 공연물을 많이 만들어야겠다는 생각이 들었다. 이런 문화예술 작품을 만들어내는 중국인의 미래가 상상이 되었고, 머지않아 그들이 세계 속에 우뚝 설 거라는 예감을 떨쳐낼 수 없었다.

문화예술의 질과 양은 그 나라의 상징적인 척도가 아니던가. 국력과 국민의 저력은 뿌리 깊은 전통문화예술에서 나오는 법이다.

하북에서 북경으로 가는 길은 생각보다 멀었다. 역시 넓은 땅이다. 길에서 낮이 가고 밤이 왔다. 이국땅에서 누구나 나그네가 되어보면 느끼는 감흥이 밀려온다. 여행길에서 낙조를 바라보노라면 언제나 그렇듯 삶의 무상을 느끼게 마련이다.

그것도 가을날의 해 질 녘이면 더욱 삶의 의지와 함께 동반되는 상념이리라. 송나라 소동파蘇東坡(1036~1101)의 시를 읊어본다.

> 사람의 한평생 무엇과 같은지 아는가? 人生到處知何似
> 날아간 기러기 진흙 눈에 남긴 발자국 같은 것 應似飛鴻踏雪泥
> 눈 위에 우연히 발자국 남았지만 雪上偶然留指爪
> 기러기 날아가면 동인지 서인지 어찌 알리 飛鴻那復計東西

새는 공중을 날아다녀도 자취를 남기지 않는 법. 어디로 가는지 알 수가 없지 않는가. 일체에 걸림 없는 자유인으로 사는 법을 배우는 공부가 있다면 어디론가 떠나는 나그네 길에서 체득하리라.

중국에 도착해 북경에서 하북으로 가는 차창에서 바라본 낙조에서 그랬고, 다시 한국으로 돌아가기 위해 하북에서 북경으로 가는 길의 차창에서 바라본 구름 낀 어스름한 달의 모습에서도 그랬다. 대륙의 석양과 달, 한반도의 석양과 달이 시공을 초월해 가슴에 와 닿는다. 이국에서 달을 바라보는 상념에 젖어, 문득 "천하 어느 곳인들 달이 없겠는가天下何處無月耶?"라고 읊어본다.

요컨대 '세상은 하나로구나' 하는 생각을 떨쳐버릴 수 없었다. 다시 그리워지는 관음원(백림선사)과 산문 앞에 걸린 주련의 글귀가 가슴에 와 닿는다.

> 문 밖의 조주 선풍은 만 리 세상을 잇는구나 門對趙州萬里橋

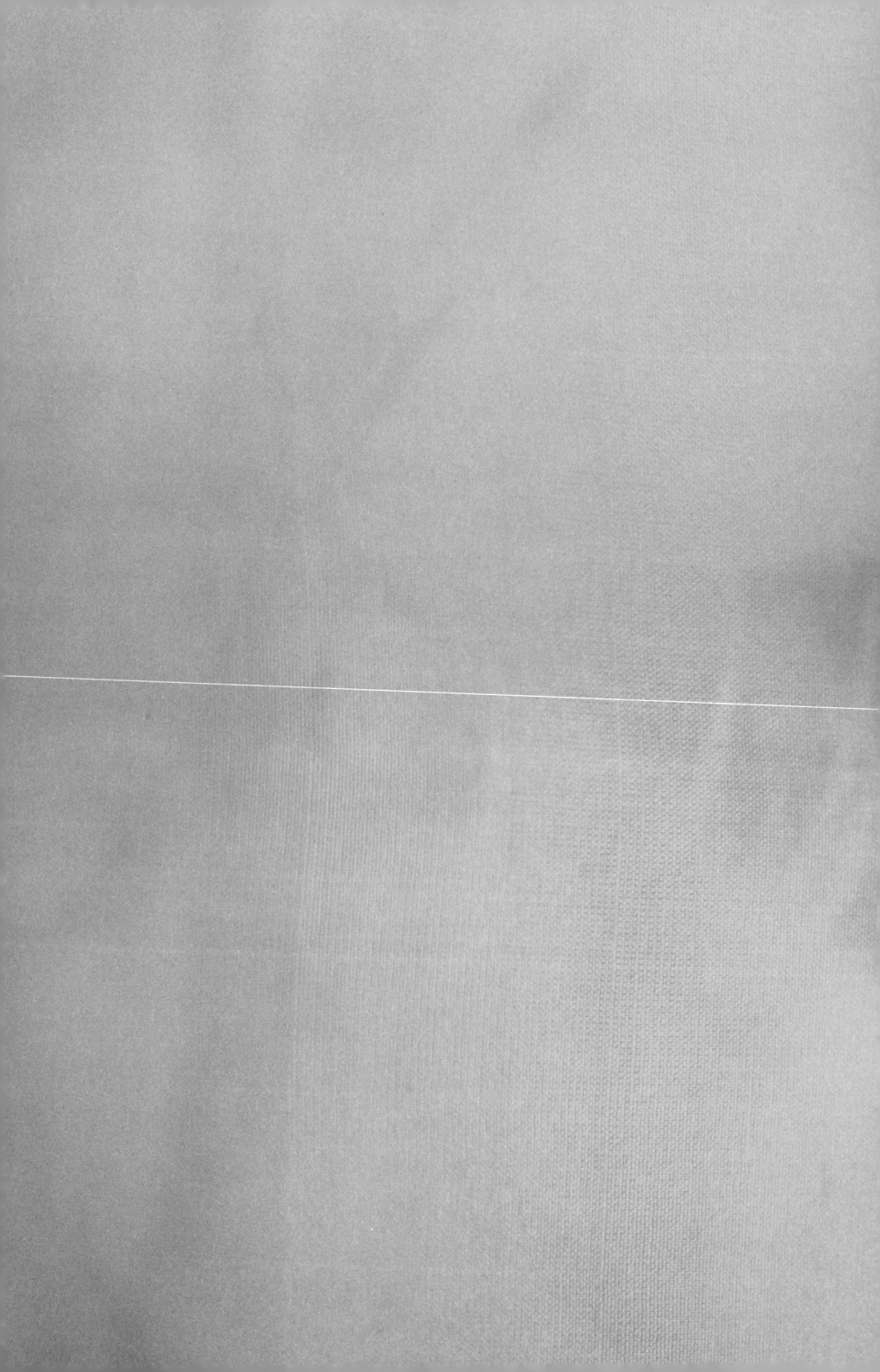

4부

차를 닮은 사람들

누군가에게 맑은 차향으로

남고 싶다

차문화의 산실,
부산에서 활동한 차인들

누군가에게 차의 향기로 남은 부산의 선고차인을 추억하는 이 자리.
살아생전 그분들과의 차로 인한 청교가 더욱 그리워지는 오늘.
선고차인 네 분의 영전에 향기로운 차 한 잔 올린다.

 우리나라 근현대 차문화 역사를 이야기하면서 부산을 빼놓을 수 없다. 현대 차문화의 산실이자 중흥지인 부산 지역이 여러모로 오늘날 한국의 차문화사에 큰 자리를 차지함은 자타가 공인하고 있다.
 누군가는 번창한 부산의 차문화 이면에는 이웃 나라(일본)의 영향이 크다고들 하는데, 그건 나무만 보고 숲은 보지 못한 맹인 코끼리 만지는 식의 단견에 불과하다.
 부산 근처엔 통도사와 범어사 같은 유서 깊은 사찰들이 많고, 또한 차 생활을 즐기며 선禪과 차茶 이야기를 통해 우리들에게 다도를 가르쳤

이 글은 '부산차문화진흥원'에서 주최하고 '부산 국제 茶 어울림 문화제'에서 주관한 부산의 대표적인 전통 문화 행사에서 부산의 선고차인(先考茶人)을 기리는 글을 부탁받아 쓴 원고다.

던 차승들이 많았기에 자연히 그 뿌리가 형성되었음은 익히 알려진 사실이다.

오늘날 차문화 뿌리는 불가의 백장청규百丈淸規 등의 의식다례儀式茶禮와 선승들의 다선일여茶禪一如의 정신에서 나왔음을 부인할 수 없다. 이런 다도사상과 함께 유가와 선교의 사대부와 선비들이 향유해온 차생활이 일상다반사의 전통문화로 자리 잡았다.

중국에서도 다성茶星 칭호를 받은 최규용 선생, 여성 교육 운동가이기도 한 구혜경 여사, 교육계에 차문화 뿌리를 심은 정상구 박사 등 많은 이들이 부산을 중심으로 차문화운동을 해왔다. 그들의 전통문화에 대한 열정은 한국뿐 아니라 중국과 일본 등 각국의 차인들과도 소통하며 국제 행사를 주최하거나 주관하며 한국의 전통문화를 세계에 널리 알리기도 했다.

이런 선고차인先考茶人들이 심어놓은 바탕 위에 오늘날 전국 각지에서 활동하고 있는 부산 지역 차문화 지도자들의 활약은 주지하다시피 전국 제일이다. 전국의 크고 작은 전통문화 행사에 부산 차인들의 역할은 타의 추종을 불허할 정도다. 명실공히 전국 큰 단체들의 주요 임원들도 부산의 인사들이 그 자리를 차지하고 있음은 잘 알려진 사실이다. 오늘날 전국 제일의 차문화 도시로 인식되어진 그 바탕에는 부산의 차문화 진흥에 땀을 흘린 그 지역 차 문화인들의 공이 무엇보다도 크다.

현재 전국적으로 크고 작은 차문화 단체들이 그 수를 셀 수 없을 정도로 많지만 그 역사나 내용면에서 보면 부산의 차문화 단체들만큼 뿌리가 깊은 곳은 찾기 어려운 게 현실이다. 목춘 선생이 창립하고 현재 김순향 회장이 이끄는 부산차인회도 그 역사가 약 40년이 되는데 다른 지역에선 그 유례를 찾아보기 힘들다.

또한 1977년에 조직된 추전 김화수 선생이 이끈 송풍다도회는 대청동 추전서당에서 최범술 스님이 고문을 맡고 정상구 선생이 명예회원, 그리고 다양한 분야의 사람들로 창립된 부산의 초창기 차문화 단체이다.

2006년 부산 벡스코에서 열린 전국 최고의 차문화 잔치인 '부산 국제 차문화 대전'을 주도한 사람도 부산 차인이었고, 그 외에도 크고 작은 많은 전통문화 행사들이 부산에 뿌리를 둔 차인들과 차문화 단체들에 의해 이루어졌다.

정신문화와 전통문화의 중흥기였던 1980년대엔 차의 대중화 전진기지요. 사랑방 역할을 했던 전통 다원의 숫자는 전국의 그것을 다 합쳐도 부산을 따라오지 못했다. 최초의 전통찻집도, 그리고 현존하는 최고의 전통찻집도 부산에 있지 않는가. 지금도 제대로 된 문화 사랑방 역할을 하는 전통 다원은 부산이 월등하다. 그뿐 아니라 오늘날 차문화가 성행하는 대구를 비롯한 경주의 전통 차문화 교육장도, 그곳에 제대로 처음 문을 열었던 단체도, 한국여천차문화원이란 부산의 차문화 단체였다.

오늘날 전국 각지의 차문화를 주도하는 지도자들을 많이 기른 곳도 부산의 한국다도협회, 죽로차문화원 등 차문화 단체의 힘이라고 볼 수 있다. 그리고 오늘날 전국의 차문화 행다법의 패러다임을 바꾸고 우리 선차문화를 선도하는 숙우회란 단체도 그 본부가 부산이다.

한때 젊은 차인들의 산실이었던 전국대학차인연합회의 창립 출발지도 부산의 근하서당이었고, 당시 전국 대학 차회의 숫자를 다 합쳐도 부산 지역의 대학 차 동아리를 능가하지 못했을 정도로 부산의 차문화는 활기가 넘쳤다.

뿐만 아니라 오늘날 경주 남산의 '삼화령 헌다의식'은 우리 역사상 가장 아름다운 차문화의 재현이었다. 그것을 계승한 현대 삼화령 헌다의식은 전국 차 문화인들의 보편적 행사이며 상징이다. 그 행사의 시작을 알린 단체도 부산에 본부를 둔 차 모임이었을 뿐 아니라 지금의 전국 문화 축제 중 가장 주목받는 '하동 야생차 축제'도 알고 보면 부산의 차문화 단체와 부산과 경남의 차 문화인들에 의해 그 뿌리가 형성되었다.

지금도 그렇지만 현대 차문화의 꽃이 피기 시작한 1980년대엔 전국의 차문화를 주도하는 곳이 영남과 호남이었다. 1988년에 '영호남 차인들의 만남을 위한 모임 추진위원회'가 부산의 몇몇 뜻있는 차인들에 의해 기획되어, 광주 '작설헌雀舌軒'에서 호남 지역의 대표 차인들을 만나 한국의 차문화 진흥에 큰 기여를 하기도 했다.

1980년대 중반 창립된 한국차문화회도 전통문화를 사랑하는 전국의 문화예술계와 학계의 인사들로 주축이 되어 창립된, 현대 최초의 남성 차회茶會이면서 크고 작은 전국적인 행사들을 이끌기도 했다. 오늘날 한국의 차문화를 이끄는 지도급 인사들이 당시 구성원이었다.

1980년대 후반 발족된 부산차인연합회의 역할 또한 만만치 않다. 그리고 부산의 차문화 지도자들과 각계의 인사들로 구성되어 2006년 창립, '부산 국제 茶 어울림 문화제'를 매년 개최하는 부산차문화진흥원은 명실공히 부산을 대표할 뿐 아니라 전국에서도 유래가 드문 전통문화 단체로 발전하고 있다.

다만 아쉬운 것은 부산뿐 아니라 우리나라 전체의 문제로서 지금은 차문화의 정체성을 고민해야 하리라. 교육, 정치 등 다른 분야도 마찬가지겠지만 특히 오늘날 우리 차문화는 혼spirit이 필요하다. 혼자서나, 손님을 접대하거나, 또는 여러 대중 앞에 보여주는 차문화 행위에도 혼이 깃들어야 한다. 정성과 혼이 없는 행위는 생명이 없는 존재이기 때문에 오늘날 한국의 전통문화가 발전하려면 혼이 담긴 차문화운동이 무엇보다도 절실하다.

누군가에게 차향으로 남은 부산의 선고차인 몇 사람을 기억해본다. 부산서 활동하다 돌아가셨지만 이 땅의 차문화에 금자탑을 세웠고, 우리 부산 다도계에 든든한 주춧돌을 놓은 네 사람의 선고차인들을 추억하는 글을 짧게나마 남기려고 한다. 살아생전 그분들과의 차로 인한 청교가 그립다.

부산 지역의 차문화 연합체를 창립할 때도 고문으로, 또는 초대 회장으로 차문화 진흥에 큰 역할을 해주었던 어른들이다. 금당錦堂 최규용崔圭用(1903~2002) 선생, 목춘牧春 구혜경具惠卿(1930~1995) 여사, 원광圓光(1942~1989)스님, 다촌茶村 정상구鄭相九(1925~2005) 선생이 그들이다.

차인은 모름지기 진감선사眞鑑禪師의 비문에 나오는 '수진오속守眞忤俗'의 정신으로 살아야 하리라. '참됨을 지키고 속됨을 멀리하는' 그 삶이 차인의 본분일 터. 선고차인 영전에 향기로운 차 한 잔 올린다.

'끽다래' 화두로 남은 다성, 금당 최규용

"매화차 한 잔 하러 오너라."

이른 봄날이면 어김없이 금당다우錦堂茶寓에서 선생의 부름이 있었

영호남 교류를 위한 차인들의 만남 행사 중 헌다의식

다. 다연茶緣이 있는 제자들에게 금당 선생은 매화를 몇 송이 띄운 풍류차를 준비해놓고 우리들을 기다렸다. 차를 앞에 놓고 세상 돌아가는 이야기며, 『다경』, 『동다송』, 『다소茶疏』 등의 차문화 고전에 대한 설명과 해설을 해주던 선고차인이었다.

부산의 뜻있는 문화인들과 함께 기획 진행한 '영호남 교류를 위한 차인들의 만남' 추진위원회의 고문을 맡아 행사의 일환인 헌다의식에서 보여주었던 그 의연함은 우리들에게 귀감이 되었다. 영남을 대표하는 차문화인들이 부산을 출발해 호남 지역 차인들을 광주에서 만나기 전 일이다.

이 땅의 민주화를 위해 꽃다운 나이에 세상을 떠난 젊은 영혼들에게 광주시 망월동에서 한 잔의 차를 올리면서 "차의 정신으로 이 나라의 민족 통일까지 이어가자"던 금당 어른의 즉석 추도사의 그 기개를 잊을 수 없다. 그뿐인가. 언젠가 부산서 전국적인 행사인 '정신대 해원상생 굿' 추진위원회 회원들과 함께 찾아가 대표적인 문학인 요산樂山 김정한 선생과 공동 대회장을 맡아달라고 했을 때, 우리에게 차를 대접하며 "나는 일제 때 조선총독부를 위해 일했던 사람이라 이런 뜻 깊은 행사를 대표할 자격이 없는 사람이오"라며 차인의 양심을 보여주었던 한 시대의 어른이었다.

금당 선생은 100세를 누리고 청명·한식 날 좌탈입망座脫立亡한, 중국과 일본서도 인정하는 근현대 차인이었다. "차를 마셔서 이렇게 오래 산다"며 언제나 만나는 사람들에게 몸소 차의 덕을 이야기하며 실천했던 그였다. 오늘날 국제 차문화 교류가 활발한 데에는 중국과 일본을 오가며 그 기틀을 마련했던 금당 선생의 노고가 있었기 때문이다.

1978년 『금당다화』를 펴내 차문화의 길잡이 역할을 했고, 1981년엔 『현대인과 차』를 발간해 차의 대중화에 힘썼다. 『다소』, 『중국 차문화 기행』, 『다경』 등을 번역하거나 기행문을 써서 후학들에게 차문화의 깊이를 보여주기도 했다.

금당 선생의 "차 한 잔 하러 오세요"란 말의 '끽다래喫茶來'는 차를 사랑하는 사람들의 화두가 된 지 오래 되었다. 조주선사의 '끽다거喫茶去'에서 유래된 이 말은 이미 중국 항주 차인지가茶人之家와 중국 호주의 육우陸羽 묘소 경내에, 그리고 국내에는 해인사 지족암과 부산 삼광사 경내, 부산 구덕산 기슭에도 공덕비로 세워졌다.

2005년에 중국에서 천하조주 선차문화 교류 대회가 열렸을 때 「조주의 끽다거와 금당의 끽다래」란 주제로 짤막한 논문을 발표한 적이 있었다. 금당 선생의 '끽다래'를 조주선사의 그 유명한 끽다거의 선문답과 비교하는 내용이었다. "조주는 '끽다거'란 숙제로 우리에게 마음공부를 시켰고, 금당은 '끽다래'란 인사로 우리에게 마음의 평화를 주었다"는 요지였다.

금당 선생은 중국의 차인들로부터 다성茶星이란 칭호를 들었고, 현대 차문화사에 큰 족적을 남긴 선고차인이었다. 동양 삼국의 차문화 진흥과 연구에 열정을 아끼지 않았던 금당 선생은 제자들의 모임인 '금당차문화회' 그리고 제자들과 함께 '한국육우다경연구회'를 조직해 오늘날 한국의 차문화 발전에 큰 기여를 했다.

금당의 차 정신은 『다경』에 나오는 '정행검덕精行儉德'의 근간을 이룬다. 누구에게나 소박한 모습으로 소담한 다도를 행했던 선생의 생전 모습이 오늘날에도 차의 향기로 남아 그립기만 하다.

천수를 누린 금당 선생의 장례는 전국의 차 문화인들의 애도 속에 '차인장茶人葬'로 치러졌으며, 36과의 사리를 남긴 선생의 유해는 그 분의 유언대로 바다가 보이는 통영의 선산에 뿌려졌다. 이 세상을 그리 오래 살기도 힘들거니와 한평생 차를 즐기며 정행검덕을 실천하는 자족의 삶을 살았던 선생은 우리의 진정한 스승이었다.

부산 차문화의 선구자가 된 여류 차인, 목춘 구혜경

"차인은 인격과 교양 그리고 덕망을 갖춰야 한다"라고 늘 강조하며 한결같은 조선 여인의 모습으로 한평생을 살았던 여류 차인이 목춘 선생이다. 구혜경 여사를 떠올리면 곱게 빗은 머리에 비녀를 꽂고, 한복 차림의 늘 단정한 모습으로 손님을 맞이하는 은은한 미소가 먼저 떠오른다.

부산의 차문화가 전국에서 가장 앞설 때, 부산 지역 차 문화인들이 모여 차문화 연합체를 만들어 크고 작은 행사를 통해 한국의 전통문화 운동에 큰 활력소가 될 때에도 언제나 한복을 곱게 입고 참석해 힘과 격려를 아끼지 않았던 어른이다.

목춘 선생은 현대 한국 차문화운동이 아직 걸음마 단계인 1972년 5월, 20여 명의 여류 차인들로 구성된 '부산차인회'를 창립해 부산뿐 아니라 전국적인 차문화 보급에 선구자 역할을 했다.

'화경청적和敬淸寂'을 기본 이념으로 한 다도 정신으로 올바른 품성을 강조하면서 여인들에게 부덕婦德, 부용婦容, 부언婦言, 부공婦功의 4대 덕목을 가르치며 여성 교육에도 그 열정을 아끼지 않았다.

부산 사회의 여성 운동가로서의 활동은 1982년부터 본격적이었는데, 차문화 교육 자료를 만들어 부산 시내 중·고등학교 여교사를 대상으로 다도 연수 교육을 시작으로 공공기관을 비롯해 사회단체 등에 강의 및 행다례를 통해 여성 예절과 전통문화운동에 앞장섰다. 뿐만 아니라 다도 교육을 통해 후학들을 양성, 오늘날 부산 지역의 여성 지도자들을 길러낸 공은 참으로 크다.

전통문화 보급과 그 계승·발전을 위해 우리 민족의 아름다운 민속놀이 등을 재현하거나 시연을 하기도 했다. 그것이 삼짇날 화전놀이, 칠석날 민속놀이 등으로 면면히 이어져오고 있다.

차 한 잔 마신 뒤 거문고 어루만지니
밝은 달 떠올라 바라보는데 그 누구를 불러야 하나

> 햇나물 음식에 푸른 옥잔의 옥로차라네
> 오래된 벽에 연기 서려 그림이 되었구나
> 잔에 가득한 것이 어찌 술이어야만 하리
> 삼짇날 답청 가는 내일은 차茶 주전자를 가져가리

조선시대 영수합 서씨令壽合徐氏(1753~1823)의 「고요한 밤에 차를 달이며精夜烹茶」란 차시가 생각나는 여류 차인이다.

삼월삼짇날에 여성들이 야외로 나가 답청을 즐기며 들차회를 했음을 알 수 있는데, 이런 풍속들을 이어가며 전통문화의 미학을 보여주기도 했던 여성 운동가이며 차인이었다. 또한 어린 나이에 부모를 따라 일본으로 건너가 성장했던 선생은 한의학과 다도 공부를 했던 인연으로 일찍이 '한·일 차문화' 교류에 앞장서기도 했다.

목춘 차인은 그 당시 현대 차문화의 걸음마 단계인 부산 지역뿐 아니라 전국적인 차문화운동에 관여해 큰 역할을 했다. 한국차인연합회가 초석을 다질 때나, 초의선사 차 유적지 복원 등에도 기여를 해 한국의 차문화 부흥에도 빼놓을 수 없는 인물이다.

이러한 선생의 열정과 신념이 뿌리가 되어 그가 만든 부산차인회는 부산을 대표하는 차문화 단체로 성장했으며, 나아가 그 수제자인 주천珠卅 김순향 차인과 그 제자들에 의해 오늘날 부산 차문화계의 버팀목이 되었음을 우리는 안다.

목춘 구혜경 차인이 세상을 떠났을 때의 장례 역시 '차인장'으로 치러졌다. 한평생 존경받는 차인으로 올곧게 살았던 여사의 삶은 우리의 귀감이 되리라.

부산 차계의 큰 별이 된 다승, 원광스님

　버리지 않은 사람이 뭘 얻을 것인가? 떠나지 않은 사람이 어디로 되짚어 올 수 있는가? 비우지 않은 사람이 어디다 뭘 담을 것인가? 내 말은 그러니까 정말 얻고 싶고, 잘 되어서 돌아오고 싶고, 뭘 많이 담고 싶거들랑 먼저 이 차를 마실 줄 알고, 선(禪)을 잘 부려서, 비우고 버리고 떠나는 알맹이 작업을 똑똑하게 알아야 한다 이 말이다.

원광스님의 「차의 도」란 글에 나오는 글귀다.

스님은 피안보다 차안(此岸)을 노래했던 시인이요, 난초를 즐겨 그려 난향처럼 살고 싶었던 서화가이며, 차로써 인간 심성을 정화하자는 차인이었다.

법보종찰(法寶宗刹) 해인사에서 정진 수도하다가 부산으로 건너와 대청동 인근의 '통천굴'에서 주석하며 부산 문화계에 지대한 공헌을 한 승려 차인이었다. 그의 통천굴 다실을 찾으면 언제나 호탕한 웃음으로 반갑게 맞이하며 백자 찻잔에 차를 따라주던 눈빛 형형한 승려요, 시인이었다.

'부산차인연합회'를 발족할 당시 몇몇 인사들이 그 자리를 고사할 때 기꺼이 초대 회장직을 맡아 힘들게 출발하는 모임을 원활히 이끌어갈 용기를 주었던 스님이었는데, 안타깝게도 회장직을 맡은 지 3개월 만에 세상을 떠나셨다.

스님은 부산의 여러 문인들과 함께 시 동인지 〈목마〉와 〈실상문학〉을 창간해 문학 활동에 심혈을 기울이기도 했던 문필가였다.

언젠가부터 신도들이나 찾아온 사람들에게 차문화 강의를 시작해

『주장자』란 책자에 차에 관한 글을 실었고, 차 전문지 〈다심茶心〉을 발간하기도 했다. 부산일보에 「차 한 잔의 향기」란 찻글을 연재하거나 방송국 등에서 차 강의를 하며 부산 지역 차문화 진흥운동에 큰 공을 세운 선고차인이다.

또한 스님은 자신이 기거하는 거처를 '여란다헌如蘭茶軒'이란 편액을 걸어 난과 함께하며 차 마시는 공간으로 활용했다. 그리고 '여란다헌 부설 다도교실'을 개설해 본격적인 다도 수업에 들어가, 살아생전 그곳에서 제58기까지 그 수료생의 수가 800여 명에 이르렀다. 그 당시 원광다법圓光茶法 등을 창안해 불의의 교통사고로 입적할 때까지 차의 대중화에 힘을 쏟았다.

오늘날 원광스님께 차 공부를 한 문하생들이 모여 '여란다회' 또는 '관정다도원' 등 나름대로의 차회를 조직해 부산뿐 아니라 영남의 차문화운동에 대단한 힘을 갖춘 단체로 성장하고 있다. 여란다회 회원들은 스님의 차 정신을 간직해 그가 남긴 행다법으로 다맥을 잇고 있어 스님은 짧은 생을 살다 가셨지만 그 차의 향기는 영원하리라 싶다.

'제멋에 빠지지 않고, 차를 통한 자기 수련의 토대 위에 대중의 이익을 위해 봉사하는 차인'. 이것이 여란다회 회원들의 차 정신이다. 생전에 스님이 제자들에게 차를 통해 보여준 홍익인간의 정신을 실천하는 차 모임으로 성장해나가는 모습이 훈훈하다.

전생에 신라 경덕왕 때의 그 충담사였을까. 충담스님도 「찬기파랑가」와 「안민가」를 노래하던 다승이었으니까…….

그렇게 일찍이 저 세상으로 가버린 까닭이 무엇일까 생각해보면, 원광스님은 아마도 부처님의 가르침을 차의 향기로 세상에 전하러 왔다가 미련 없이 '버리고, 비우고, 떠난' 것이 아닌가 싶다.

한국 교육계에 차문화의 뿌리를 심은 차인, 다촌 정상구

다촌 정상구 선생의 일생은 참으로 다채롭고 광범위해 이 사회에 많은 업적을 쌓은 어른이라 할 수 있다. 그는 교육자, 정치인, 문인, 서예가로 살며 어느 분야든 왕성한 정열로 그 분야에 힘을 쏟아부었던 선고차인이었다. 학교법인 '혜화학원'을 설립해 교육자로 활동했고, 5선 국회위원으로 정치 생활을 했던 정치인으로, 또한 문필가로 이름을 날리기도 했다.

선생의 큰 업적은 제도권 교육에 차문화를 처음으로 접목해 한국전통문화운동을 일으킨 선구자적인 역할을 한 일이었다. 한국의 현대 차문화가 아직 자리를 잡지 못하고 있을 때인 1981년, '한국다도협회'를 창립해 12권의 차 관련 서적을 저술하며 고유의 행다법과 다례의식을 정립하기도 했다. 특히 '선비다례'와 '화랑다도'는 우리 차계의 업적이라 할 수 있다.

다촌 선생은 차 제자를 많이 배출하기도 했다. 전국에 수백 개의 한국다도협회 지부를 설치하고, 국제 차문화 교류에도 힘을 쏟았다. 특히 부산여자대학교에 차문화학과를 정식으로 개설하면서 그 부설인 사회교육원에서 일반인을 대상으로 실시한 차문화 교육은 전국적으로 인기가 높다. 부산여대에 차박물관에 이어 다도관, 다촌관을 건립하는 등 끊임없는 전통문화운동을 전개하기도 했다.

1980년대 초반으로 기억된다. 그 당시 전국의 대학생 조직인 '전국대학다회연합全國大學茶會聯合'이 부산서 결성되어 부산과 서울 그리고 호남 지역을 중심으로 전국적인 조직을 갖고 패기와 신선함으로 활발한 활동을 할 무렵이었다.

부산시민회관에서 '전다련全茶聯' 초청으로 금당 선생과 다촌 선생, 그리고 필자까지 포함한 세 사람의 강연이 있었다. 강연을 하기 전에 잠시 세 사람이 의자에 앉아 쉬고 있을 때 다촌 선생의 차문화운동에 대한 열정을 엿볼 수 있었다. 대화를 나누면서 연세가 한참 위인 금당 선생과 나이가 한참 아래인 필자에게 내보인 한국 차문화 부흥운동에 대한 그의 집념을 느낄 수 있었던 자리였다.

다촌 선생은 부산을 중심으로 차문화 진흥을 위한 청년 조직도 결성했는데, 어린 학생들과 청년들에게 진지한 모습으로 차문화운동의 필요성을 강조하던 그때가 떠오른다. 또한 언젠가 선생이 직접 다법을 발표했던 찻자리에서 그의 차문화 연구의 성과와 열성을 엿볼 수 있었다. 선생은 '다촌문화상'을 제정해 전국의 차문화운동 공로자에게 격려와 용기를 주었고, '설송문학상'을 제정해 문학·예술인들에게도 기여를 했다.

다촌 선생이 보는 다도 정신은 '화정和靜, 청허淸虛, 중화中和'로 요약된다. 그는 『차문화학』이란 저서에서, 신라시대의 차 정신은 원효스님의 정신에서 엿볼 수 있고, 고려시대의 다도 정신 또한 신라의 정신을 계승 발전시킨 것이라고 한다. 조선에 있어서 다도 정신은 서산대사와 초의선사의 사무사思無邪 등의 다도 정신이 그 주류를 이루고 있다고 주장하고 있다. 원효의 화정 정신이 바로 한국 다도 정신의 근원이라 생각한 것이다.

　원효의 화쟁사상和諍思想은 백가이쟁百家異諍을 진리의 바다로 흘려보냄으로써 원융회통圓融會通의 정신을 이룩하는 것에 있지 않은가. 오늘날 차인들이 꼭 새겨들어야 할 차의 정신이리라.

차의 길, 나의 길
– 청영헌 이야기

'비록 세속에 살지라도 속물이 되지 않는 사람, 참됨을 지키고
속됨을 멀리하는 이'를 차인이라 부르고, 이 땅의 선비라 말하고 싶다.
과연 나는 한 나라의 선비 차인으로 부끄럼 없이 살아가고 있는가?

삶이란 차의 맛과 같을진대 한평생에 향기로운 차 한 잔 즐길 수 있다면 이 또한 살맛 나는 인생이 아니겠는가.

> 차 마시고 향 한 자루 사르며　酌茶半甌 燒香一炷
> 한가로이 지내며 천지고금을 생각하노라　偃仰栖遲 乾坤今古
> 남들은 누추해서 어찌 사노라지만　人謂陋室 陋不可處
> 내가 보기엔 신선의 세상인 것을　我則視之 淸都玉府
> 몸과 마음이 편하거늘 그 누가 누추하다 말하랴　心安身便 孰謂之陋
> 나에게 누추함이란 몸과 이름이 함께 썩는 것　吾所陋者 身名竝朽

공자의 '하누지유何陋之有'를 당나라의 유우석劉禹錫과 조선의 허균이

노래한 「누실명」이 있다.

허균이 노래한 이 「누실명」 시구인 '작차반구酌茶半甌 소향일주燒香一炷'의 넉넉함과 추사가 읊은 '정좌처靜坐處 다반향초茶半香初'의 선미禪味를 느낄 수 있는 그런 다실에서 덕을 쌓을 수 있다면, 그 무엇이 부러울 건가. 노자가 일찍이 설파한 '화광동진和光同塵'의 정신과 지족의 삶을 영위할 수 있다면, 이 또한 즐겁지 않겠는가.

요즘 한국의 차문화는 급속히 발전했다. 현대 차문화 역사가 다시 시작된 지 약 40여 년의 세월이 흘렀을 뿐인데 그동안 수많은 차문화 운동가들에 의해 그 꽃을 피워온 게 사실이다.

1970년을 전후해 영남 지방에서는 효당曉堂의 영향을 받아 진주를 중심으로 차문화운동이 차 정신과 예법을 강조하며 일어나기 시작했다. 그 이전부터 호남에서는 의재毅齋의 자연스런 차 생활과 응송應松의 격식을 따지지 않는 다법의 영향으로 해남을 중심으로 차 생활운동이 전개되었다.

이러한 영호남의 차문화운동은 전국적인 모임으로 태동했고, 1979년 겨울 최범술, 박종한, 김미희, 박태영, 정학래, 박동선 등이 주축이 되어 '한국차인회'가 출범했다. 한국차인회 결성과 동시에 대흥사 일지암 복원사업이 시작되어 1980년 4월에 복원되었다. 그 후 1985년 '한국차인연합회'로 명칭이 변경되어 오늘날 명실상부 한국을 대표하는 차문화 단체가 되었다.

이 밖에도 전국적으로 한국차문화협회, 명원문화재단, 한국다도협회 등 크고 작은 단체들이 우후죽순처럼 생겨났고 개인이든, 단체든 차를 사랑하는 수많은 사람들에 의해 우리 차계茶界는 생활문화의 주인공으로 자리매김했다.

이런 움직임은 차 산업계와 차 도구 등의 발달로 이어졌고, 다도 열풍으로 선조들의 정신으로 면면히 이어져 내려오던 우리 전통문화의 꽃인 차문화가 새롭게 조명을 받았다. 그리고 차향茶香을 통해 우리 것에 대한 새로운 인식이 우리 사회 전반에 퍼지면서 이전에 우리가 낡았다고 홀대했던 훌륭한 민족문화를 하나둘 보듬게 되었다.

하지만 아쉬운 건 형식과 내용이 조화롭게 어우러진 문질빈빈文質彬彬의 역사가 아니라, 겉은 화려하기만 하고 내면은 초라하고 거칠기 짝이 없는 비정상적인 성장의 한계 때문이다. 어떤 분야든 안팎이 고루 성장하기란 쉽지 않은 현실을 모르는 바는 아니지만 외형적인 모습보다 우리 전통문화와 다도의 내면을 중요시하는 나의 생각이 그렇다는 것이다.

기록이란 역사를 공고히 하는 증거라고 한다. 사실로서의 역사와 기록으로서의 역사의 차이점은 확연하다고 할 것이다. 내가 걸어온 나의 전통문화운동의 역사는 사실의 기록이 되어야 할 것이다. 간혹 타인의 눈에 비친 내 모습이, 기록물을 통해 접하게 되었을 때 제대로 평가받지 못한 점을 아쉬워할 게 아니라 스스로 내 역사를 틈틈이 기록해놓는 일도 괜찮다는 생각이 든다. 세상에 나를 정확히 알리는 일, 다시 말해 내가 지금껏 걸어온 우리 민족문화의 연구와 그 운동을 나름대로 정리할 필요가 느껴졌다고 할까.

명진사방名振四方이요, 명전후세名傳後世라 했다. 이름을 널리 세상에 알리고 후세에 전하고 싶은 건 인지상정이리라. 하시만 허영虛榮과 허명

虛名이 난무하는 세상이다. 무릇 세속의 흐름 따라 살고자 동분서주하지 않았듯이 앞으로도 나 자신에게 부끄럽지 않은 삶을 위해 안으로 빈 곳을 채울 것이다. 세간비사世間鄙事를 가슴에 품지 않도록 노력할 것이다.

존재하는 생명체는 스스로 목적과 목표를 지닌다고 했다. 사람이 사람으로 태어나 올곧은 사람으로 사는 일이 행복한 삶인 줄 알지만 그게 말처럼 쉬운 일은 아닐 것이다. 학창 시절 도덕재무장운동에 관여하면서 '한·일 학생 대회'에서 학생 대표로 강연을 하며 다짐했던 청소년 시절의 뜻은 어디로 갔을까. 군자불기君子不器의 정신으로 지나치거나 모자람이 없고 어느 쪽에도 치우침이 없이 곧고 바르게 중정中正의 정신으로 살고 싶었던 내 인생에서 만난 다도는 넉넉한 울타리요, 버팀목이었지 않나 싶다.

내 청춘의 20~30대는 하고 싶은 일을 어떤 사명감 같은 것을 느끼며 매진했던 시절이었다. 그 시절을 돌이켜보면 겉으로는 평범한 듯했지만 생각과 행동은 참으로 엉뚱했다. 사회적 규범이나 격식을 싫어해서 얽매이거나 간섭받는 걸 누구보다 못 견뎌했다. 아마 그런 연유로 남들이 가고자 하는 평범한 길을 택하지 않고 일상생활은 힘들지만 신 나고 흥미로운 일에 관심을 가졌는지 모른다. 진정한 삶이란 인식이 아니라 실존이기 때문일 것이다.

그것은 1970년대 초부터 일기 시작한 우리 전통문화운동에 동참한 일이었다. 어쩌면 이러한 차문화운동이야말로 우리가 다시 찾아야만 할 역사와 혼이 담긴 민족문화 부흥의 길이란 걸 깨달았는지도 모른다. 내가 선택한 길이라면 모름지기 작은 정원이라도 가꿔야 한다는 생각이었다.

간혹 자문자답으로 "인생이란 무엇인가? 저마다 주어진 이승에서의 한평생, 한바탕 내가 하고 싶은 일 하며 살다 가는 거야"라고 다짐해보지만 그리 만만한 것이 아닌 게 사람의 한평생일 것이다.

정신적으로 풍요롭게 살았는가? 삶을 치열하게 살지 못하고 주어진 세월을 누워서는 게으름만 피우고, 앉아서는 어지러운 생각으로 어영부영 보낸 게 아닌가 싶다. 내 삶 자체가 생명력으로 불타고 활력 넘치던 때가 과연 얼마나 되는가.

사회 전반에 걸쳐 그 열풍이 불기 시작한 전통문화운동에 발맞춰 황무지처럼 변해버린 이 땅의 토양에 다시 씨를 뿌리고 가꾸는 전통문화운동에의 동참은 나에게 필연처럼 다가왔던 흥미로운 일이었다.

당시 국내외를 무대로 활동하면서 나름대로 일조一助를 한 우리 민족문화 부흥운동은 나에게 보람을 안겨준 즐겁고 행복한 내 젊은 날의 자화상이었다.

한국의 정신문화를 찾고 지키는 일에 미력하나마 한평생을 보낸 나의 길에 후회는 없다. 누구나 가고 싶어 하는 권력과 재물의 길을 따르지 않고 스스로 선택한 길에 행복해하면서 살아왔으니 부끄럽지 않은 삶이라 생각한다. 다만 가족에게 소홀했다는 것은 두고두고 미안할 따름이다.

차문화는 동양 정신문화의 꽃이라는 믿음은 아직도 유효하다. 다도에 입문하고부터 내 뇌리를 떠나지 않은 화두는, 전통문화의 꽃인 다도문화가 그 꽃을 활짝 피울 때 잃어버렸던 우리 혼과 역사가 되살아나리라는 믿음이다.

부산을 중심으로 대구와 경주, 김해 그리고 서울과 호남 등지를 돌아다니며 펼친 전통문화와 관련된 문화운동은 내 인생에 두 번째로 찾아온 즐거운 일이었다. 그러다가 어느 정도 나이가 들고 삶을 뒤돌아보니 내 청춘을 바쳤던 그 시절의 소명 같은 행복한 일들이 추억은 되었지만 결국 무엇을 남겼느냐란 회의를 느끼며, 과연 이 일이 가치 있는 일이었을까 하는 의문도 가져본다. 부지런함과 용기와 지혜도 없이 달려온 내 문화운동에 덧없음을 느껴보기도 한다.

아직도 부산에 연구소를 두고 연구와 강의 및 집필 활동을 통해 한국 전통문화운동을 나름대로 펼치고 있지만 옛날처럼 신이 나지 않는 것은 무엇일까. 남들은 황금 같은 그 시절에 현실적이고 실질적인 직업을 갖고 출세를 하던지, 돈을 버는 일에 청춘을 바쳤을 텐데 말이다.

하지만 후회는 하지 않는다. 왜냐하면 '사는 게, 이게 아닌데……' 하며, 때로는 차 한 잔 마시며 등줄기에 청량한 바람을 느낄 때 '기청신명氣淸神明'의 열락悅樂을 어디서 맛볼 수 있겠는가.

요즘 부쩍 『다맥茶脈』이니, 또는 『차인 열전』, 『차인 연구』, 『한국현대 차인』 등의 책들이 누군가의 집필에 의해 나오고 있다. 간혹 그 책에 싣기 위한 인터뷰 요청도 있지만 아직은 그곳에 내 이름과 행적을 올리기 싫어 거절하기도 했다. 그 까닭은 한 사람의 평가는 살아 있을 때가 아니라 그 사람이 죽어 관 뚜껑을 덮은 후에야 비로소 평가해야 하지 않을까 하는 생각 때문이다. 또한 오래전부터 문화운동을 하면서 그 책들에 이름을 올리는 이들의 면면을 나름대로 알기 때문에도 그렇다.

오늘날 이 시대의 차인으로 자격을 갖춘 사람이 과연 몇이겠는가. 부

부끄럽기도 하기에 당당히 나설 수 없는 일이 아닌가. 공적과 역사성이 희박한 차 문화인들을 한국을 대표하는 근현대 차인이라 소개할 수 없는 일이다. 때로는 우리 전통차를 즐겨 마셨거나, 찻그릇을 만들거나 그런 차와 도구들을 판매하는 상인들까지도 이 시대의 다도 명인이라 평가하는 세태는 더욱더 가관이기 때문이다.

역시나 안타까운 일 중의 하나는 차를 앞에 내세우는 사이비 종교인들이다. 종교인은 그 종교가 본분사이다. 본분을 잊고 마치 차로써 명예를 얻는 일들을 자랑스러워하는 이가 간혹 보인다. 차는 방편일 뿐이다. 부처나 예수의 자리에 차를 놓지 말자는 생각이다. 물론 차인의 자격이 충분하다면 우리가 존경함이 마땅하리라. 또한 뿌리 없는 차인이 너무도 많은 세태도 문제다. 그리고 못난 스승도 스승인데 스스로 잘나면 스승도 버리는 이들도 있어 앞날의 우리 차문화계가 걱정스럽기도 하다.

오히려 내공을 갖춘 차인으로 손색이 없으면서도 밖으로 드러내지 않는 숨어 있는 차 문화인들이 주위에 적지 않다. 그들의 차 생활을 살펴보면 심산유곡에 숨어 피어 있는 난향처럼 은은하기도 해 때론 존경심마저 들기도 한다. 자신의 분야에서 묵묵히 일하며 차 마시는 일을 자랑하지 않는 사람들이야말로 진정 차를 사랑하는 이들이다.

한국차문화회 회원으로 만나 자주 다담茶談을 나누던 송문일 변호사, 한때 총무 일을 맡아 차문화운동을 함께한 이동윤 대표, 대금 연주가로 활동하는 박용섭 명인, 서울대학교에서 학생들에게 차문화를 지도하는 『스토리텔링으로 떠나는 꽃차여행』의 저자 류정호 선생, 김해에서 차를 즐기고 시를 짓는 한국다문화원장인 황소성 법사, '그의 사진기에 담기지 않으면 차인이 아니다'라는 생각이 늘 정도로 언제나 차의 현장에서 만나는 사진작가 안팽주 교수, 통영 출신으로 고성의 서재 겸 다실인 원언재垣彦齋에서 생활하며 학문과 시조창으로 뜻을 펴고 있는 강재일 교수 등등 일일이 열거할 수는 없지만 차를 통해 만났던 이들이 그들이다.

또한 자신의 전 재산을 모아 차문화 박물관을 짓는다고 자문을 구하기 위해 찾아온 김태광이라는 후배는 학생 때 대불련 부산 지역 회장이었는데, 선승禪僧들을 찾아다니거나 원로 차인들에게 다도를 사사받으며 나하고 차로써 연을 맺었다. 그가 구상하는 박물관은 단순히 박제화된 공간이 아니라 역사 깊은 건축물들을 옮겨와 다양한 형식으로 꾸며 누구나 찾아와 즐길 수 있는 동아시아의 차와 관련된 유물들을 모아 전시한다는 계획이다. 그리고 초등학교 교장 시절에 학교의 상징인 교목校木을 차나무로 정했다며 즐거워하던 수필가 이원우 선생은 지금도 차에 관련된 일이면 무엇이든 물어보는 차 애호가이며, 한의사 박진우 원장은 자신의 병원 진료실을 다실로 만들어 누구나 찾아오면 차부터 권한다.

없는 역사를 만들어 왜곡하는 자들이 어느 나라 어느 시대든 언제나 존재하기 마련이다. 하지만 한 사람의 공적인 역사를 기술하는 사람들은 삼가고 또 삼갈 일이다. 무릇 다른 문화예술인들도 그런데 하물며 다도인이라 인정받을 사람은 과연 얼마나 될까. 차인의 자격은 그 사람의 인품과 공적인 역사와 내공을 갖춘 후에야 비로소 평가받을 수 있는 일이다.

나를 지켜본 사람들과 주위의 차를 사랑하는 이들의 권유 및 몇 군데 언론사나 잡지사의 부탁도 있고 해서, 내가 걸어온 차의 길을 나름대로 정리할 필요가 있겠구나 싶어 우리 차문화연구소의 차茶와 선禪실의 이름인 '청영헌靑榮軒'을 제목으로, 내세울 것 없는 삶의 족적이지만 내가 걸어온 차문화운동 이야기를 생각나는 대로 몇 자 적어본다.

'청영헌'은 『동다송』의 "密葉鬪霞貫冬靑 素花濯霜發秋榮"에서 따온 이름이다. 그리고 내 이름보다 '여천如川'이란 아호가 더 잘 알려져 있다. 어떤 이들은 '여천如泉', '여천如天'이라 부르기도 하고, 또는 '명촌茗村'이라는 호도 쓰고 있지만 아무래도 처음부터 '여천'이란 호를 사용하다 보니 지금은 그 호가 친근감이 든다. 20대 초반 차를 함께 마시다가 이 아호를 지어준 통도사의 수안스님이 아마 물과 더불어 물의 덕德을 따라 살라는 뜻으로 지은 것이리라.

노자 『도덕경』의 '상선약수上善若水'처럼 공자도 물을 노래했다. 공자가 냇가에서 말했다子在川上曰. "가는 것이 이와 같구나逝者如斯夫. 밤낮을 쉬지 않고 흘러가는구나不舍晝夜"라는 '천상지탄川上之嘆'이 그것이다.

맹자도 물의 덕을 노래하지 않았는가. 맹자가 말하기를 "근원 있는 샘물이 용솟음치며原泉混混 밤낮을 그치지 아니하여不舍晝夜 웅덩이에 가득 찬 후에 나아가서盈科而後進 사해에 이르게 되니放乎四海 근본이 있는 것은 이와 같은 것이니有本者如是 이것을 취한 것이니라是之取爾."

맹자는 근본의 중요성을 이야기하며 "들리는 명성이 실제보다 지나침을 군자는 부끄럽게 여긴다聲聞過情 君子恥之"고 했다. 맞는 말이다. 어느 날 문득 읊은 "가을 들녘에 핀 들꽃보다 향기롭지 못한 내 삶이 부끄럽구나"란 시구절을 떠올려본다.

혼이 깃든 제2의 우리 차문화운동을 염원하면서 다시 한 번 "왜 우리 차문화인가?"를 자문하면서 혹여 이런 글이 세상에 필요 없거나 또 하나의 공해가 될까 염려스럽다.

시와 소설에 심취한 문학도였던 시절이 있었다. 소설가가 되고 싶어서 독서와 글쓰기에 몰두했다. 밤새워 책을 읽고 글 쓰는 일은 그 무엇보다도 행복한 시간이었다. 글을 쓰다가 온밤을 지새운 후 만나는 이른 아침 밝아오는 쪽빛 창문이 그렇게 멋질 수가 없던 시절이었다.「풀」,「친구」,「명선茗禪」,「심외무차心外無茶」 등의 시와 「속리기행俗離紀行」,「연鳶을 닮은 사내」,「폭우의 밤」 등의 소설을 썼다. 그리고 그 후에는 대부분 차문화에 관한 글을 전통문화 잡지나 불교, 문예 잡지에 지금껏 써오고 있는 중이다. 간혹 활동했던 문화운동에 관한 내용이 부산일보, 국제신문, 홍대신문, 부대신문 등에 실리거나, 또는 부탁을 받아 글을 쓰기도 했다.

그 시절 동서양 고전古典 등을 나름대로 두루 읽다가 우리 역사와 전통문화에 심취하게 되었고, 자연스레 차문화란 우리 전통문화에 깊은 관심을 갖게 되었다. 특히 '차례'라는 것이 왜 우리 민족에게만 내려오는 전통이요, 미풍양속일까 하는 데 강한 흥미를 느꼈다.

그 후 우리들이 예부터 주위 강대국들에 의해 얼이 빠졌거나 교묘한 집단에 의해 왜곡돼온 잃어버리고 빼앗긴 역사 공부와 우리 혼을 찾기 위한 경주 남산 등 문화유산 답사를 다닐 때였다. 먼지를 덮어쓴 그 흔적들을 찾아 새로운 사실들을 만나는 즐거움은 강단이나 제도권에서 배울 수 없는 참으로 흥미로운 공부가 되었다.

1970년대 중반 어느 봄날 선친이 선물한 차와 차 도구를 받고 본격적인 차 생활과 다도 공부가 시작되었다. 아버지가 아들이 차문화에 심취해 있자 마침 이웃 나라에서 전시했던, 당시에는 귀한 한국의 차 도구와 차를 구해온 것이다.

그 무렵 차를 구하러 다니다가 부산 광복동에서 고려민예사를 운영하던 금당 최규용 선생을 만나게 되어 본격적인 전통문화운동에 빠져들었다. 특히 스승으로 모신 금당 선생과의 만남은 여러 스승과 도인들을 찾아다니며 공부한 내공을 검증받을 수 있었고, 자문을 받아 펼쳤던 국내외 여러 차문화 행사들은 현대 한국 차문화운동사에 중추적인 역할을 했다고 자타가 인정하고 있다. 또한 세상을 떠났지만 당시 한국 차계의 어른이었던 진주의 아인亞人 박종한 선생과 '부산차인회'를 창립한 여성 운동가 목춘 구혜경 여사와의 만남도 내 차문화 공부에 큰 보탬이 되었다.

그 당시 현재 '숙우회'를 이끄는 친구 고명古茗 강수길 차인과 함께 통도사의 극락선원, 축서암 등과 파계사의 성전암 등지를 찾아다니며 경봉스님, 철웅스님, 명정스님, 수안스님들에게서 한국의 선禪문화와 사찰 다도를 공부하기도 했다. 또한 그의 영향으로 고미술품인 조선의 찻사발 등을 수집하며 옛 그릇을 통해 우리 전통문화의 미학美學에 빠져들었다. 강수길 차인은 오늘날 한국의 행다行茶문화의 패러다임을 바꾼 미학가요, 차문화 연구가이다. "망가진 한국의 고급문화를 복원하는 방법은 차를 마시는 일이다. 차가 혁명이다"라고 주장하는 그가 창안한 다법은 100개가 넘는다.

그리고 친형이자 차문화 연구가인 온전溫田 김대원 선생의 지도와 자문은 큰 버팀목이었다. 그는 1970년대에 우리 전통문화를 만나 그 매력에 심취해 생활문화로서의 차문화를 이웃들에게 조용히 보급하는 올곧은 인품의 소유자이다. 또한 지금도 영남 지역의 질 좋은 차가 나는 곳이라면 어디든 찾아가 정성을 다해 6대 차류茶類를 온전히 법제하는 선비 차인이다.

스승으로 모신 금당 선생과의 인연이 어디 한둘일까마는 특히 생각나는 대목이 있다.

어느 날 범국민적인 '정신대 해원상생 굿'이란 큰 행사가 부산대학교 채희완 교수 팀의 주관으로 열리게 되었는데, 그 사무실을 우리 여천차문화원에 두고, 나도 집행위원으로 함께 활동을 할 때였다.

나의 요청으로 부산 문화계의 최고 어른인 요산樂山 선생과 함께 첫 번째 행사 공동 대회장으로 금당 선생을 추대하기 위해 행사 관계자들과 함께 '금당다우錦堂茶寓'를 찾아갔을 때, 행사 취지를 듣더니 정중히 "나는 일제 때 조선총독부를 위해 일했던 사람이라 이런 뜻 깊은 행사를 대표할 자격이 없는 사람이오"라고 사양을 해 차인의 양심을 보여주었던 어른이었다. 내가 부탁한 일 중에 사양한 것은 그 일이 처음이었다.

그는 한평생 차를 즐기며 정행검덕精行儉德의 차 정신으로 살다가 2002년 4월 5일 청명 날 부산 송도 바닷가 집에서 100세로 생을 마감했다. 장례는 '부산차인연합회장釜山茶人聯合會葬'으로 치러졌고, 사리 36과를 수습했다. 유골은 살아생전 나를 만날 때마다 부탁했던 유언대로 통영의 선산에 뿌려졌다.

그때의 일이었다. 장례 집행을 책임지고 있을 때라 화장도 관 속에 차를 넣어 스님들처럼 '다비장'으로 했는데, 집행위원인 대구의 최정수 차인이 "금당 선생님이 불교와 깊은 관계를 맺었던 어른이니 혹 사리가 나

금당 최규용 선생 추모제에서 인사말 하는 필자

올 수도 있지 않겠느냐?"라고 하기에, 화장장 관계자에게 한 시간만 여유를 달라고 부탁하고는 급히 '금당 선생 사리 수습위원회'를 조직해 사리를 찾았던 일과, "삼일장에 풍장風葬을 해달라"고 내게 유언을 남겼지만 아무래도 전국의 문상객들을 위해 유족과 의논하여 '오일장'으로 치러 원활히 잘 마쳤던 그날의 일들이 새삼 떠오른다.

또한 부산 구덕산 문화공원에 세운 금당다비錦堂茶碑 앞에서 매년 4월이면 금당차문화회와 육우다경연구회의 주관으로 전국의 차인들과 함께 추모 행사를 열고 있다. 그리고 현재 '금당차인기념사업회'의 준비위원장을 맡아 금당차문화회를 이끄는 강옥희 원장의 도움을 받아 그 단체의 발족을 서두르고 있는 중이다.

최근에 나온 원광디지털대학교 박홍관 교수가 집필한 『한국현대차인』의 '현대 차인 계보'에도 우리 한국여천차문화회의 계보를 따로 하지 않고 금당 선생의 다맥茶脈 속에 넣었다. 스승으로 모신 제자의 도리가 아니겠는가.

차의 스승인 금당 선생의 이야기는 이미 출간된 『우리 茶문화』에 간략히 썼지만, 얼마 전에 '민주시민교육원'이란 단체에서 작고한 부산의 인물들을 소명하는 '부산학 강좌 - 인물로 보는 부산 정신'이란 강좌를 마련했을 때, 스승인 금당 선생을 당당히 부산의 대표 인물로 소개하는 강의를 한 적이 있었다. 그 후에 교육과학기술부 국책 사업인 '한국향토문화전자대전'의 일환으로 역사와 지리, 정치와 행정, 경제와 산업, 문화, 생활과 민속 분야 콘텐츠를 '디지털 부산역사문화대전'에 담는 사업을 추진할 때 부산대학교에서 연락이 와서 금당 선생의 생애를 나름대로 정리해 그곳에 올린 적도 있다.

차문화는 우리 민족 전통문화의 꽃이다.

차문화에 심취했던 그 무렵, 부산 명륜동 산자락 비교적 전망 좋은 터에 우리 집이 있었는데 1970년대 중반에 자연스레 내 방을 다실로 꾸몄다.

그곳에서 선사들의 차茶와 선禪의 글씨를 걸어놓고 벗들과 함께 고미술품인 옛 그릇에 차를 마시고 다담도 나누며 차 공부를 했다. 자연스런 주위 환경이 전통문화에 심취할 수 있도록 도와주었던 젊은 시절이었다. 『서경』의 "하늘은 누구의 편도 아니다皇天無親. 오직 덕 있는 사람을 도울 뿐이다惟德是輔"라는 경구를 떠올리며 고금을 생각하던 나의 누실이었다.

어느 초봄, 집 뒷산에서 오래된 백매白梅 한 그루를 발견해 그 매화나무를 정원에 옮겨 심고 달 뜨는 저녁이면 차실에서 그윽한 매화를 바라보았던 그 즐거움은 아직도 잊을 수 없다. 나무 자체는 크지 않았지만 그 자태는 아담하면서 오래된 기품을 간직한 영물이었다. 평소에는 보이지 않던 그 매화나무를 차실을 만든 후 산책길에서 우연히 만났다는 게 지금까지도 희한한 추억이다. 어쩌다가 밤중에 찻자리에서 차를 마시며 창밖으로 바라본 달빛에 물든 하얀 매화의 아름다움이란…….

  조선의 차인 매월당이 떠올라 매월당의 차시를 읊고 또 읊었던 기억이 아직도 생생이 나는 곳이다. 어디 매월당뿐이던가. 조선의 선비들은 차를 벗 삼아 고매한 인품을 가꿔 차의 덕으로 세상에 향기가 되었다.

  그 시절은 정치적으로 암울했던 시절이었다. 민주화운동과 관련되었던 부마항쟁에 작은 불씨를 지핀 부산의 인권 변호사가 만든 양서조합이란 단체가 있었다. 전통문화운동 중에 만났던 지인들을 통해 그 단체에 가입했고, 당시 금서라 불리는 사회과학 서적도 몇 권 읽던 어느 날이었다.

  우리 집에 정보과 형사가 찾아온 것이다. 그것도 부산시경과 내가 사는 지역의 담당 형사가 두 번씩이나 찾아와 "현재 무얼 하느냐?"고 물었다. 글을 쓴다고 하니 필화사건 등을 들먹이며 그 단체와 관련지어 이것저것 따져 물었을 때, 그들을 내 차실에 손님으로 맞이해 차를 대접하면서 내가 들려주는 우리 전통문화 이야기에 차만 마시고 더 이상의 말없이 돌아간 추억도 깃들었던 다실이었다.

  당시 양서조합이 민주화의 기폭제가 된 소위 부림釜林사건과 관련되어 조합원 중 이유도 모른 채 강제 연행된 19명의 부산 지역 직장인, 학생들이 불법으로 감금돼 심한 고문을 당한 사건이 있은 직후였다. 지금 생각해보면 말도 안 되는 이야기지만 『전환시대의 논리』, 『역사란 무엇인가』, 『난장이가 쏘아올린 작은 공』 등을 읽었다는 것이 이유였다. 좀 더 자세히 말하자면 1981년 제5공화국 시절 통치 기반을 더 넓히기 위해 당시 민주화운동을 하던 세력 탄압을 위한, 부산 지역의 사회과학 독서 모임을 갖던 평범한 학생과 교사 그리고 회사원 등을 영장도 없이 무자비하게 체포한 사건이었다.

그 당시에 1953년에 창간되어 1970년 5월에 폐간된 〈사상계〉란 저항 잡지가 있었는데, 그 잡지를 다시 펴낸 합본집을 비롯한 여러 종류의 책을 읽은 기억이 새롭다. 생각해보면 1970~80년대엔 문학, 철학, 역사 등 여러 분야의 서적을 구해 읽었고, 아버지와 큰형이 읽던 책들도 닥치는 대로 섭렵하던 시절이었다.

책을 읽고 글을 쓰다가 아침저녁으로 틈틈이 걸었던 우리 집 뒷산은 나의 산책길이었다. 그 산길은 옆산으로 또는 앞산으로도 연결되어 내 젊은 시절의 호연지기를 기르던 장소였으며, 집에 돌아와 마시는 차 한 잔은 감로 이상이었다.

우리 차문화가 우리 역사 속에서 귀중한 자리를 차지했던 근본을 알고 난 후부터 동양 역사상 우리 민족에게만 남아 있는 '차례'의 후손답게 내가 관여하거나 참여하는 단체의 행사에 술이 아닌 차를 올리는 의식을 권했다. 이를테면 현재 한국에서 민간인이 행하는 가장 규모가 큰 지리산 삼성궁三聖宮 제천의식이 있는데, 이 의식은 민족정신 복원에 헌신하고 있는 한풀 강민주 선사가 주관하고 있다. 그와는 오랜 지기로 만나 아직도 청교를 맺고 있는데, 의기투합하여 이 의식엔 반드시 직접 헌다를 한다.

그리고 1980년대 중반 부산시에서 '성년의 날' 행사를 시민회관에서 개최했을 때도 성년의 날에 가장 중요한 의식 중 하나인 술 마시는 것을 차로 바꿨던 일과, 크고 작은 행사나 모임에서 낮에 지내는 의식엔 차를

지리산 삼성궁의 제천의식 행사

올리는 것으로 하자는 전통문화운동을 펼쳤던 기억들이 새롭다. 뿐만 아니라 「차의 기원과 차례」란 주제로 '민족미학연구소'라는 연구 단체의 연구위원으로서의 발표를 비롯해 수많은 단체나 학교에서도 이야기하고 있다.

'차례'란 하늘에 제사 지내는 엄숙한 의식인 동시에 자신의 직계 조상에게 차를 올리는 성스러운 예절이다. 고대로부터 제천의식에서 가장 중요한 자리를 차지했던 우리 민족의 차례의식이 다시 제대로 자리 잡는 날, 이화세계는 그 꽃을 피우리라는 믿음을 가져본다.

1982년 봄에 동양 전통문화의 꽃인 우리 차문화 부흥운동이야말로 잃어버리고 빼앗긴 우리 혼을 찾는 길이라는 생각과 신념으로, 부산 용두산 아래에 여천다원如泉茶院 다도교실 - 현재는 한국여천차문화원 - 을 개원해 비교적 젊은 나이에 우리 차문화를 가르치기 시작했다. 이 누실 같은 문화원은 많은 사람들이 차를 나누며 오고간 흔적이 있는 곳으로써 '백산안희제선생기념사업회' 등 부산의 시민 단체나 문화 단체의 산실이 되기도 했다.

문하생들을 중심으로 만든 단체가 '한국여천차문화회'였다. 곧이어 대구와 경주에도 차문화 연구소이자 교육장인 '여천다원'을 개원했다. 그곳은 대구와 경주의 초창기 차문화운동의 산실이 되었다. 일주일에 한 번씩 대구와 경주에서 1박을 하며 열정적으로 그곳을 오갔던 추억들이 그립다.

그때는 우리 차를 구하기 쉽지 않았던 때라 오늘날 쌍계제다의 첫 주인이었던 조태연 씨 등이 통도사 스님들에게 녹차를 팔려올 때 내 연구소에도 들러 차를 공급받기도 했던 추억이 새롭다.

당시 대구에서는 지금은 환속해 한국과 네팔을 오가며 사업가로 활동하는 능인스님의 도움으로 '불교와 차문화'란 주제로 권위 있는 전문가를 초청, 대중 강연과 함께 다양한 분야의 전통문화 강좌를 개설해 많은 문하생을 배출했다. 대구의 유명 차문화 연구가의 말을 빌리자면, 우리 '여천다원 다도교실'이 대구 지역에 개원한 첫 번째 다도교실이었다고 한다.

'여천다원'에서는 다도뿐 아니라 인문학 강좌를 비롯해 다양한 교양 강좌를 열었다. 차문화는 내가 강좌를 맡았고, 오늘날 대구 차문화의 중추적 역할을 하고 있는 홍익차문화연구원의 최정수 선생에게는 전통 난 강의를 맡겼다. 특강으로 불교학자이자 차인인 마산의 설봉 선생을 초청하기도 했다.

경주도 마찬가지였다. 경주 남산 답사 중에 만나 평생 인연을 맺은 종수宗永스님의 배려로 '경주불교교육원'에 다도학과를 개설해 강의를 맡아 경주를 중심으로 경북 지역에서 많은 문하생들을 배출하기도 했다. 그 교육원은 경주 지역의 초창기 교육 단체로 동국대학교의 인문학과와 예술학과의 교수들이 대거 참여해 경주 지역의 민족 전통문화 교육에 신선한 충격을 주었다. 같은 요일에 강의를 맡아 휴식 시간이면 교무실에서 매번 만나 따뜻한 차 한 잔을 나눴던, 동양철학 '주역'을 담당했던 동국대학교의 김필수 교수의 온화한 모습이 가끔 떠오르곤 한다. 재미있는 사실은 김 교수의 주역학 수강생은 거의가 남성들이었고, 내가 담당한 다도학 수강생은 거의가 여성들이었다는 점이다.

경주에서 차를 공부한 이들의 모임은 '여솔차회'란 이름으로 오랫동안 활동했는데 인근 울산까지도 '여천차문화회' 지부를 조직하기도 했다. 노인이지만 여솔차회 회장을 맡았던 청공거사, 총무를 맡아 크고 작은 일들을 능숙히 진행해준 전정숙 씨 그리고 박경애 씨, 박홍배 씨 등 경주, 울산 회원들과 함께 크고 작은 차문화 행사를 경주 지역의 전통 사찰들에서 개최했고, 또한 포항에도 다도교실을 열어 우리 전통문화의 불씨를 놓기도 했다. 아직도 경주에서 활동하는 『선과 다도』를 지은 김명희 씨와 경주의 명소가 된 능포다원의 주인 이지은 씨 등이 생각난다. 어찌 보면 그 당시의 문화운동이 영남 지역 현대 차문화운동의 밑거름이 되었던 것이다.

부산에서는 지금도 인문학을 통한 전통문화 강좌를 열고 있으며, 우리 문화의 정체성을 찾기 위한 문화유산 답사운동과 문화예술운동을 펼치고 있는 중이다.

여러 대학과 부산시립박물관을 비롯한 부산 사하구청 등 관공서들의 문화 강좌, 경주농협 주부대학들과 김해문화원 등 사회 문화 단체나 학회 등에서 전통문화 강의를 해왔으며, 또한 틈틈이 여러 매체에 전통문화에 관련된 글을 쓰고 있다. 물론 역사와 문학과 철학 공부는 이론과 실천을 통해 내공을 쌓기 위해 끊임없이 끈을 놓지 않고 있고, 현재 추전서당에서 한시 작법과 고전을 읽고 있는데 근면하지 못한 성격 탓에 늘 모자라는 기분이다.

1982년 5월에 경주 남산에서 첫 번째로 개최했던 행사가 오늘날의 경주 남산 삼화령 헌다례의 효시가 되기도 했다. 그리고 분황사 모전석탑에서의 헌다무獻茶舞 등도 그렇다. 이 행사 등은 불교방송국에서 대담 프로로 소개되기도 했던 현대 헌다무의 시발점이라 평가받고 있다. 그중에 약 20여 년간 진행했던 '삼화령 헌다례 의식'은 요즘 신라문화원과 경주를 비롯한 각 지역의 차 모임들에서 이어받아 봄날이 되면 충담제忠談祭 행사를 여법하게 잘 진행시키고 있는 중이다.

우리 문화유산 답사운동을 통해 그동안 역사 기행을 다녔던 일은 가치 있는 또 다른 문화운동이었다. 그중에서도 핵심은 천년고도 경주 남산을 찾는 일이었다. 청소년 때부터 경주 남산에 매력을 느껴 아마 수백 번도 더 오르곤 했던 추억의 장소이다.

홀로 또는 회원들과 함께, 그리고 답사단을 조직해 신라 문화의 역사와 혼이 오롯이 담긴 그곳을 찾은 지가 벌써 40여 년이 넘었다. 최고의 차문화 유적인 '삼화령' 이야기를 만나기 위해서도 찾고 또 찾았던 고향 같은 겨레의 땅이었다.

경주 남산은 나에게 인문학적 감수성을 키워준 곳이다. 종교와 예술의 가치를 뛰어넘어 역사와 철학과 문학을 배운 산이다. 그 향기는 아직도 나에게 진한 그리움으로 남아 있다.

2011년에 한국의 가장 오래된 차문화 유적인 경주 남산 '삼화령'에 관한 『경주 남산 삼화령』을 저술, 한국차문화회 이름으로 출간했다. 연구논문이지만 때론 수필처럼 읽기 편하게 쓴 소책자이다. 이 부분을 연구하는 학자나 전문가가 드물 뿐 아니라 선학이 내놓은 학문을 따르기만 하고 더 이상 연구를 하지 않는 전문 학자들이 생각하는 '삼화령'과 경주의 향토사학자들이 생각하는 '삼화령'이 판이하기 때문에도 그것을 정리할 필요를 느껴 쓴 책이다. 관심 있는 사람들이 많아서 2,000권이나 찍었다. 간혹 학자들이 귀한 자료이니 그 책에 사진과 내용을 더 많이 넣어 다시 출간했으면 하기도 하는 졸저이다(필요한 분들을 위해 부록에 『경주 남산 삼화령』 전문을 수록했다).

1980년대 중반 남산 답사 중 만난 당시 삼불사 주지였던 종수스님과 함께 경주 남산 삼존석불 주위에 심어놓은 차나무는 지금도 싱싱하게 잘 자라고 있다.

경주에서 우리 다도문화를 알리고 있을 때 불국사로부터 부탁받은 일 중에 기억이 남는 일은 '세계문화유산 지정 기념 불국사 석굴암 헌공다례'의 총연출을 맡았던 일이다. 불국사 대웅전에선 무리가 없었지만 석굴암에서는 좁은 공간이라 헌다의식을 연출하기가 힘들었다. 그래도 그 많은 스님들과 국악단과 헌다인들이 자리를 잡아 무사히 행사를 마친 지난날의 추억이다.

천년고도 경주 황룡동에 폐교를 빌려 개교한 '충담차문화학교'와 '경주새벽문화학교'는 보람과 아쉬움이 교차하는 내 문화운동의 중요한 터전이었음을 부인할 수 없다. 이 학교는 민족문화 운동가이자 춤꾼이요, 연극인인 정승천이라는 뜻을 같이하는 후배와 함께 세운 학교였다. 이 문화학교는 신라 문화유산 답사와 예절 캠프, 숲속 문화학교 등 다양한 분야의 전통문화 강좌와 체험장을 열었던 공간이었다.

이곳에서 약 3년의 기간 동안 전국적으로 많은 이들이 찾아와 우리 전통문화의 멋과 맛과 흥을 체험하고 돌아갔으리라 믿는다. 문화관광부에 속한 단체들을 비롯해서 데일 카네기 등 경영 교육 단체들과 자체에서 개발한 '우리 차 예절 캠프' 등을 통해 그윽한 차향과 함께 우리 전통문화와 민속놀이 등을 즐기고 발우 공양을 통해 먹을거리의 철학을 심어주었던 곳이다.

그 당시 대구와 경주, 울산, 포항 등지에서 나에게 다도 수업을 받았던 문하생들 중에 현재 그 지역에서 '에운담', '효천', '능포다원' 등 전통다원을 운영하거나, 차문화 책을 출간하거나, 차 단체를 이끌며 그와 관련된 일을 하고 있는 이들이 여럿 있다.

그때쯤 전국적으로 차문화 열풍이 불었지만 제대로 된 차문화 교재를 찾기는 힘든 때였다. 물론 효당스님의 『한국의 다도』, 금당 선생의 『금당다화』 등이 있었지만 일반 교재로 쓰기에는 적합지 않았다. 1983년에 차문화 교재인 소책자 『茶道』를 발간해 교육 자료로 사용했는데, 그 교육용 책자는 전국 불교 단체를 비롯한 여러 차 모임에서 교재로 활용하기도 했다.

부산의 양영환 원장이 이끄는 원불교 교육 단체인 '예지원'에서 원불교 교무들에게 다도 수업을 할 때도 활용되었고, 그 밖에 내가 직접 교육하지 않은 단체에서도 사용되기도 했다. 그 책자는 통도사 극락선원의 명정明正선사가 경남의 교육자들에게서 '선과 차문화 특강'을 요청받아 내게 차문화에 관련된 교육용 교재를 부탁했기에 나름대로 정리한 것이다.

1984년에 금당 최규용 선생, 한국다도협회를 만든 다촌 정상구 선생과 함께 '전국대학다도연합회'에서 강연을 해달라는 초청을 했다. 그날 부산시민회관에서 금당 선생 다음으로 두 번째로 강연을 했는데, 이 강연을 시작으로 순천대학교, 경성대학교, 부경대학교 총학생회 초청 강연을 비롯해 부산대학교, 방송통신대학교, 동아대학교, 불교대학, 계명대학교, 부산여대 등 여러 대학에서 우리 전통문화와 차문화에 대한 강의를 했다.

비교적 젊은 나이에 이미 우뚝 선 어른들과 함께 한국의 차문화운동에 동참했던 시절이었다. 초청 강연도 있었고 여러 대학에서 몇 년간 특강을 맡아 지도를 하기도 했다. 그중에서 가장 기억이 남는 강연은 1980년대 중반에 있었던 국립순천대학교 총학 초청 강연이었다.

어느 날 부산 용두산 아래 동광동의 허름한 목조건물 안에 위치한 여천다원에 호남 지역의 학생들이 찾아왔다. 지금은 건물이 없어져버렸지만 그곳은 내 문화운동의 장소로 가장 오랜 역사를 간직한 터전이었다. 그 무렵 차를 공부하는 대학생들이 방학을 이용해 전국에 있는 유명 차인들을 찾아다니며 다도 수련을 하기도 했다. 그래서 모르는 학생들이 간혹 우리 연구소를 찾아왔을 때인데, 그때 찾아온 그 학생들은 순천대학교에 재학 중인 한국대학생불교연합회 순천지부장인 유수용 군 일행이었다.

찾아온 용건은 한국의 차문화에 관한 이야기도 듣고, 순천대학교에서의 차문화 강의도 요청하기 위함이었다. 학생들과는 나이 차이도 그리 많지 않아 선후배처럼 의기투합해 흔쾌히 수락, 부산에서 순천을 오갔다. 그때 강의를 들었던 학생들을 중심으로 만든 단체가 순천대학교 다도 동아리였다.

이런 연유로 그 무렵 그 학교 5월 축제 때 총학생회의 초청을 받아 '민족 전통문화와 다도'란 주제로 강연을 했던 것이다. 주관한 학생들은 일반 시민들도 들을 수 있도록 학교 정문 앞에 있는 KBS 회관을 빌려 강연장으로 이용했다. 아마 그 당시에 순천 지역엔 차문화가 생소했기 때문이었을 것이다.

상상외로 학생들과 순천 시민들이 관심을 보여 강연장을 가득 채웠다. 당시 시절이 시절인 만큼 순천대학교 교정은 5월 축제의 즐거움보다 군사독재에 항거하는 검은 리본을 단 학생회 임원들의 비장함이 더 크게 느껴졌고, 강연장에선 혹시나 시국 강연을 할까봐 신문지에 무전기를 숨긴 사복형사들이 여럿 서성였던 모습들이 지금도 눈에 선하다.

여담이지만 내 강연이 끝나고 나서 순천대 학생들이 시위를 시작했고, 경찰들이 순천 외곽 지대를 모두 통제해 순천을 빠져나가는 시외버스들이 올스톱되어 부산으로 돌아갈 수가 없게 되자, 학생들이 특공대를 조직해 나를 승합차에 태워 골목길과 산길을 이용, 남해고속도로 상에서 완도에서 부산 가는 시외버스를 멈추게 해 그 버스로 무사히 돌아올 수 있었던 추억도 새롭다. 그때 만나 평생 잊을 수 없는 검정 고무신의 유수용 군은 현재 순천에서 제다업製茶業을 하고 있다.

　차를 주고받아 마시는 일이 누구보다도 많았지만 그중에서 특별한 차의 맛을 느꼈던 다석茶席은 손꼽는 정도인데 그래도 한 번씩 생각나는 찻자리가 있다. 언젠가 스승의 말이 떠오른다. "평생을 차를 마셨는데도 '이것이 차의 맛이로구나'라고 느꼈던 찻자리는 손꼽는 정도"라는 이야기가.

　1978년도로 기억된다. 유서 깊은 '진주차인회'를 이끄는 아인亞人 박종한 선생이 진주의 서예가인 은초 선생, 원로 차인이며 한국차학회장이었던 김기원 교수 등 진주차인회 회원들과 함께 통도사 극락선원의 경봉선사를 친견하러 갈 때 안내 겸 동참을 했을 때이다. 시자가 내어준 차를 마시며 삼소굴에서 경봉선사의 "차 몇 잔 마셨느냐?"라는 화두는 아직도 풀지 못한 공안이다.

　통도사라는 절집은 어머니 같은 느낌이 든다. 그 어느 사찰보다 자주 들러 전통문화의 향기를 맛보던 곳인데 특히 헌다의식과 인연이 깊었다. 적멸보궁에서의 헌다의식과 당시 태응 주지스님 때 다시 복원된 통도사 7층 석탑에서 우리 가족과 함께한 헌다의식이 그것이다.

　적멸보궁에서의 헌다는 부산 지역 차인들과 함께했고, 통도사 전경이 훤히 내려다보이는 7층 석탑에서의 헌다는 당시 태응 주지스님과 시인이자 수필가로 이름난 소암스님 그리고 나의 다도 문하생인 정치인 지산智山 정오규 위원장과 우리 가족이 동참했다. 나의 길을 묵묵히 지켜보며 가정생활을 꾸려온 아내인 김필숙과 딸 현아 그리고 아직 엄마 뱃속에 있었던 아들 시우와 함께였다.

이 7층 석탑은 흔히들 스쳐 지나가버리기 쉬운 탑인데 통도사의 전경을 바라볼 수 있을 뿐 아니라 명당자리에 위치한 보물이다. 그 후 통도사 성보박물관장을 지내다가 입적한 범하스님과 차를 나누다가 들은 이야기인데, 그 탑 속에는 경주 황룡사 9층 목탑에서 발견되었다가 다시 국립박물관에 보관 중인 부처님 진신 사리가 안치되어 있었던 귀중한 탑이라는 것이다.

그 전에 있었던 통도사 금강계단에서의 헌다의식은 차인으로 유명한 한국일보의 김대성 기자의 제안으로 시작된 차인들의 뜻 깊은 행사였는데, 헌다를 맡은 나의 실수로 첫잔을 올리지 못하고 두 번째 잔을 올리게 된, 지금도 후회되는 일 중의 하나이다. 그 장소에서 처음으로 행하는 의식인데 연습을 하지 않고 바로 시작한 나의 큰 실수였던 것이다. 경험이 많다고 한들 사전에 준비성이 없었고, 그 성스러운 장소에서 겸허하지 못한 중생에 대한 부처님의 경책이었지 않나 싶다.

그리고 1980년대 중반이라 짐작되는데 초의선사의 다법을 전수했다는 전 대흥사 주지였던 응송스님과의 만남이 떠오른다. 광주의 서양화가이며 차인인 황기록 선생의 안내로 광주의 응송스님 토굴에서 초의차를 마셨는데, 초의선사의 다법에 따라 응송스님이 직접 만든 차였다. 그 차는 상당히 뜨거웠지만 목으로 넘어갈 때의 느낌은 시원하고 부드러운 맛이었다. 내가 마신 찻잔은 청화백자로 된 통 찻잔이었는데 그의 말로는 초의선사가 사용하던 차 도구라 했다. 응송스님의 "뜨거운 것이 차茶여"라는 이야기와 초의스님의 통 찻잔은 아직도 잊혀지지 않는다.

응송스님은 『동다송』, 『다신전茶神傳』을 비롯해 초의선사와 추사 선생이 주고받은 여러 통의 편지 등을 간직하고 있다가 오늘날 세상에 선보여 한국의 차문화 발전에 큰 역할을 한 근현대 차인이었다. 입적했다는 소식을 광주의 황기록 화백에게서 들었지만 가보지 못했다. 그러고 보니 다연茶緣을 맺었던 여러 1세대 차인들이 거의 세상을 떠나고 없어 백구과극白駒過隙이라, 달리는 백마를 문틈으로 얼핏 본 것처럼 정말 빠른 게 인생이구나 싶은 생각이 든다.

언젠가 일본 다도의 종가인 일본 교토 우라센케裏千家 본부에서의 말차抹茶 한 잔은 특별한 추억이었다. 특별한 경우가 아니면 들어가기가 힘든 300여 년 된 일본 전통 다실에 초대를 받아 일본 다도 일급 사범이 직접 만들어준 그 말차를 통해 일본차의 격을 느낄 수 있었다. 우연의 일치인지 몰라도 그때 차를 대접받던 그 시간, 옆 독립된 다실에서는 일본 천황이 티파티tea party 중이었다고 한다.

일본 전통 다실의 예절은 엄격하다 못해 숨이 막힐 지경이다. 언젠가 뉴스를 통해 들은 사실이지만 미국 대통령이 일본을 국빈 방문했을 때 일이다. 그 당시 일본 수상이었던 사람이 유명 차인으로 전통 다실에서 차 대접을 했는데 그들의 차 예절로 미국 대통령을 꿇어앉혔던 기억이 난다. 저들은 일본을 찾는 국빈들께 반드시 차를 접대하는데 일본 다실에 들어오면 그들의 예법대로 꿇어앉힌다. 한국의 대통령들도 일본 국빈 방문 시 변함없이 그곳에서 차 대접을 받았다.

우리 일행이 특별히 일본 전통 다실에서 대접받았을 때는 한국의 다도 선생으로서 무릎을 꿇지 않고 우리 식대로 당당히 양반다리 자세로 앉아 말차를 대접받았다. 무릎을 꿇었느냐, 아니냐가 문제가 아니라 저들의 방식대로 따른 게 아닌 한국 차인으로서의 자존심이었다.

여기에서 잠시 언급을 하자면, 일본 차인들의 꿇어앉는 차 예절은 그 옛날 신라시대 화랑도의 자세라 볼 수 있다. 오늘날 일본의 다도뿐 아니라 무술 등의 원류는 우리 고대의 모습에서 찾을 수 있다는 견해를 그들도 인정하고 있다.

그리고 유서 깊은 고찰 등지에서 선승으로 활동하는 고승들과의 차를 통한 만남과 타계하신 여러 선고차인들과의 다담은 잊을 수 없다.

간혹 팔공산 성전암을 찾아가면 당당히 꿇어앉은 자세로 향기로운 차를 내어놓던 철웅스님의 "30년 다도 생활을 해야 차인이라 할 수 있는 거야"라는 말은 아직도 귀에 맴돈다. 영취산 극락선원 명정스님의 소담하면서도 짜디짠 차의 맛과 축서암 수안스님의 걸림 없는 차맛은 참으로 정겨웠던 추억들이다.

또한 1970~80년대 전국의 차문화 유적지를 찾아다닐 때 강진의 다산초당 천일각에서 찻자리를 펴고 앉아, 다산을 그리며 온밤을 보내면서 쪽빛으로 밝아오는 새벽까지 마시던 그때의 다회도 감동의 추억이 되었다.

여러 나라에서 온 외국인들에게 우리 차문화를 가르치고 함께 마시던 찻자리와 차의 고수들과 함께 투다鬪茶 대회를 겸해 나눠 마시던 다회 등이 생각난다.

1970년대 초중반부터 민속문화에 관심을 갖고 취미 삼아 시작했던 중요무형문화재 제18호인 '동래야류東萊野遊'와 부산 문화재 제3호인 '동래학춤東萊鶴舞'을 전수받아서(문장원 선생 사사), 1985년 중요무형문화재 제18호 동래야류 이수자와 동래학춤 연희자로 지정받았다. 내가 주관하는 문화 행사 때나 간혹 국내외에 초청을 받아 지금도 민속무인 동래학춤을 추면서 우리 전통문화의 향기에 취하기도 한다. 한때는 문화관광부에서 만든 '사랑의 문화 봉사단'에서 유명 예술인들과 함께 어울려 우리 전통문화를 선보인 일도 아름다운 추억이다.

1987년에 전국의 남성 차 문화인들의 모임인 '한국차문화회'를 창립해 초대회장을 맡았고, 현재는 이 단체의 명예 회장이다. 아마 남성 차 문화인들의 첫 모임이 아닌가 싶다. 전국적으로 차문화가 그 꽃을 활짝 피웠던 그 당시 차문화운동 중 만났던 전국의 차인들과 부산 지역의 문화, 교육, 언론, 사회 등 각계 인사들과의 교류에서 신풍류운동이란 깃발을 내세우고, 선비들의 차 모임이 필요함을 느껴 자연스럽게 만들었던 단체다.

당시 창립 회원들 중에는 부산대학교의 민병채 교수, 작곡가인 황의종 교수 등이 참여했으며, 현재 한국 차문화운동에 중추적 역할을 하면서 차 품평으로 국제적으로 이름난 정인오 교수, 한국차문화연합회 고성배 회장, 금다회 회장이었던 박재범 씨 등 여러 인사들도 많았고, 한국 최고의 차 제다인인 쌍계제다의 김동곤 명인, 화계제다의 홍순창 의원을 비롯해 도자기와 미술 등 문화예술계 또는 교육계와 언론계 인사들이 많았다. 현재는 법조인, 의료인, 금융인, 전문직 종사자, 사업가 등 차를 사랑하는 사람들로서 거의 부산 지역에 편중되어 있다. 음으로 양으로 많은 도움을 주었던 잊지 못할 다우茶友들이다.

그리고 한 달에 한 번씩 전국을 돌며 차와 곡차를 마시며 한국의 차문화를 생각하는 차 모임을 가졌는데, 구성원은 전국에서 활동하는 남성 차인들이었다. 이를테면 광주엔 서양화가 황기록, 서울엔 한서대학교 교수 정인오, 인천엔 소설가 이기윤, 대구엔 다도 선생 최정수, 경남엔 도예가 고성배, 부산엔 필자인 김대철 등의 차문화 운동가들과 함께 문화평론가 박용준 씨, 선교사 정진명 회장 등 각 지역의 인물들도 참여시켜 전국을 돌며 다담청교茶談淸敎를 즐기던 풍류 모임이 꽤 오랫동안 지속되었다.

1982년부터 약 25년간 경주에서 열린 본원이 주관한 문화 행사는 영남 지역 차문화 잔치의 뿌리가 되었고, 1987년 지리산 하동에서 시작된 '우리 멋, 맛, 흥 한마당 축제 및 조다造茶 행사'는 다양한 전통문화를 선보였는데, 오늘날 '하동 야생차문화 축제'의 근원이 되었다. 경주 행사는 부산, 대구, 경주, 울산 등지에서 우리 차문화 교육운동을 시작하면서 문화유산 답사운동과 함께 민족문화를 알리기 위한 잔치였다. 그리고 지리산 하동에서 열린 잔치는 말 그대로 우리 전통문화의 멋·맛·흥을 주제로 했고, 아울러 올바른 제다製茶와 차를 직접 만들기 위한 축제였다. 이는 한국차문화회 창립을 기념해 시작한 추억의 행사였다.

하동군에서 주최하는 '하동 야생차문화 축제'의 시작으로 서서히 막을 내린 이 행사는 전국뿐만 아니라 한국에 거주하던 외국인들도 매년 참여해 우리나라 전통문화에 매료되기도 한 뜻 깊은 행사였다. 그때 물심양면으로 도움을 아끼지 않았던 화개제다의 홍소술 명인과 쌍계제다의 김동곤 명인, 산골제다의 김종관 제다인은 지리산을 떠올리면 언제나 생각나는 사람들이다.

20여 년 전 하동 화개에서 전국의 회원들과 함께 전야제 행사인 '우리 멋, 맛, 흥 한마당 축제'를 마치고, 그다음 날 하동군청의 초청을 받

약 25년간 여천차문화회에서 주관한 '우리 멋, 맛, 흥 한마당 축제'

아 쌍계사 입구에 마련된 강연장에서 짤막한 강연을 한 적이 있다. 군청에서는 하동 야생차문화 축제 및 지역 명품 소개 행사를 준비하고 있었다. 그때 하동군의 대표자와 유력 인사들이 포함된 청중들에게 하동은 천혜의 조건을 갖추고 있다. 이런 곳에서 전국뿐 아니라 국제적인 차문화 축제를 열었으면 참으로 좋겠다는 이야기를 했다. 이웃 나라의 차 생산지로 유명한 중국 항주나 일본 우지宇治를 돌아본 이후에 느꼈던 생각 때문이었다.

　강의의 마지막에는 '수진오속守眞忤俗'을 차의 정신으로 삼아야겠다는 이야기를 했다. '수진오속'이란 말은 쌍계사 대웅전 앞마당에 서 있는 국보 제47호 '진감선사 대공탑비'에 나오는 글이다. 진감선사의 일생을 고운 최치원이 요약한 글인데, 그 말을 좋아할 뿐 아니라 평소 차의 정신 또는 차인의 자세를 이야기할 때 반드시 인용하는 말이다.

강연을 마치자 그 자리에 참석했던 하동 부군수가 내게 다가와 하동군청에 근무하면서 쌍계사 진감선사 대공탑비 비문에 그런 귀한 말이 있는 줄 몰랐다며 메모를 하며 꼭 기억하겠다고 했다. 그 후 하동군이 주최하는 하동 야생차문화 축제가 본격적으로 시작되었는데, 그 행사는 몇 년 만에 문화부 우수 축제로 지정받았다.

문화운동을 하면서 참으로 많은 스승과 다우를

지리산 쌍계사에 있는 진감선사 대공탑비. 국보 제47호로, 진감선사의 소박한 차 생활을 엿볼 수 있는 차 유적이다.

만났다. 그들이 있었기에 나의 전통문화운동은 풍요롭고 즐거웠다.

지금도 그렇지만 현대 차문화의 꽃이 피기 시작한 1980년대엔 전국의 차문화를 주도하는 곳이 영남과 호남이었다. 1988년 '영호남 차인들의 만남을 위한 모임 추진위원회'를 부산의 국악인 안태호 씨, 사진작가 박행원 씨 등 몇몇 뜻있는 사람들과 함께 기획해 광주 '작설헌'에서 호남지역 대표 차인들을 만나 한국 차문화 진흥에 큰 기여를 하기도 했다.

지금은 추억이 되었지만 행사장에 가기 전에 우리들이 기획한 중요한 일이 있었다. 이 땅의 민주화를 위해 목숨 바친 학생들을 기리기 위한 첫 번째 행사인 '헌다의식'을 하기로 했던 것이다. 그날 헌다한 곳은 민주열사 이한열 묘소 앞이었다. 부산을 비롯한 영남 지역 차 문화인 대표들과 대학 차회 동아리 회장단 그리고 한국차문화회와 여천차문화회 회원들과 함께 새벽에 부산역을 출발했지만, 망월동 참배에 대한 인식 부족과 비바람 치는 궂은 날씨에 행사 추진위원장의 책임을 맡은 내 마음은 착잡하기만 했다. 하지만 그곳에 참여한 영남 지역 차 문화인들과 광주의 민주 인사들, 차문화를 사랑하는 호남 지역 대학생들 모두 감동의 눈물을 흘렸던 그 순간에는 잘 왔구나 싶었다.

그리고 본 행사인 광주 한국제다 작설원에서의 영호남 차인들의 만남은 뜻 깊은 모임이었다. 그때 이 영호남의 만남이 이 땅의 차문화 역사에 길이 남을 것이라는 누군가의 말이 생각난다.

1989년 그 당시 전국적으로 가장 활발했던 부산 경남 지역의 차문화 단체 연합체인 '부산차인연합회'를 창립하는 데 산파역을 맡아 총무이사, 상임부회장을 역임하기도 했다.

그 무렵 부산 지역의 차문화 열풍은 참으로 대단했다. 쟁쟁한 원로 차인들뿐 아니라 차인 단체, 대학 차 동아리, 전통 다원 등 모든 것이 전국에서 압도적이었다. 몇몇 차 애호가들이 우리 문화원을 찾아와 심심찮게 연합회를 만들어야 한다는 이야기를 하고 있을 때, 당시 송지영 회장의 작고로 남은 임기 동안 한국차인연합회 회장을 맡은 황수로 이사장과 청향회 허충순 회장이 나를 찾아와 부산 지역 차 문화인들의 연합회를 만들어보지 않겠느냐며 앞장서서 그 일을 추진해달라고 부탁했다.

자기들은 뒤에서 이 일을 돕겠다는 것이다.

평소 필요성을 느끼고 있던 때라 그 길로 조직해 만든 단체가 '부산차인연합회'였다. 금당 선생, 목춘 여사, 다촌 선생을 고문으로 하고 황수로 이사장, 허충순 회장, 원광스님 등 차계 인사들과 부산 지역 문화예술계, 언론 그리고 학계, 종교계 등의 인사들로 발기인을 세워 창립을 준비했는데 우여곡절이 많았다.

사무국은 우리 한국여천차문화원이었다. 처음 초대 회장에 부산 지역에서 명망 있는 신문사 사장을 추대했는데, 창립 대회 일주일 전 갑자기 그 자리를 못 맡겠다는 전화를 받았다. 모든 준비가 착착 진행되고 있는 중에 생각지도 않았던 문제가 생긴 것이다. 그 자리를 맡을 인사는 나타나지 않고, 창립 날짜는 점점 다가오고⋯⋯ 시간도 마음도 촉박한 와중에 발기인 몇몇이 의논해 황수로 이사장이 내게 회장직을 맡아달라는 부탁을 했다.

하지만 아직 나이도 30대이고, 초창기 이 단체를 반석에 올리기 위해서는 실질적인 업무도 함께 해야 하기 때문에 그 부탁을 거듭 사양했다. 그러던 중 발기인 몇 사람이 찾아와 사무국과 가까운 곳에 주석하던 원광스님을 찾아가 상의해보자는 말에 스님을 방문했다가 뜻밖에 초대 회장으로 원광스님을 추대하게 되었다.

일행 중 누군가가 내 의견도 묻지 않고 원광스님께 의향을 여쭸을 때, 그가 나를 바라보며 "단체 일이야 김 선생이 알아서 다 할 거니, 좋은 분을 찾을 때까지 내가 얼굴 역할을 할게요" 하시는 게 아닌가. 그러다 보니 몇몇 발기인의 반대에도 불구하고 그를 초대 회장으로 추대하는 일을 고집스럽게 밀어붙였다. 그 일로 이 단체의 든든한 후원자를 놓치고 말았지만 시작한 일을 마무리 짓기 위해서는 어쩔 수 없었다.

우여곡절 끝에 그렇게 출범한 단체였는데, 애석하게도 원광스님은 회장을 맡은 지 3개월 만에 교통사고로 돌아가셨다. 문인으로, 서화가로, 다승으로 부산 지역에서 활발한 문화 활동을 했던 그가 한창 나이에 세상을 등지고 말아 회장 없는 단체를 2년간 이끌며 크고 작은 문화 행사들을 추진했던 추억들이 있다.

이 연합회는 그 시절 전국에서 가장 앞서가던 부산의 차문화를 반석에 올려놓았다고 자부한다. 그때 기꺼이 옆에서 힘을 실어주었던 금당 선생, 목춘 여사, 정춘호 회장 등의 배려가 오늘날 이 단체의 밑거름이 되었다.

당시 내가 중심에서 일했던 부산차인연합회에서는 여러 가지 행사를 기획했는데 회보 발간, 경주 남산 삼화령 헌다의식, 전국 원로 차인들이 참여한 부산 차문화 대전, 부산 월드컵 문화 행사의 전통문화 축제 등이 그것이다. 이 단체는 현재 축소는 되었지만 그래도 부산 다도문화 축제, 다도대학 등을 운영하면서 건재하고 있다.

일일이 기억을 다 할 수는 없지만 그 무렵 민족전통문화운동을 하면서 여러 단체를 통해 잃어버린 우리 문화를 찾기 위해 동분서주했던 추억이 새롭다.

이제 전국에서 전통 다원으로서는 가장 오래된 부산의 '소화방'을 만들 때를 회고해볼까 한다. 1970년대부터 어울려 다니던 친구 사이인 고명古茗 강수길, 거죽巨竹 전기열과 함께 당시 부산 광복동에 위치한 '묵향'이란 대용차를 즐겨 팔던 찻집에서 차를 마시다가 주인인 송중환 씨에게 그 집을 넘겨받아 1983년도에 세운 다원이 바로 소화방이다.

그 후 인연을 맺게 된 송중환 씨는 기장군으로 옮겨가서 '소름요小凜窯'라는 도자기 공방을 설립, 고구려 고분벽화 도자기로 유명한 도예가로 활동 중이다. 당시 전기열 회장이 결혼을 했기에 전통 다원을 만들어주자는 의견을 모아 일사천리로 진행해 대표를 맡았고, 고명 강 선생은 그 다원을 자신의 생각대로 옛 한옥 스타일로 꾸며 기획과 운영을 맡았다. 그리고 나는 용두산 아래 동광동에 다도교실을 겸한 우리 연구소를 운영하면서 일주일에 두 번 정도 소화방에서 차문화 강좌를 맡았는데 초창기부터 경영이 순조로웠다. 그러다가 전 회장이 건설회사를 경영하면서 그곳에서 손을 떼었고, 강 선생이 그 후 오랫동안 운영을 해오다가 현재는 그 명맥만 유지하고 있는 중이다.

1989년에는 중국 항주에서 개최한 '중국 항주 국제 차문화 대회'에 한국 대표단 단장을 맡아 한국의 차문화를 널리 알렸다. 항주는 차의 고장답게 국제 행사가 자주 열리는 대표적인 중국 차문화의 명소이다.

이러한 한·중 차문화 교류 대회가 한국에서는 금당 선생이 물꼬를 튼 이후 오늘날 한·중 전통문화 교류 행사 등으로 급속히 발전해 다양한 교류의 꽃을 피우고 있다. 그때 대표단의 중추적 역할을 했던 김순향 부산차인회장 일행의 다도 시연은 한국 차문화 예술의 긍지를 높여주었다.

당시 행사 고문이었던 한국의 금당 선생과 중국 측 위원장인 왕가양王家揚 회장(중국국제차문화연구회장)과의 다담을 통한 한·중 차문화 교류는 보람과 즐거움을 준 자리였다. 왕 회장은 당시 절강성 성장을 지낸 중국의 차인이자 유명 인사였다. 행사 전날 호텔방에서 금당 선생, 왕 회장과 함께 마신 소홍주의 맛을 통해 대륙의 술맛을 알았고, 행사를 마친 후 '항주차엽박물관' 입구 의자에서 맛본 잎차의 풋풋한 향과 맛에서 중국차의 매력을 느꼈다. 그 후 여러 번 중국과 일본을 방문했지만, 지금은 세상에 없는 그분들과의 일기일회一期一會는 잊을 수 없다.

또한 여러 종교 단체에서 차문화 강의를 해달라는 요청을 받고 부산불교대학, 해인사, 혜원정사, 삼불사, 묘림사 등에서 차문화 강좌를 열었다. 그중에 기억나는 일은 한국평생교육센터 양영환 원장의 제안으로 부산교구 원불교 교무들에게 다도문화 강좌를 열어 원불교 교당에도 우리 차문화의 불씨를 놓았던 일이다. 그때가 1990년 봄이다.

1991년 우리 전통문화의 원류를 더욱더 깊이 연구하기 위해 '민족차문화연구원'을 발족했다. 단체에 걸맞은 연구와 행사를 제대로 하지 못한 미안함이 늘 남아 있다. 이 단체의 이름으로 김해의 향토사학자인 정영도 선생이 번역한 『가락국기』를 펴내기도 했다.

1992년부터 시작한 금문학金文學 공부를 금문 연구가인 소남자 김재섭 선생에게 사사하여 '차'와 '차례'의 어원을 찾으며, 우리 동이족의 시조인 염제 신농神農님이 차신茶神임을 밝혀내면서 왜곡된 우리 역사 공부에 빠져들었다. 금문학 공부는 나에게 역사를 보는 눈을 넓혀준 계기가 되었다.

한국문자학회를 이끄는 소남자 김재섭 선생과 함께 '염릉차례봉행단炎陵茶禮奉行團'을 조직, 고조선 연구에서 밝혀낸 우리 민족의 시조요 다신인 신농 할아버지께 차 한 잔 올리기 위해 1996년 대륙의 호남성으로 떠났던 일은 감개무량한 추억이 되었다. 신화가 되어버린 '하느님'을 역사

속의 인물로 찾아 나선 역사 기행이었다.

1993년 여름, 해인사 승가대학 초청으로 해인사에서 불교TV 사장인 성우스님, 다승으로 유명한 여연스님과 함께 전국에서 찾아온 차 동호인들에게 우리 차문화를 알리는 특강을 진행했다. 1박 2일 동안 진행된 이 수련 대회는 수많은 사람들이 참여한 불교 속의 차문화 행사였다. 강의를 마친 후 해인사 승가대학에서 『반야심경』 목판 복사본과 감사패를 받았다.

그해부터 해인사 스님들이 발간하는 〈茶爐經卷다로경권〉에 한국 차문화에 관련된 칼럼을 1년 동안 집필했는데, 해인사 특강 전에 〈茶爐經卷〉 편집장이었던 석두스님이 부산 동광동의 연구소로 직접 찾아와 부탁을 해서 응한 일이었다.

경주에서 여러 단체와 경주불교대학 다도학과에서 문하생들에게 다도를 지도하고 있을 때다. 불국사와 석굴암의 '세계문화유산 지정 기념 불전 헌공다례'의 총연출을 맡은 일 외에도 경주를 중심으로 한 경북 지역에 전통문화 행사의 효시가 되는 크고 작은 일을 많이 펼쳤다.

1999년 경주에서 제1회 '경주세계문화엑스포'가 열렸다. 천년 고도 경주에서 열리는 이 야심찬 문화 행사의 계획과 대강의 내용을, 그 당시 경주불교대학에 다도학과 등을 개설하기 위해 불국사 스님들과 경주시청 관계자들과 함께 식사하는 자리에서 들었던 적이 있었다. 만시지탄이지만 늦게나마 시작하는 큰 규모의 행사라 관심을 갖고 여러 의견을 나눈 기억이 있는 기대되는 문화 잔치였다.

경주 현대호텔에서 열린 '엑스포 - 한·일 다도문화 교류전'에서 한국의 차문화 정신에 관한 기조연설을 하기도 했다. 평상시 생각하던 우리 차문화 정신에 대해 행사 당일 불국사 원주실에 앉아 정리했던 '신라의 차문화와 그 정신'이란 주제의 짧은 내용이었는데, "우리 민족의 시조인 염제 신농님의 차례에 대한 유래로부터 충담사忠談師의 경주 남산 삼화령 차 공양의 역사와 신라로부터 이어 내려오는 한국의 차문화, 그리고 그 정신을 고운 최치원 선생이 쌍계사의 진감선사 대공탑비 비문에 쓴 '참됨을 지키고 속됨을 멀리함守眞忤俗'에서 찾아 세계일화世界一花를 실현시키자"는 취지였다.

그 행사에는 한국의 대표로 경주와 울산에서 활동 중인 '예다원'의 고예정 원장이 이끄는 차문화 단체가 한국 차문화 행다를 선보였다. 고 원장이 경주시로부터 그 일을 부탁받고 걱정이 되어 나에게 자문을 받기 위해 연락을 해왔기에, 부산에서 국악인인 박용섭 선생을 섭외해 대금 연주로 배경음악을 해주기도 했다. 그날 일본의 우라센케 이에모도家元인 천종실千宗室은 대금 연주를 듣고 직접 찾아와 국악에 관심을 갖고 나와 박 선생과 개인적인 대화를 나누기도 했다. 그가 1980년대 초 한국에 초청받았을 때 서울에서의 만남 이후 두 번째 자리였다.

일본에서는 일본 다도의 종가인 우라센케 이에모도가 대표 연설을 하고 일본의 우라센케 다도 시범도 있었다. 일본에서 약 90여 명의 다도회 회원들이 전세 비행기를 타고 경주에 왔는데, 다도 시범을 보일 다다미까지 준비해와서 그들의 주특기인 다도를 통한 데몬스트레이션 Demonstration을 선보였다.

한국에서는 '한국차인연합회'의 박권흠 회장단과 일본의 대표단을 비롯해 많은 차 애호가들이 자리를 차지해 빈자리가 없었다.

한·일 다도문화 교류전에 앞서 그날 오전에 일본의 우라센케 이에모도가 불국사 대웅전에서 불전 헌공다례의식을 가졌다. 대웅전 법당에는 스님들과 한·일 다도인 대표들이 빈틈없이 자리를 잡아 늦게 온 사람들은 다보탑과 석가탑이 자리한 대웅전 앞마당에 자리를 펴고 앉아 그 의식을 참관했을 정도였다.

그 무렵은 강의와 답사 등으로 경주를 자주 찾던 때이고, 또한 종수 스님과의 인연으로 불국사에 자주 들를 때였다. 당시 경주에는 경주세계문화엑스포의 일환으로 다양한 행사가 진행되었고, 불국사에서도 야외무대에서 펼치는 오페라 〈원효〉 공연, 유명 서화가들의 초대전, 전통문화 상품 전시회 등 다양한 행사들이 이루어지고 있었다. 또한 한국 사찰음식을 알리기 위해 사찰음식의 대가인 사찰음식연구소장인 적문스님 일행도 와 있었다.

불국사에서는 한국을 찾은 일본 다도 대표 팀을 위해 점심 공양에 특별 음식을 준비했다. 그것은 한국의 전통 사찰음식이었다. 일본 대표 팀을 위한 공양 자리라 한국 측은 일반 사찰 식당에서 공양을 했기에 아쉬움이 컸다.

그런데 정작 이에모도를 비롯한 일본 다도의 대표 팀 수뇌부들은 그 공양 자리에 없었다. 불국사 측에서 사전에 점심을 대접하겠다는 선약을 받아놓지 않고 행사 당일 통보를 했던 모양이다. 단장을 포함한 주요 인사들이 사전에 약속되어진 현대호텔에서의 오찬을 하러 가버린 것이다. 그래서 약 100여 명 분의 잘 차려진 오찬에서 한 밥상에 8명의 식탁이 주인을 잃어버린 격이었다. 상석에 두 개의 밥상을 차렸는데 한쪽은 불국사의 주지스님인 성타스님과 국장 스님들 그리고 나를 포함한 8명이 앉았고, 옆의 일본 다도의 이에모도를 포함한 수뇌부들의 자리는 텅 비어 있었다. 뒤늦게 주지스님이 알았지만 이미 선약이 된 오찬을 하러 간 이에모도를 부를 수도 없는 노릇이었다.

일생 동안 한 번 먹을까 말까 한 그 성대한 우리 사찰음식을 다른 일본 대표들에겐 대접을 했다지만 참으로 아쉽기 그지없었다. 그래서 낭패해하는 주지스님께 한 가지 제안을 했다. 그 귀한 밥상을 그대로 둘 수는 없는 게 아닌가.

"주지스님, 불국사에서 가장 고생하시는 분들이 누구입니까?" 그러자 주지스님이 잠시 생각을 하더니 "그야, 우리 절에서 일하고 경비 보는 처사들이지요". "그럼 그분들을 부릅시다. 지금 빨리 연락해서 그 처사들에게 이 음식을 대접하면 좋겠는데요"라고 하자, 잠시 머뭇거리다가 옆에 있는 스님에게 지시를 해 불국사에서 잡일을 하는 그 처사들 몇몇이 상석에 앉아 그 아름다운 점심 공양을 받았다. 지금도 생각하면 입가에 미소를 짓게 하는 그날의 해프닝이었다. 그런 사찰음식을 발전시켜 한국의 대표 음식으로 자리매김했으면 하는 바람이 들 정도로 멋진 성찬이었다.

2003년에 『우리 茶문화』를 출간했다. 우리 차문화운동을 하면서 틈틈이 각 매체에 기고했던 글과 더불어 내가 생각하는 차의 정신이나 다도에 관한 글들을 모아 낸 인문학적인 내용인데, 3쇄나 찍었는데도 서점에 책이 절판되었을 정도였다. '제1장 치문화의 황금시대', '제2장 참됨을 지키는 자 그를 차인茶人이라 하네', '제3장 조화로운 삶' 이렇게 구성된 책이다.

2004년에는 제1회 '다산차문화상'을 수상했다. 한국에서 약 40년이 넘은 부산의 가장 오래된 차문화 단체인 '부산차인회'를 이끄는 주천 김순향 회장이 어느 날 만나자는 연락이 왔다. 초대 회장인 목춘 회장이 타계하고 약 5년 동안 내실만 다지다가 창립 기념행사를 해운대 특급 호텔에서 성대히 열면서 이번 행사에 우리나라 차문화운동에 공이 큰 사람을 뽑아 첫 번째로 상을 수여할 계획인데, 그 상에 어울리는 명칭을 부탁하기 위해서였다.

그래서 존경하는 조선의 대학자이자 차인인 다산 정약용 선생의 뜻을 기리는 의미에서 '다산차문화상'이란 이름을 지어주었는데, 행사 당일 그 많은 사람들 앞에서 뜻밖에도 첫 번째 상의 영광을 나에게 주었던 것이다. 운영위원회에서 정해놓고 그 자리에서 발표한 것이다. 상이란 것이 그렇지 않은가. 어떤 상은 주어도 받고 싶지 않는 상이 있고, 어떤 상은 받는 것 자체가 자랑스러울 때가 있다. 그 상은 매년 수여하지 않고 다시 5년 후에 여는 창립 기념행사에서 수여를 하고 있다. 두 번째 수상은 부산 교육계의 원로인 부산대학교 장혁표 전 총장이 받았다.

초대 부산차문화진흥원 회장을 역임하고 현재 부산차인회를 이끄는 김순향 여사는 조각보의 명인으로 현재 부산 지역 전통문화계에서 가장 영향력 있는 여성 중 한 사람이다. 김순향 회장과의 인연이 생각난다.

어느 날 부산차인회 회원들과 함께 김 회장이 내 연구실로 찾아왔다. 그 까닭은 목춘 여사가 타계하기 전에 부산차인회 회원들에게 부탁하기를, 앞으로 차인회의 여러 가지 일들을 찾아가 의논도 하고 자문 등을 받으라면서 소개를 했단다. 그 후 크고 작은 일련의 부산차인회 일에는 여러 가지 자문도 해주고 김 회장으로부터 많은 도움도 받았다. 차로써 맺은 인연이 평생을 간다는 말이 실감난다.

그러고 보니 금당 선생도 자신의 마지막 제자인 송간조松間照의 최무진 선생에게 차문화에 관한 수업을 하면서 당부하기를 "너무 늦게 공부를 하러 찾아왔구나. 내가 가르칠 힘이 없다. 앞으로 기회가 되면 여천如川을 찾아가 많은 도움을 받으라"고 하셨단다. 그 이야기를 내게 전해주며 오늘날까지 나와 차의 인연을 맺고 있는 그는 사업가로도 성공한 보기 드문 차문화 운동가이면서 사진작가다. 생전에 금당 선생이나 목춘 여사께서 덕도 없고 재주도 없는 나를 높이 평가를 해준 듯해서 송구스럽기만 하다.

2005년에 '가야 차문화 한마당 축제'를 기획하며 추진위원회 위원장을 맡았다. 오래전에 김해신문사의 초청과 김해 각 분야 인사들과 차인들의 권유로 김해 연화사에서 강좌를 개설한 인연이 뿌리가 되어 시작한 잔치였다. 그때 강좌에 참여한 회원들로 만들어진 단체가 '가야다회'였던 걸로 기억된다. 그 당시 회장을 맡았던 사람이 현재 문화유산 해설사로 활동하는 여류 차인 정복자 씨다.

이 행사는 가야의 차문화 부흥을 위한 취지가 주목적이었다. 그때는 김해 장군차라는 이름으로 김해시에서 의욕적으로 차 산업을 진흥시키기 위해 힘을 쓸 때였다. 마침 장군차의 생산과 그 홍보를 돕기 위해 김해를 찾았다가 우리 역시의 원형을 간직한 고장에 걸맞은 차문화 축제가 필요하지 않겠나 싶어, 김해 장군차와 김해 찻사발을 위한 전국적인 잔치를 위한 행사 기획서를 하루 만에 작성해서 김해시 문화관광국장에게 보여주었다.

　김해시에서는 회의를 열어 그 기획을 토대로 바로 그해에 적은 예산이지만 김해에서 열리는 유서 깊은 '가락 문화 축전' 일정 중에 '제1회 가야 차문화 한마당 잔치'를 개최했는데 그 반응이 참으로 좋았다. 중국과 일본에서도 참여한 명실공히 국제적인 차문화 축제가 되었던 것이다.

　수로왕릉의 수릉원 앞뜰의 본 행사장과 허황후 능에서의 헌다의식, 그리고 국립김해박물관에서의 국제 차문화 학술대회는 처음 치러진 행사인데도 전국적인 차문화 잔치로 나아가는 데 손색이 없었다. 이 행사는 현재 축소가 많이 되었지만 여전히 김해에서 열리고 있다. 그때 그 행사의 슬로건은 이렇게 지었다. '차의 향기로 가야의 혼을 깨우다.'

　그리고 2년 후 제3회 행사는 김해 연지공원과 국립김해박물관에서 학술 세미나와 함께 개최됐다. 그때 행사 때마다 참석해 격려를 아끼지 않았던 한국차인연합회 박권흠 회장과 함께 공동 명의로 '대한민국 제1호 차인 허황옥' 선포식을 했다. 그 후 김해시에서는 수로왕릉이 있는 곳 옆쪽에 자리를 마련해 대한민국 제1호 차인인 '허황옥' 동상을 건립해 세워놓았다.

　그해 중국 하북성 석가장 백림선사柏林禪寺에서 열렸던 '천하조주 선차문화 교류 대회'의 학술 발표에서 「조주의 끽다거와 금당의 끽다래」란 주제로 짧은 논문을 발표했다. 백림선사는 당나라 때 유명한 조주선사의 주석처였던 '관음원'이었다. 불법을 구하기 위해 찾아와 납자들이 도를 묻자 '끽다거'의 화두로 아직도 우리에게 마음공부를 시키는 그 역사의 현장이 아닌가.

2006년 전국의 차문화 축제로는 가장 규모가 컸던 '부산 국제 차문화 대전'이 KBS와 국제신문사 공동 주최로 벡스코와 인근 사찰 등지에서 개최되었다. '차의 향기로 차의 마음으로'란 주제로 열었던 전통문화 잔치인데, 그 행사를 총괄하는 추진위원회 위원장을 맡아 이런저런 우여곡절을 겪었던 추억의 행사였다.

그 행사가 계속 진행되었더라면 한국에서 규모가 가장 큰 종합적이고 체계적인 전통 차문화 행사가 되었을 텐데 하는 아쉬움은 남지만, 당시에는 함께 참여했던 여러 사람들의 불화로 내가 감당하기가 도의적으로 너무 힘들었기에 제1회로 행사의 막을 내렸다.

2006년 어느 날 광주에서 사람들이 찾아왔다. 광주의 문화원장 일행들이었다. 이 행사의 기획서와 구체적인 안을 보여주며, 차문화 활동이 가장 왕성한 부산 지역에서 이런 행사를 진행할 예정인데 행사를 총괄할 추진위원장직을 맡아달라는 것이었다. 부산에서 이런 규모의 축제가 이루어진다면 부산의 차문화 발전과 진흥을 위해서라도, 그리고 전국적인 전통문화 사업과 그 운동이 더욱더 활발해지리라는 생각이 들어 흔쾌히 그 자리를 수락하고 해운대 동백섬 인근의 한 오피스텔에 사무실을 두고 이 행사를 위한 실무에 들어갔다.

전체적인 행사 경비나 실무적인 업무는 본부장과 몇몇 차계 인사들이 책임을 지고, 실무를 담당할 사무처장 아래 사무직원을 두고 약 3개월에 걸쳐 연석회의 등을 하며 준비를 해나갔다. 그런데 그 무렵 부산의 대표적인 차문화 단체가 탄생할 예정이었다가 여론 악화로 잠깐의 휴식기가 필요하다 싶어 그 창립 건을 주도하던 내가 창립이 다 된 그 단체를 당분간 물밑으로 가라앉혔다가 조용해지면 다시 마무리할 생각이었는데, 공교롭게도 이 행사와 맞물려 부산시 관계자의 오해로 부산시의 도움은커녕 오히려 시작 초반부터 힘든 일정이 되어버렸다.

그래도 이 단체가 창립되면 실행하기로 기획된 일이 있었는데, 곧 부산에서 열릴 'APEC 대회 성공을 위한 부산 차인들의 문화 행사'가 그것이다. 임시 사무국에서 행사를 진행할 수 있도록 회의와 함께 프로그램을 만들고 초청장 문안까지 만들어 사무국장에게 업무를 맡기고, 나는 중국 상해에서 열린 '한·중·일 국제 차문화 행사'에 한국 대표로 초청받아 상해에 거주하는 교민들을 위한 강연회 등을 위해 중국으로 출국하면서 그 단체를 생각하지 않기로 했다. 이 행사는 시장 공관 뜰에서 순조롭게 치러져 부산 차인들의 위상을 시민들에게 알리기도 했다.

그런 와중에 이 '부산 국제 차문화 대전' 행사도 처음부터 삐걱거렸던 것이다. 이 잔치는 약 3억 원 정도의 비용이 드는 행사였는데, 경비를 책임진다는 차계 인사들과 실무를 총괄하는 본부장과의 마찰로 시작도 하기 전에 어려움에 처하게 되었다. 이미 KBS와 국제신문사가 공동 주최하기로 했고, 정부도 적극 지원해 문화관광부의 후원과 농림수산부는 장관상을 5개나 보냈고, 전국의 관련 단체에서는 각자 맡은 행사를 위해 판을 펼치기 위한 준비를 진행하고 있었다.

차 산업을 가진 전국의 지방자치단체들과 한국을 대표하는 각 차문화 단체들이 거의 참여를 했고, 각 대학들도 대거 출동해 학술 세미나 다도 시연 등을 준비했다. 그리고 건설회사를 경영하는 친구 전기열 회장은 자신이 소장하던 격조 있는 고미술품들을 출품하며 행사장 내에 조선차도구박물관을 설치해 여러 신문사와 방송국 기자들의 관심을 끌기도 했다. 부산에서 열리는 이 뜻 깊은 행사에 전국의 관계자들 모두가 물심양면으로 힘을 보탰다.

한국에 주재하는 각국 대사들과 총영사들도 그 나라를 대표해 참여했고, 중국과 일본 등지에서도 대표단이 참석해 가히 국제적인 전통문화 축제가 되었는데, 실상 그 속은 말이 아니었다.

내 이름이 걸린 행사인데 여기에서 그만둔다면 어떻게 될 것인가. 행사는 코앞인데 경비가 없으니 무대나 여러 가지 설치하는 업자들은 난리가 났던 것이다. 심지어 행사 전날까지 이 행사의 문을 열지 말지를 결정할 수 없을 지경이었다.

그런 와중에 설상가상으로 KBS에서는 생방송으로 이 행사를 취재하기 위해 버스에 큰 장비들을 싣고 왔는데, 장비 설치 전에 나를 찾아온 KBS 관계자들에게도 확답을 주지 못해 그대로 돌려보내는 곤란을 당한 일도 있었다.

사무실 직원들도 힘든 건 마찬가지였다. 행사 전날 저녁 사무실 직원들이 나를 찾아와 "위원장님이 결정을 내려주시면 어떻게 해서라도 이 행사를 진행할 것입니다. 결정에 따르겠습니다. 그렇지 않으면 지금 당장 우리 모두는 짐을 싸서 바로 이 자리를 떠나겠습니다" 하는 게 아닌가.

몇 달 동안 아무런 대가도 받지 못하고 일하면서 오직 이 행사가 좋아 남아서 일하겠다는 그들의 눈빛 앞에서 차마 그만둘 수도 없었다. "모두들 힘들겠지만 이미 시작한 이 행사를 끝까지 진행합시다"라고 결정을 내리니 그들은 자신들의 통장을 털어 돈을 모으기 시작했다. 나도 얼마간의 돈을 빌려 우선 그 모은 금액을 합쳐 겨우 시설물 설치 자금을 마련했고, 그 후 온밤을 새워 모두들 힘을 합쳐 부스 등을 설치했다. 무대나 다른 시설들의 경비는 나중에 주기로 했다. 그리고 참여한 지자체나 큰 단체들, 차 관련 회사들은 직접 행사장 설치를 하게 했다. 그 넓은 행사장에 돈을 지불하지 못해 바닥에 까는 카펫 없이 행사를 시작해 손님들을 맞이했던 웃지 못할 해프닝도 있었다.

첫날 오후에 문을 열었는데 행사는 성공이었다. 구름처럼 밀려오는 고운 한복 입은 차 문화인들과 일반 참관객들의 관심은 대단했다. 서울에서 또는 외국에서 찾아오는 내빈들과 대사들은 친구의 고급 승용차들로 영접하거나 각 단체들이 책임을 지고 손님맞이를 했다. 행사의 짜임새는 문질빈빈文質彬彬, 그것이었다. 다양한 학술 및 문화 행사와 함께 국제박람회는 많은 손님들로 북적거렸다.

그 귀한 손님들이 전국 각지에서 찾아왔는데 제대로 대접도 못하고 동분서주했던 나는 겉은 웃고 있었지만 속은 타들어갔다. 행사는 성황리에 진행되고 있었지만 공적인 행사에 약속을 어긴 사람들 때문에 본의 아니게 해결해야 할 문제는 한두 가지가 아니었다. 하루하루가 고통의 연속이었다.

설상가상으로 중국 산동성 청도에서 참가한 중국인 10여 명이 무단 이탈해 행사장을 빠져나간 일도 있었다. 국제 차문화 대전의 일환으로 국제박람회도 유치했던 행사라 힘들게 초청한 중국인들의 불법 도주는 뜻밖의 악재였다.

그런 와중에 인연을 맺었던 부산시의 행정부시장 등 고위 간부들과 경찰청장 등 각계의 기관장들과 내빈들이 찾아와 격려해주며 관계자들에게 저녁을 사거나 대접을 하기도 했다. 또한 이런 크고 훌륭한 국제 행사가 이 지역에서 열리고 있는데 행정 관청인 부산시가 도와주지 않았다고 안타까워했다.

이런 일도 있었다. 경비를 주지 않는다고 시설물 설치를 해주지 않고 애를 태우던 행사장 부스 업체 사장들이 이 행사 진행을 참관하고는 다음부터는 자신들 회사도 참여시켜 달라는 부탁을 하기도 했다. 이 행사를 지켜본 벡스코의 심창섭 본부장은 처음엔 예사로운 일반 행사로 생각했다가 행사의 규모와 관람객의 숫자를 보고 나서, 나와 함께 사무처 식구들을 초청해 점심을 대접하며 동양 차문화의 모습에 대한 감탄과 더불어 우리 전통문화에 대한 자신의 무지함을 토로하기도 했다. 그에게 선물한 『우리 茶문화』를 부산에서 서울 집으로 올라가는 기차에서 읽고 우리 전통문화의 매력에 흠뻑 빠졌다고 했다.

그 힘든 일을 겪을 때 물심양면으로 도움을 주었던 다우茶友들, 그리고 각자 맡은 행사를 위해 전국이나 외국에서 나름대로 준비해 기꺼이 참여해준 여러 단체들에게 최소한의 경비도 챙겨주지 못한 일들이 아직도 가슴 아프다. 또한 이 일을 돕겠다며 약 일주일 동안 대구에서 내려와 있다가, 미처 챙기지 못해 그 애지중지하던 난과 분재를 모두를 잃은 차샘 차인과 여러 사람들에게 미안할 따름이다. 그때 만나 함께 마음 고생을 심하게 했던 이상균 사무처장과 사진작가 윤미연 기자는 아직도 깊은 인연을 맺고 있다.

돌이켜 생각해보면 한 가지 후회스러운 일이 있다. 그 힘든 중에도 우리 사무처 직원들이 다음 해의 행사를 위해 벡스코 측에 미리 지불했던 계약금 몇 백만 원도 포기한 채 행사가 단 1회로 끝내버린 일이다. 당시에는 행사 진행 경비 때문에 심신이 지쳐 있었기에 그런 판단을 내렸으리라. 그때 그 행사를 계속 강행했더라면 한국 전통문화의 새로운 장을 열었으리라 생각된다. 보람과 아쉬움이 교차되는 내 전통문화운동의 한 장면이다.

그해에 이상균 사무처장의 권유로 전통문화지 〈茶와 文化〉를 창간해 창간 대표를 역임하며 현재 편집고문으로 활동하고 있다. 격월간인 이 잡지는 처음엔 부산서 출범했지만 현재는 서울 인사동에 편집실을 두고 번창하고 있는 전통문화지이다. 창간호에 쓴 창간사 제목은 '왜 다시 우리 차와 우리 문화인가'이다. 이상균 편집장과 윤미연 기자의 뚝심이 그 어려운 문화 잡지를 이끌고 있어 고마울 따름이다. 이후 서울 코엑스에서 이 편집장의 생각으로 '한·중 차문화 대전'을 열었지만 그것마저 성공을 하지 못했다.

그 후 전국의 여러 도시에서 국제적인 전통 차문화 행사가 박람회의 성격을 띠고 많이 생겨났다. '대구 국제 차문화 축제', '세계 차 박람회' 등이 개최되었는데, 그 행사의 상임고문 등을 맡으며 중심보다는 외곽에서 역할을 주로 맡으며 관망의 자세로 나의 차문화운동이 소극적으로 변해갔다. 간혹 전국적인 차문화 행사에 앞장서 달라는 부탁을 받기도 했지만 흥미를 많이 잃어 사양하거나 뒷전에서 도와주는 걸로 만족하기도 한다.

2011년에 있었던 일이다. '가야 차문화 한마당 축제' 때 인연을 맺었던 김영근 조합장의 부탁으로 고故 노무현 전 대통령을 추모하는 '봉하마을 헌다례 의식'의 총진행을 맡은 적도 있다. 퇴임 당시 노 전 대통령은 고향 김해에서 장군차에 애정을 쏟고 차나무를 키우고 차를 직접 만들기도 했었는데…… 차문화 발전에 일익을 담당했던 그 추억을 떠올리며 시작한 행사였다.

돌이켜보면 청춘을 보냈던 문화운동의 길에 애환이 없을 수 있겠는가. 잊지 못할 일들과 기억의 저편으로 사라져버린 일들이 어디 한두 가지겠냐마는 생각나는 일들을 정리해보면 그동안 크고 작은 국내외의 문화 행사를 기획하거나 참여했던 일이 몇 가지 떠오른다.

금당 선생의 부탁으로 '영남 차인 큰잔치'를 기획해 경남 진해 해군사관학교 교정에서 충무공 헌다의식을 시작으로 막을 올린 행사를 성공리에 마쳤고, 한국 부산 해운대에서 열린 '2007년 국제 명차 품평 대회'의 공동 추진위원장을 맡기도 했다. 그 밖에 2008년에 개최된 '중국 상해 국제 차문화 대회'에 초청받아 한국 대표로 참여했고, 2009년에 있었던 '한·일 문화 교류단' 한국 대표단 고문을 맡아 일본에서 다도와 동래학춤으로 우리 전통문화를 알렸다. 그리고 우리 불교계의 참된 리더인 종수스님의 주선으로 그와 함께 참여한 중국 귀주성 '귀주다선문화유한공사' 초청 행사 등 여러 국내외 행사에도 나름대로 역할을 했던 기억이 난다.

또한 최근엔 우리 청영헌靑榮軒에서 다도 인문학 공부를 하는 송향미, 김순옥 차인들과 추전 선생, 삼성궁 한풀선사, 통영의 강재일 교수, 서울의 성삼식 회장 등과 함께 중국 무이산 차문화 기행을 다녀오기도 했다. 무이武夷에서 만났던 대홍포의 세계적인 권위자 왕순명 명인의 다실에서 그와 다담을 나누며 그가 만들어주는 차향에서 느꼈던 차의 맛은 잊을 수 없다.

결국 어느 분야든 깊은 내공이 느껴지는 고수의 모습은 자연스럽고 당당하다. 우리가 평생 마시는 차는 셀 수 없이 많지만 과연 '이것이 진정한 차로구나'라고 느꼈던 찻자리는 몇 번이나 될까. 중국 항주, 귀주 등지의 광활한 차밭과 일본 우지와 가고시마 등지의 잘 가꾼 차밭에서의 추억들도 잊을 수 없다. 수많은 사람들과 어울려 차를 대접하고 대접받았던 일들이 헤아릴 수 없이 많지만, 과연 진정한 다도의 묘미를 만끽했던 적이 얼마나 될까 싶다.

그리고 한국차인연합회에서 주는 '차인상', 부산광역시장이 주는 '공로상' 등을 받기도 했고, 2011년에는 '한국여천차문화원'이 '국제차문화교류재단'으로부터 다도 명가로 인정받았다. 또한 2012년엔 차의 수도인 전남 보성군에서 주관한 '한국 차를 빛낸 근현대 차인'으로 선정되어 차 도구 몇 점이 한국차박물관 전시실에 전시되어 있다.

한학자요, 유명 서화가인 추전秋田 김화수 선생의 『다행명법茶行茗法』이란 저술서에 '한다송韓茶頌'이란 내용이 있는데, 거기에 현대 차인을 노래한 「한시송漢詩頌」에 나를 노래한 대목이 나온다.

여천 김대철 차인 如泉 金大澈 茶人

여천거사는 차를 사랑하는 사람이라 如泉居士愛茶人
일찍이 부산에 앉아서 차를 가르쳤네 曾坐釜山茶教親
송죽 정신으로 고통을 견디더니 松竹精神堪耐苦
지금은 뜻을 얻어 청진하게 지낸다네 今時得志在淸眞

송죽 정신과 청진淸眞함도 없는 나에겐 과분한 이야기지만 조심스레 올려본다. 그리고 문인 화가인 정산 황외순 화백이 자신의 국화 그림에 나의 시를 넣어 보내오기도 했다. 또한 광주의 서양화가요, 차의 명인인 황기록 선생이 어느 날 나의 「명선」이란 시 일부분을 자신의 그림 속에 넣어 족자로 만들어 보내오기도 했다. 차 학자로 이름난 동의대 김봉건 교수는 「명선」이란 시를 한문으로 다시 번역하기도 했다.

어느 가을날 차를 마시다가 문득 읊은 「심외무차心外無茶」란 졸시를 소개해본다.

    차 한 잔은 선禪의 시작이요
    선의 묘미는 한 사발의 맑은 차에 있네

    얻을 것도 잃을 것도 없는 인간사
    있고 없음은 우리가 지은 생각이요
    추하고 아름다운 건 세속의 잣대라네

    흰 구름 쪽빛 하늘 아래
    들녘의 구월 국화는 저 홀로 향기롭다

1982년 4월에 문을 연 우리 문화원이 몇 번 이사를 다니다가 최근 부산 용두산 아래에 다시 연구소를 옮겨와서부터 시작한 '다도 인문학 강좌'는 매월 한 번씩 열리는데, 참여 회원은 많지 않지만 그 열기가 대단하다. 차 공부를 오래 한 다도 사범이나 각 분야의 전문가들이 강의를 듣고 있는데 그 모임 명칭이 '다도 인문학 모임 청영회靑榮會'이다.

나는 얼마 전부터 '심외무차心外無茶'란 화두로 차를 마신다. 『벽암록』의 말을 빌려 '행복한 때는 오늘'이지만, 적어도 나에겐 차를 마시는 때가 늘 행복한 순간인 것이다. 신라 원효스님이 고총古塚에서 깨달아 읊은 "삼계유심三界唯心 만법유식萬法唯識, 심외무법心外無法 호용별구胡用別求"에서 차용해 지은 '심외무차'란 신조어이다. 이 '심외무차'를 스승 삼아 마시는 일완청차一椀淸茶는 내 인생의 행복이다.

삼계는 유심이요, 만법은 유식이라. 마음 밖에는 진리가 없는데 무엇을 따로 구하겠는가. 또한 중국 당나라 때의 천태 덕소선사의 "통현봉정通玄峰頂 불시인간不是人間, 심외무법心外無法 만목청산滿目靑山"의 화제畵題가 있는 삼락자三樂子의 족자는 아직도 내 연구소인 '청영헌'에 걸려 있다. 통현봉 꼭대기는 인간 세상이 아니고, 마음 밖엔 법이 없는데 눈에 가득 온통 푸른 산일세. 이렇게 도의 세계는 다름이 없다.

내가 주장하는 차의 정신은 '수진오속守眞忤俗'이다. 차인이란 이런 정신을 가진 자를 말한다. '비록 세속에 살지라도 속물이 되지 않는 사람, 참됨을 지키고 속됨을 멀리하는 이'를 우리는 차인이라 부르고, 이 땅의 선비라 말하고 싶다. 과연 나는 한 나라의 선비 차인으로 부끄럼 없이 살아가고 있는가?

이제 두서없는 이 글을 접어야겠다. 자랑스럽지 못한 이야기를 자랑처럼 내놓으며 지면을 채우는 일이 바람직한 일일까 싶어 조심스런 마음만 든다.

부산, 대구, 경주, 순천 등지에서 다도 강좌를 열어 그동안 배출한 회원들이 약 500여 명이 된다. 여러 대학에서 지도해 차를 알게 한 학생들과 각 문화 단체와 관공서에서 몇 개월간 교육받은 이들을 합치면 그 숫자는 더 많을 것이다.

입문한 회원들을 조직화시키지 못한 탓에 그 문하생들 중에 세상에 이름을 내고 차문화에 관련된 일을 하는 이들은 소수에 불과하다. 또한 국내외의 여러 크고 작은 단체의 초청을 받아 우리 전통문화 이야기를 나눴던 일들도 즐거운 공부가 되었다.

다만 나를 통해 우리 차문화의 정신과 역사를 잃지 않고 아직도 차생활을 즐기고 있는 대다수의 문하생들과 그동안 차연을 맺은 이들이 고맙기만 하다. 부산, 대구, 경주, 김해, 순천 등지에서 나름대로 차문화 활동을 하고 있는 문하생들에게는 간혹 자문과 특강을 통해 사제 간의 정을 나누고 있다.

다도를 만나 자신의 삶이 윤택해지고 그 속에서 인생의 지혜를 배웠다면 그로써 만족할 뿐이다. 전국 여러 곳에서 다도 강사와 전통 다원의 원장이나 도예가로, 차 생산자들로 현재까지도 활동하거나, 또한 스님, 정치인, 교수, 사업가, 문화예술인 등 다른 일들을 직업으로 삼았지만 다도를 통해 마음공부 중인 문하생들을 만날 때마다 늘 행복을 느낄 수 있다면 이 또한 즐겁지 아니한가.

문하생 중에서 현재까지 인연을 맺고 있는 몇 사람을 언급할까 한다. 물론 그 세월 동안 많다면 많은 사람들과 차로써 아름다운 우정을 맺은 이들이 어디 한둘이겠는가.

초당草堂 곽태균은 시인, 화가로 활동하면서 부산 지역에서 차문화운동을 하고 있는 본원의 운영위원이다. 본원이 주최하는 차문화 행사에 늘 앞장서서 솔선수범하고 있다.

지산智山 정오규는 정치인이며, 현재 '생활정치닷컴' 대표로 활동하면서 다양한 분야에서 전통문화운동을 펼치고 있다. 민주당 부산시당 위원장, 지리산 차문화 축제의 대회장을 역임했던 본원의 연구위원이면서 여천차문화회장을 맡고 있다.

청다淸茶 강정화는 현재 '청다회'를 이끌며, '청다차문화연구소' 대표로 있으면서 문하생들을 배출하고 있다. 다양한 분야의 전통문화와 특히 차 예절 부문에서 두각을 나타내고 있는 차인이다.

현묘玄妙 민미경은 지리산 청학동의 배달 성전인 삼성궁에서 다도 생활을 올곧게 하는 차인이다. 나의 오랜 지기인 한풀선사의 요청으로 문하생이 되었다. 삼성궁에서 매년 봄가을에 열리는 개천절 행사에 헌다의 식을 주관하기도 하는 역사학도이다.

고암 송화정은 지리산 야생차밭인 천년지향千年之香 '별유천'을 운영하면서 그곳에서 가족과 함께 생활하며, 마음공부와 서예를 익히고 있는 젊은 도인이다.

금운琴韻 최원형은 태극권의 명인이면서, 또한 중국 여행사를 경영하고 있다. '다우림'이란 차 동호인들의 단체 대표와 '차와 문화'란 인터넷 사이트를 운영하고 있으며 다양한 분야에서 활동하고 있다.

옥재玉載 윤상길은 경남 울주에서 '옥재요'를 운영하는 도예가로 활동 중인 문하생으로 전통과 현대를 넘나드는 찻그릇 등을 만들어 국제적으로 인정받고 있는 예술가이다.

여래심 안보영은 경주의 한적한 곳에서 '효천曉天'이란 소담한 암자를 닮은 전통 다원을 운영하면서 틈틈이 연꽃 그림을 그리는 불자 차인이다. 간혹 나를 초청해 찻집을 찾는 손님들과 함께 강의를 듣곤 한다.

도연 김말남은 현재 건축회사를 경영하면서 단전호흡 강사로 활동하는 사업가로, 여천차문화회의 총무를 맡고 있다.

그 밖에 일일이 소개는 생략하겠지만 전국 각지에서 전통 다원을 운영하거나, 차문화에 심취해 인연이 있는 사람들에게 차문화를 알리며 각자의 길에서 활동하고 있는 이들이 많다.

일찍이 최치원은 「난랑비서문鸞郎碑序文」에서 "나라에 현묘한 도가 있으니 이르기를 풍류라 한다國有玄妙之道 曰風流"라고 했다.

누추하지 않고 사치스럽지 않은 차실에서 홀로 또는 여럿이 차 한 잔 즐기는 인생도 또 다른 멋과 맛의 풍류가 아닐까 싶다.

민족정신의 원형을 품은 온갖 전통문화가 어우러져 소통과 융합 속에서 다시 복원될 신풍류운동을 염원해본다. 옛것이 오늘날의 바탕이 되어 널리 인간에 도움이 되는 세상을 그리워하면서…….

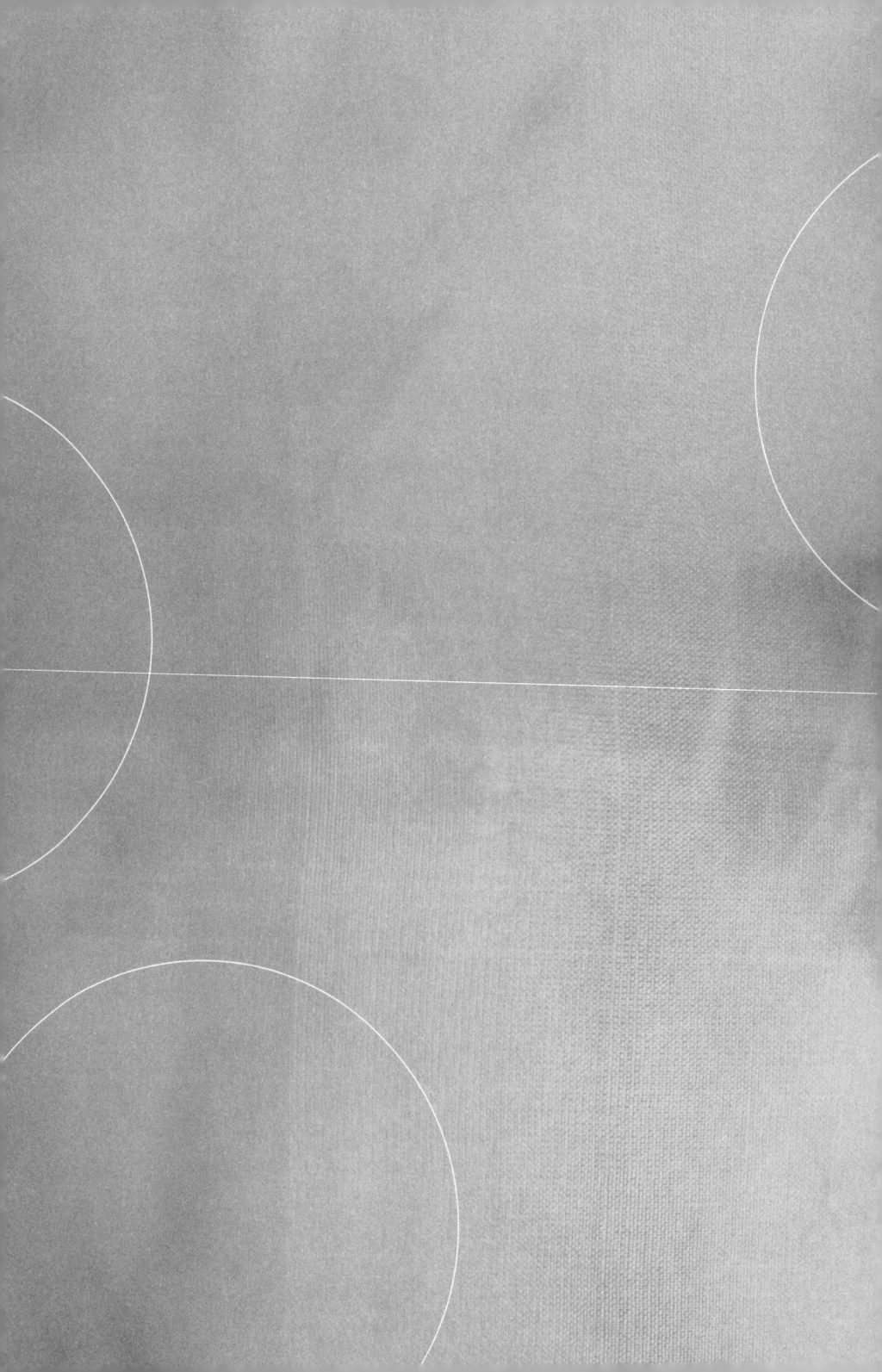

부록

최고의 차문화 유적지,
경주 남산 삼화령을 찾아서

경주 남산 삼화령三花嶺은 그 옛날 우리의 아름답고 귀중한 차문화를 간직한 보배로운 곳이요, 한국 차문화사에 중요한 자리를 차지하는 현장이다.

그 사연인즉, 서기 765년 삼월삼짇날 신라 남산의 삼화령과 월성 귀정문歸正門에서 통일신라의 찬란한 차문화와 치국治國의 도가 역사적으로 일어났던 것이다.

『삼국유사』의 충담사忠談師 차 공양獻茶 이야기는 옛 차문화의 흔적을 살펴볼 수 있을 뿐 아니라 불교, 문학, 다례, 철학 등 다양한 인문학의 향기를 들을 수 있기에 더욱더 흥미롭다. 왜냐하면 세계문화유산이며 야외 박물관인 경주 남산이 들려주는 그 숱한 역사와 신화 속에서 세 송이 꽃처럼 피어난 다도의 세계가 바로 경주 남산 삼화령에 얽힌 이야기이기 때문이다.

우연히 신라문화 답사 중 만난 경주의 남산은 필연처럼 다가왔고, 우리 땅의 역사 공부에 흥미를 느낀 나는 청소년기부터 오늘날까지 수백

번도 넘게 경주 남산을 찾았다. 때론 삶이 허무하거나 힘들 적에 훌쩍 찾아가 신라의 불보살에서 위안을 받거나 호연지기를 얻기도 했던 고향 같은 영산이었다.

지금은 경주 남산 유적 곳곳에 표지판들이 세워져 있어 안내자나 지도만 있으면 쉽게 찾을 수 있지만, 오래전에는 오직 남산 유적 지도만 들고 불적의 흔적을 찾아 홀로 또는 뜻을 함께한 회원들과 새벽부터 밤까지 골짜기를 타고 산언덕을 넘어 남산의 보물을 만나는 그 설렘과 기쁨을 지금도 잊지 못한다.

그러다가 전통문화와 다도에 심취한 후부터 '경주 남산 삼화령을 찾아서'라는 주제로 자주 찾고 또 찾았던 곳이다.

그 후 여천차문화회와 한국차문화회 그리고 부산차인연합회 등 차문화 단체를 결성해 정기적으로 남산을 찾아 답사와 헌다례獻茶禮를 해왔다. 그리고 가을이면 경주에서 '우리 전통문화 축제'를 열어 내외국인들에게 신라문화와 함께 남산의 문화유적을 보여주었다. 또한 경주 남산을 보고 싶어 하는 전국의 많은 답사객들을 위한 해설과 강의를 위해서도 수 없이 올랐던 그리운 산이 남산이다.

또 경주 황룡동에 옛 초등학교를 빌려 충담차문화학교를 열었을 때도 전통문화를 공부하기 위해 찾아오는 많은 단체들에게 반드시 경주 남산 순례는 필수 코스로 일정에 넣어 직접 해설을 했던 추억이 새롭다.

그러나 경주 남산 삼화령을 떠올리면 늘 안타까운 마음이 드는 게 하나 있다.

흔히들 불교학자나 전문 기관에서 생각하는 '삼화령 미륵불'과 향토사학자나 일반인들이 믿는 '삼화령 연화대좌'가 전혀 다르다는 사실이다. 불교 학자들이 삼화령 미륵불이라 칭하는 미륵삼존상이 출토된 곳은 신라시대 도성과 가까운 경주 남산 북봉 쪽인 장창골이다. 그런데 오늘날 경주의 향토사학자나 차문화 연구자들이 알고 있는 삼화령 미륵불이 안치되었던 곳은 경주 남산 남쪽 끝인 용장계 정상 부근이다.

그러다 보니 삼화령 연구자들이 경주 남산 북쪽 장창골 언덕에서 발견된 '미륵삼존불'이 경주 남산 남쪽 봉우리인 용장계 정상의 '연화대좌'

에 안치되었던 삼화령 미륵불이라 착각한다는 점이다.

물증을 통해 과거를 이해하려는 학문이 고고학이라면, 과거를 다루되 문자 기록을 통해 연구하는 학문이 역사학이다. 이 '경주 남산 삼화령 연구'도 다양한 연구자들의 협력이 무엇보다도 필요할 것이다.

우리가 무엇인가를 안다는 것은 어쩌면 빙산의 일각일지 모른다. 하지만 미미한 이 나비의 날갯짓이 커다란 역사의 진실을 파헤치는 원동력이 되리라는 믿음을 가지며, 아직까지 미숙하고 모자란 이 글이 경주 남산 삼화령에 애정을 가진 많은 사람들에게 미력하나마 보탬이 되었으면 좋겠다.

이 글은 삼화령 미륵부처께 헌다했던 충담사의 행적만 찾을 게 아니라 선조들의 정신과 예술이 고스란히 간직된 경주 남산 전체를 아우르는 마음으로 경주 남산 삼화령과 미륵부처를 찾자는 생각에서, 졸저 『우리 茶문화』에 간략히 소개했던 것에 그동안 탐구한 내용을 보완해 작성했다.

1. 머리말
2. 삼화령을 찾아서
    1) 경주 남산과 삼화령
    2) 경덕왕과 충담사
    3) 생의스님과 석미륵
    4) 천진불 미륵삼존
    5) 용장계 대연화좌와 장창골 미륵삼존
    6) 삼화령과 삼화술
    7) 경덕왕과 충담사의 인연
    8) 신라 미륵사상과 화랑
3. 남산 어디엔들 삼화령 아닌 곳이 있으랴
4. 맺는 말

1. 머리말

경주는 언제 찾아도 정겹다. 갑자년甲子年(BC 57)에서 을미년乙未年(AD 935)에 이르기까지 도합 992년 동안 천 년 사직을 간직했던 옛 신라의 땅이며, 하늘과 땅과 사람의 역사와 그 설화가 아직도 숨 쉬는 곳이기 때문이다.

신라의 전성기에는 경주에 178,936호戶의 집과 그중 35채의 호화로운 금입택金入宅 부호 귀족의 저택이 존재하는 대도시였으며, 집들은 모두 기와로 지붕을 이어 초가집이 없었고, 밥을 짓는 데 나무를 사용하지 않고 숯을 썼으며, 처마와 담이 연이었고, 노랫소리가 끊이지 않았던 화려한 국제적인 도시로 번창했다.

경주에서 역사의 향기를 가장 많이 느낄 수 있는 곳이 남산南山이다. 경주 남산은 신라문화의 노른자위다. 하지만 남산 이야기를 옛 문헌과 현장의 유물을 통해 알 수 있는 것은 단편적인 편린뿐이다. 때때로 옛사람의 자취가 무언無言으로 말하고 있지만 알아들을 수 없는 우둔함이 안타까울 뿐이다.

남산에 가면 소나무와 바위들 그리고 스쳐 지나가는 한줄기 바람으로도 옛이야기를 전해주는데 알듯 모를 듯 알아챌 수 없는 신비함에 더욱더 남산을 찾게 된다. 문득 그리워 가고, 또 찾아도 그 깊이를 모를 심연이다. 알면 알수록 더욱 어려워지는 신비로운 산이다. 어찌 그 오랜 세월 속에 감춰진 사람의 역사와 전설을 다 엿볼 수 있으리오.

경주 남산의 문화유산은 단순한 고미술이 아니다. 오랜 시간을 거쳐 민중의 가슴 속에 영원히 살아 있는 믿음의 신앙으로 자리매김한 성지로 봐야 한다.

역사와 신화는 둘이 아니다. 역사에도 거짓이 있고, 신화에도 참됨이 있다. 신화란 신의 이야기나 하늘의 이야기가 아니라 땅에서 일어났던 사람의 흔적이다. 신화를 만든 사람들의 발자취다. 예컨대 오랜 옛날이 아니더라도 동시대를 살았던 인물 중에 큰 업적을 남기거나 정신적 힘을 주었던 이가 세상을 떠나 세월이 흐른 후 자연스레 신처럼 대우받는 경우가 허다하지 않은가.

문화유산은 인문학의 향기를 품고 있다. 특히 경주 남산은 문사철文史哲의 보고寶庫다. 역사는 두말할 것 없고, 철학은 남산의 유적과 유물에서 새끼줄처럼 이어져나온다. 문학은 또 어떤가. 샘솟는 석간수처럼 남산에 얽힌 문학은 우리를 윤택하게 한다.

세계 문학의 원천은 문화유산이란 토양에서 자란 설화와 그 상상력으로 이루어졌음을 우리는 안다.

경주 남산이든 어느 곳이든 답사 때는 모름지기 유적이나 유물 그 자체보다도 그곳에서 일어났던 여러 가지 일들을 들을 수 있어야 제대로 된 공부가 되리라. 누군가가 경주 남산을 물으면 이렇게 답하리라.

"경주 남산을 열 번 다녀온 사람은 남산 박사가 되지만, 백 번을 찾은 사람은 아직도 잘 모르는 곳이 경주 남산이라."

무엇보다도 신라문화의 핵심인 경주 남산은 차문화 유적인 '삼화령三花嶺'이 존재하기에 더욱 애정이 가는 곳이다. 경주 남산은 옛 신라인들의 정신적 고향일 뿐 아니라 현대를 사는 우리에게 큰 위안을 주는 안식처이다.

한국 전통문화를 이야기하면서 신라문화를 빼놓을 수 없고, 신라문화를 논하면서 신라 남산, 즉 오늘날 경주 남산 답사를 하지 않고 어찌 신라문화를 안다고 할 수 있으리. 인문학과 예술을 배우려면 경주 남산을 찾아야 하리라.

남산에서 가장 중요한 차문화 유적은 『삼국유사』에 나오는 '삼화령과 충담사의 차 공양을 받았던 미륵부처'다. 흔히들 정사正史인 『삼국사기』를 중요시하고 야사野史인 『삼국유사』를 도외시하는 학자가 있는데 예를 들어보자. 『삼국유사』에서는 신라 황룡사 9층 목탑을 조성한 동기와 경과를 자세히 기록하고 있다. 현대에 발견된 황룡사 9층탑 탑심塔心에 세워진 심초석心礎石에서 나온 탑지塔誌를 통해 그 기록이 정확하다는 것이 입증됐다.

『삼국유사』는 단군신화를 비롯한 많은 고대사의 이야기를 우리에게 전해주는 고전이다. 예부터 많은 고전이 존재했다고들 하는데 역사의 질곡 속에 어리석은 위정자나 침략자들에 의해 사라졌다. 만약 『삼국유사』가 현존하지 않았더라면 선조들의 차 생활을 살펴볼 기회가 줄었을 것이고, 무엇보다도 한국 차문화사에 귀중하고 아름다운 이야기가 되어준 '충담사와 삼화령 미륵불'을 어디서 만날까. 뿐만 아니라 「안민가」, 「찬기파랑가」 같은 향가 14수도 만날 수 없었으리라.

『삼국유사』는 그 당시 힘없는 민중의 바람이 묻어 있는 책이다. 이야기의 힘은 그 어떤 돌이나 쇠에 새겨진 글보다 위대하다. 천 년이 지난

경주 남산 선방골 삼존석불(보물 제63호)

오늘날에도, 앞으로 천 년 후에도 영원히 인류사와 함께하는 것이 이야기의 힘이 아니던가.

삼화령은 차승茶僧인 충담사의 차 공양을 받던 미륵불이 있었던 곳이다. 그 당시 다도의 주역이었던 화랑과 승려들이 차 생활을 즐기며 심신을 단련했던 터전이 남산일진대 남산 전체가 차 유적 아닌 곳이 어디 있으랴. 경주 남산은 인류의 문화유산으로 손색이 없는 겨레의 땅이요, 부처의 나라다.

요즘 차문화를 연구하는 사람들이나 차문화 단체에서는 '경주 남산 삼화령'을 찾거나 그곳에서 헌다식을 하는 일이 보편적인 연례행사가 되었다.

2008년 홍도공원에 세워진 충담사 안민가비

임술년(1982) 5월 필자와 '여천차문화회'[1] 회원들이 경주 남산 선방골禪房谷 삼존석불三尊石佛(보물 제63호) 앞에서 헌다의식과 풍류차회를 시작으로 경주 남산 문화유산과 삼화령 유적을 찾아 차 공양과 들차회野外茶會를 해오고 있다. 아마 오늘날의 삼화령 헌다의식의 시초이리라. 그 후 경주, 부산, 대구, 울산 등지의 차 문화인들이 충담제忠談祭를 지내거나 삼화령 답사를 해오고 있다. 2008년 '한국차인연합회'에서는 불국사와 공동으로 충담사를 기리는 '충담사 안민가비'를 경주 보문단지 홍도공원에 세웠다.

---

1 여천차문화회 1982년 4월 부산, 대구, 경주에서 창립된 차문화 단체로 다도 교육과 문화 행사, 전통문화 연구 및 답사 등 인문학을 하는 단체.

1982년 5월 배리 삼존불에 올리는 여천차문화회 헌다의식. 경주 남산 삼존석불 헌다례 장면으로 여천 차문화회 회원들이 고문인 금당 선생과 함께 충담사의 길을 따라 차 공양을 하고 있는 중이다. 임술년 (1982) 5월에 시작해서 경주 남산 삼화령 등 여러 불상에 헌공다례를 계속해오고 있다.

    남산을 자주 찾다가 만난 당시 삼불사 주지인 종수宗水스님과 함께 배리拜里 삼존불 주위에 차나무를 심었다. 지리산 화개와 순천 선암사 등지에서 가져온 야생차 씨앗을 약 25여 년 전에 정성껏 심었던 것인데, 삼존석불 뒤편에 잘 자라던 것은 발굴 조사 과정에서 파냈고, 현재는 삼존불 입구 쪽 삼불사 앞부분에 무성히 잘 자라고 있어 그곳을 찾을 때마다 감회가 깊다. 차나무를 심었던 뜻은 남산 삼화령 미륵불에 헌다하던 충담사를 기념하기 위해서이기도 하다.

    충담사의 차 공양을 받았던 미륵불이 있었던 곳이 남산 삼화령이다. 이 산 어디쯤이 삼화령일까. 어딘가에서 우리를 애타게 기다리고 있을 그곳은 진정 어디일까.

2. 삼화령을 찾아서

1) 경주 남산과 삼화령

충담스님과 인연이 있었던 그 삼화령 미륵부처는 어디에 있었을까. 그리고 서라벌의 차 향기가 배어 있을 그 부처는 과연 어디에 있는 걸까.

삼화령 위치에 대해서는 지금까지의 학설로는 두 군데다. 하나는 남산金鰲山 북쪽 장창골長倉谷 고갯마루가 삼화령이고, 그 고개 위에 있었던 돌부처가 '삼화령 미륵불'이라는 설이다. 또 다른 한 곳은 금오산 남쪽 용장계茸長溪 위 가장 높은 봉우리가 삼화령이고, 고개 정상 높은 바위의 거대한 불좌가 '삼화령 미륵불'이 안치되었던 곳이라는 설이다.

용장계는 '용장사茸長寺'란 명문의 기와가 그 주위에서 발견되었기에 그렇게 불려진다. 또한 그곳은 매월당 김시습(1435~1493)이 서른한 살 되던 해 봄에 들어와 오두막을 짓고 만년을 보냈던 곳으로 유명하다. 매월당은 그곳에서 숨어 지내는 동안 차나무를 키우며 주옥같은 차시를 짓기도 했다. 훗날 매월당의 초암차실草庵茶室과 매월당의 차 사상은 이웃나라 일본에 영향을 미쳤다.

어쨌든 삼화령의 위치는 경주 남산金鰲山 북쪽인 장창골 고개와 남산의 남쪽인 금오산 정상의 두 가지 학설은 너무도 다르다. 그 장소는 금오산 북쪽 끝에서 남쪽 끝이 아닌가. 둘 중의 하나라는 양자택일의 함정일 수 있지만 엉뚱한 다른 곳일 확률은 거의 없다고 봐야겠다.

먼저 경주 남산에 대한 설명이 필요할 것 같다.

용장계 3층 석탑에서 바라본 삼화령 대좌

경주 남산은 남북의 길이는 약 10km, 동서의 너비는 약 4km가량 된다. 그러므로 남북으로 길게 뻗어 내린 타원형의 산이다. 높이 468m인 금오산과 높이 494m인 수리산을 합쳐 통칭 경주 남산이라 부른다. 골은 깊고 능선은 변화무쌍해 기암괴석이 만물상을 이루어 그리 높지 않은 산이지만 오묘함이 명산임을 알 수 있다.

남산에는 왕릉 13기, 산성지山城址 4개소, 사지寺址 147개소, 불상 118체, 탑 96기, 석등 22기, 연화대 19점 등 672점의 문화유적이 남아 있으며, 이들 문화유적은 보물 13점, 사적 13개소, 중요 민속 자료 1개소 등 44점이 문화재로 지정되어 있다. 하지만 언제 우리 앞에 새롭게 발견될 문화유적이 얼마인지는 아직 아무도 모른다.

보통 동남산과 서남산으로 나누는데 금오산 정상에서 뻗어 내린 산맥은 동남산과 서남산의 분수령이 된다. 이곳엔 70여 군데의 등산로가

세칭 삼화령 연화대좌

있고 어느 길로 접어들어도 남산 유적을 만날 수 있다. 산골짜기와 편평한 바위 위에도 절과 탑이 세워졌고 암벽엔 불보살과 탑을 새겼다. 그럼에도 남산의 불교 유적은 자연과의 조화로 이루어졌다. 어디 하나 자연을 거스른 유적을 발견할 수 없는 곳이 남산이다.

남산에 불상이 조성되기 시작한 것은 7세기 초로 추정하고 있다. 그 무렵에 조성된 동남산 부처골佛谷 감실여래좌상龕室如來坐像은 부처의 위엄은 간데없고 고향의 어머니나 할머니 모습을 한 우리나라 최고의 감실불龕室佛이며, 7세기 중엽쯤에 조성된 세칭 삼화령 미륵부처라 불리는 장창골 미륵삼존불의상彌勒三尊佛倚像과 선방골 삼존불三尊佛은 천진무구한 미소가 일품이다.

'절은 하늘의 별 만큼 많고 탑은 기러기가 줄지어가는 것처럼寺寺星張

경주 남산의 미륵곡 석조여래좌상

塔塔雁行'이라고 표현한 옛글이 실감나는 남산이다. 남산 바위 속에도 불보살이 살아서 중생을 어루만져줄 거라 믿은 소박한 옛사람들의 소망이 담긴 이 산은 민중 불교의 성지요, 신라인의 정토淨土였다.

신라가 탄생한 곳도 이곳 남산 기슭인 나정蘿井이며, 신라 왕조의 운을 다한 포석정鮑石亭도 남산 기슭이다. 서라벌 첫 왕궁인 금성金城이 있었던 곳이며, 빛나는 별 같은 대중 불교운동의 선각자들이 바람결 같은 전설을 남겨놓은 터전이기도 하다.

신라의 흥망성쇠를 함께한 경주 남산은 서라벌의 진산鎭山이었고, 2000년 12월에 세계문화유산으로 지정되었다.

경주 남산은 개인적으로 좋아하는 산으로 청소년기부터 지금까지 문화유산 답사를 위해 수백 번을 밟아본 곳이라 생각만 해도 가슴이 설렌다. 물론 남산 구석구석은 다 둘러보지 못했지만 그곳의 바위나 풀 한 포기에도 애정을 품었고, 남산에서 문득 만나는 바람과 구름에도 천 년의 흔적을 느낀다. 천 년의 그리움일 것이다.

장창골 고갯마루가 삼화령이라는 주장을 먼저 들어보자.

도중사道中寺의 생의生義스님이 불상石彌勒을 파내어 삼화령 고개 위에 옮기고 절을 지었다는 해가 선덕여왕 13년(644)인데 장창골에서 발견된 돌부처의 조성연대가 비슷하고, 통일신라시대 이전 삼국시대 불상들은 거의 해목령蟹目嶺 북쪽에 자리 잡고 있다는 점이다.

용장계 봉우리가 삼화령이라는 설의 주장은, 선덕여왕 시절 생의스님이 불상을 파내어 옮긴 곳이 남산 남쪽이라 했는데 용장계 정상의 대연화좌는 남산 남쪽일 뿐 아니라 봉우리를 중심으로 세 갈래의 꽃송이를 이루고 있으므로 그곳이 삼화령이라는 것이다. 지금 대다수의 사람들이 용장계 봉우리의 불좌가 있는 곳을 삼화령으로 알고 있고, 아예 그 앞 길가엔 충담사 이야기를 담은 삼화령 안내판이 세워져 있다.

삼화령의 위치와 충담사에게 차 공양을 받던 미륵불의 소재를 밝히기 위해서는 생의사生義寺 명문이 있는 기와나 생의사 미륵불 흔적을 찾든지, 아니면 용장계 정상의 대연화좌 아래 비석대碑石臺의 비신碑身을 찾아보는 일도 필요하리라.

어쩌면 그 두 곳도 아닌 전혀 엉뚱한 지점에서 삼화령이나 삼화령 미륵불이 기적처럼 나타날지 모르겠지만, 현재까지 문헌이나 현장 답사를 통한 연구 결과는 두 곳 중 어느 한 곳이 우리가 찾는 삼화령이다.

2) 경덕왕과 충담사

'생의사 미륵부처'와 충담사와의 인연을 『삼국유사』에서 읽어보자.

당나라에서 『도덕경道德經』 등을 보내니 대왕이 예를 갖추어 받았다. 경덕왕(742~765)이 나라를 다스린 지 24년에 오악과 삼산의 신들이 자주 나타나서 대궐 뜰에서 왕을 모셨다.

경덕왕은 삼월삼짇날 좋은 날을 택해 신하들을 거느리고 반월성 귀정문 문루에서 좌우 신하에게 말했다.

"누가 영광된 일을 할 훌륭한 스님을 데려올 수 있겠소?"

이때 마침 풍채가 좋고 옷을 잘 입은 승려가 길에서 배회하고 있었다. 신하들은 그를 인도해 왕을 만나게 하니 "내가 말하는 대덕이 아니오" 하고 그를 물리쳤다.

조금 후 한 승려가 검소한 옷을 입고 앵통櫻筒[2]을 걸머진 채 남쪽에서 걸어오고 있었다. 왕은 자세히 쳐다보다가 대궐 앞을 지나는 그를 누각

---

2 앵통(櫻筒) 앵두나무 혹은 벚나무로 만든 야외용 차 도구함.

위로 맞이했다. 앵통 속에는 차 도구가 들어 있었다. 왕이 물었다.

"그대는 누구요?"

"소승은 충담이라 합니다."

"어디서 오는 길이오?"

"저는 해마다 삼월삼짇날과 중구일이면 남산 삼화령 미륵세존께 차를 공양합니다. 오늘도 차 공양을 마치고 돌아오는 길입니다."

"나에게도 한 사발의 차를 나누어주겠소?"

충담스님은 그 자리에 다석茶席을 펴고 차를 달여 경덕왕께 드렸는데 그 차맛이 특이하고 찻잔에서 신비로운 향기가 풍겼다. 궁궐에서 즐기던 차맛과 달랐던 것이다. 왕이 차를 마시고 나서 말하기를,

"내 들으니 스님이 지었다는 '기파랑을 노래한 사뇌가詞腦歌'가 그 뜻이 깊다던데, 과연 그러하오?"

경덕왕은 충담은 그날 처음 보았지만 충담의 행적은 이미 알고 있었던 것이다.

"그렇습니다."

"그렇다면 나를 위하여 백성을 다스려 편안케 할 노래를 하나 지어주시오."

충담스님은 즉석에서 노래를 지었다.

그 노래가「안민가」란 향가다. 왕은 충담스님의 인품과 경륜을 알고 왕사로 봉해 곁에 있어 달라고 간곡히 부탁했지만, 충담스님은 두 번이나 절하고 굳이 사양하여 받지 않았다.

「안민가」는 이런 내용이다.

임금은 아버지요, 신하는 어머니라
백성을 아이로 여기시니 백성이 그 은혜를 알리라
열심히 사는 백성들을 사랑으로 다스리니
이 땅을 버리고 어디로 가랴
나라가 편안하리라
임금답게 신하답게 백성답게 한다면 나라는 태평하리라

「찬기파랑가」는 이러하다.

헤치고 나타난 달이
흰 구름 쫓아 떠가는 어디쯤에
새파란 냇물 속에 기랑耆郞의 모습 잠겼구나
일오천逸烏川 조약돌이 랑郞의 지니신 마음을 닮으려 하네
아! 잣나무 가지 드높아 서리 모를 씩씩한 기상이여

『三國遺事』卷二 奇異 景德王 忠談師 表訓大德

德經等 大王備禮受之 王御國二十四年 五嶽三山神等 時或現侍於殿庭
三月三日 王御歸正門樓上 謂左右曰 誰能途中得一員榮服僧來 於是適有一大德 威儀鮮潔 徜徉而行 左右望而引見之 王曰 非吾所謂榮僧也 退之 更有一僧 被衲衣 負櫻筒(一說荷簣) 從南而來 王喜見之邀致樓上 視其筒中 盛茶具已 曰 汝爲誰耶 僧曰忠談 曰 何所歸來 僧曰僧每重三重九之日 烹茶饗南山三花嶺彌勒世尊 今 玆旣獻而還矣 王

曰 寡人亦一瓯茶有分乎 僧乃煎茶獻之 茶之氣味異常 瓯中異香郁烈 王曰 朕嘗聞師讚耆婆郎詞腦歌 其意甚高 是其果乎 對曰然 王曰 然則爲朕作理安民歌 僧應時奉勅歌呈之 王佳之 封王師焉 僧再拜固辭不受

「安民歌」曰
君隱父也 君隱父也 臣隱愛賜尸母史也 民焉狂尸恨阿孩古爲賜尸知 民是愛尸知古如 窟理叱大肹生以支所音物生 此肹喰惡支治良羅 此地肹捨遣只於冬是去於丁 爲尸知 國惡支持以支知古如 後句 君如臣多支民隱如 爲內尸等焉 國惡太平恨音叱

「讚耆婆郎歌」曰
咽嗚爾處米 露曉邪隱月羅理 白雲音逐于浮去隱安支下 沙是八陵隱汀理也中 耆郎矣貌史是史藪邪 逸烏川理叱磧惡希 郎也持以支如賜烏隱 心未際叱肹逐內良齊阿耶 栢史叱枝次高支好 雪是毛冬乃乎尸花判也

3) 생의스님과 석미륵

『삼국유사』「생의사 석미륵生義寺 石彌勒」조를 읽어보자.

선덕왕善德王 때 생의生義라는 스님이 도중사道中寺란 절집에 살았는데, 어느 날 꿈에 한 스님이 그를 데리고 남산으로 올라가서 풀을 매어 표시를 해놓게 하고는 산 남쪽 골짜기에 와서 말하기를,

"내가 이곳에 묻혀 있으니 나를 꺼내서 고개 위에 편안하게 안치해주

시오."

　꿈에서 깨자 그 꿈이 너무 생생해 그는 친구와 함께 꿈에서 표시를 해놓은 곳을 찾아서 그 골짜기에 이르러 땅을 파니 과연 돌로 조성한 미륵불이 나왔다. 그 석미륵을 삼화령 위로 옮겨놓았다.

　선덕왕 13년 갑진년(644)에 그곳에 절을 세우고 살았는데 훗날 절 이름을 생의사生義寺라 했다. 지금은 잘못 전해져 성의사性義寺라고 한다. 충담사가 해마다 삼월삼짇날과 구월구일날이면 차를 달여 공양한 것이 바로 이 부처다.

「生義寺 石彌勒」
善德王時 釋生義常住道中寺 夢有僧引上南山而行 令結草爲標 至山之南洞 謂曰 我埋此處 請師出安嶺上 旣覺 與友人尋所標 至其洞掘地 有石彌勒出 置於三花嶺上 善德王十三年甲辰歲 創寺而居 後名生義寺 令訛言性義寺 忠談師每歲重三重九 烹茶獻供者 是此尊也

　이렇듯 『삼국유사』의 두 기록에서 신라 경덕왕 대에 차승 충담사가 삼월삼짇날과 중구일에 차를 달여 공양하던 '남산 삼화령의 미륵부처'와 '생의사 석미륵'은 동일한 불상임을 알 수 있다.

4) 천진불 미륵삼존

　서라벌의 혼과 숨결이 아직도 느껴지는 영산靈山 경주 남산을 향해 순례를 시작한다. 현재 경주박물관에서 천진스런 모습으로 관람객을 반기는 세칭 '삼화령 미륵삼존'에 대해 알아보자.

세칭 삼화령 미륵삼존상. 경주 남산 석조 미륵삼존상(7세기 중엽). 본존상 높이 160cm, 보살입상 우협시보살 높이 100cm, 좌협시보살 높이 90.8cm, 국립경주박물관 소장

    필자는 '삼화령과 충담사의 차 이야기'를 알기 훨씬 전부터 이 돌부처를 만났다. 현재의 박물관으로 옮기기 전 옛 경주 시내에 있던 구 박물관 뜰에서 경주 답사 중 이 석불을, 그것도 청소년기에 보았는데 당시 다른 불상에서 찾아볼 수 없던 감동이 늘 뇌리를 떠나지 않았다. 그러다가 차문화에 심취한 후부터 경주 남산 등지로 한국의 차문화 유적을 찾아다녔는데, 이 미륵삼존이 바로 삼화령과 관계된 불상일 줄이야.

    『삼국유사』「문무왕 법민」조를 읽어보자.

    왕은 처음 즉위해 남산에 장창長倉을 설치하니 그 길이가 50보步, 너비가 15보였는데 미곡과 병기를 쌓아두니 이것이 우창右倉이다. 천은사 서 북쪽 산 위에 있는 것은 좌창左倉이다.
王初卽位置南山長倉 長五十步 廣十五步 貯米穀兵器 是爲右倉 天恩寺西北山上 是爲左倉

이 기록을 참고 삼아 천은사 터에서 약 400m쯤 올라가면 남산성南山城[3] 북쪽 고갯마루가 되고, 장창골에서 부처골로 넘어가는 길에서 북쪽으로 약 50m쯤 되는 지점이 바로 이 미륵삼존이 원래 있었던 자리다. 이 석불이 있었던 남산 북봉 주위는 이제 폐허가 되어 민묘民墓가 들어서서 이 귀중한 유물이 이곳에 존재했으리란 생각을 하면 안타깝기만 하다.

발굴 장소와 당시의 상황은 『慶州南山の佛蹟』[4] 등에 기록되어 있으며, 당시 발견될 때의 모습이 사진으로 남아 있다.

이 미륵삼존의 명칭에 대해 그동안 여러 학자들이 다양한 견해를 발표했는데, 열거해보면 석가여래삼존, 약사여래삼존, 아미타삼존, 여래상 등으로 불린다. 이 중 미륵삼존과 아미타삼존이라 부르는 학자들이 많은 편이다.

이 불상은 1925년 4월 옛 경주박물관으로 옮겨졌고, 그 무렵 남쪽 탑동塔洞마을 민가에서 보관하고 있었던 애기보살이라 불리는 두 보살상

---

3 남산성(南山城) 경주 남산 북쪽에 있는 신라 산성으로 '신라 남산신성(南山新城)'이라고도 한다. 신라 진평왕 13년(591)에 축조했다가 신라 문무왕 19년(679)에 성을 크게 고쳐 쌓았는데, 지금 성벽이 잘 남아 있는 부분은 이때 쌓은 것으로 보인다. 성 안에는 3개의 창고가 있어 무기와 식량을 저장했다. 성 부근에서 발견된 '남산신성비'에는 "전국에서 사람들이 모여와 일정한 길이의 성벽을 맡아 쌓았으며, 만일 3년 이내에 성벽이 무너지면 벌을 받을 것"이라는 서약의 글과 함께 관계한 사람들의 벼슬·성명·출신지가 새겨져 있다. 사적 제22호.
4 『慶州南山の佛蹟』 경주 남산의 유적을 도록으로 발간한 책. 1940년 조선총독부 발행.

『慶州南山の 佛蹟』에 실려 있는 남산 장창골의 미륵본존상 발견 당시의 모습

도 함께 박물관으로 옮겨졌다. 이 보살상들도 원래 본존불과 함께 안치되었던 협시보살脇侍菩薩로 밝혀졌기 때문이다. 그 당시의 경과와 발굴 당시의 모습은 『慶州南山の 佛蹟』 등 여러 책에 기록되어 있다. 현재는 국립경주박물관 미술관에, 그것도 으뜸 자리에 삼존불로 모여 있다.

이 불상들이 발견된 곳을 『慶州南山の 佛蹟』에선 고분이라 했고, 『韓國의 佛像』[5]에선 초기 석굴사원이라 했다. 『慶州南山古蹟巡禮』[6]에선 이 불상이 처음엔 목조로 된 법당 속에 안치되었다가 오랜 세월이 흐른 후 버려져 있던 것을 후세 사람들에 의해 석축 건물로 지어진 걸로 보고 있다. 장차 이 부근을 조사해서 건물 터나 또 다른 유적을 찾아내는 일

---

5 황수영(黃壽永), 『韓國의 佛像』 「新羅南山三花嶺彌勒世尊」.

남산 장창골 미륵 본존상을 근접 촬영한 모습

도 필요할 듯싶다.

불상이 발견되었다는 석실의 자리를 살펴보면, 기와 조각들이 흐트

---

6 경주시, 『慶州南山古蹟巡禮』.

러져 있는 방형의 약간 솟은 터가 있고, 불상이 발견되었다는 석실은 이 터 남쪽에 치우쳐 있는데 서 있는 3개의 자연석 돌기둥과 넘어진 하나의 돌기둥이 보인다. '현실玄室의 널길羨道'로 추정하든, 석굴사원의 입구로 보든 앞으로 연구할 과제지만, 『겨레의 땅 부처님 땅』[7]에서 주장하듯 오랫동안 경배를 받아온 민간신앙으로 자리 잡은 터전으로 보는 것에 견해를 함께하고 싶다.

언제부터인가 이곳을 부처방佛堂이라 불렀다 하니 민간에서나 무속인이 자주 찾았던 곳이라 생각된다. 왜냐하면 답사를 위해 자주 남산을 오르다 보면 영산 남산에 꽃 핀 신앙의 향기를 쫓아 양초와 향을 들고 숨어드는 여인네들을 심심찮게 만날 수 있기 때문이다. 또한 경주 시내에서 가장 접근이 용이한 곳도 이곳이라, 무언가 신불에게 빌고 싶은 이들이 낮이나 밤이나 찾아올 수 있기 때문이다. 이렇듯 남산 유적을 찾다 보면 민간신앙의 흔적을 자주 접할 수 있다.

예컨대 이 불상 본존의 코를 비롯한 배리 삼존불상 등의 코들은 모두 훼손되어 있음을 알 수 있다. 어디 이뿐이랴. 남산 불적만 살펴보더라도 사람의 손이 닿는 불상의 얼굴은 오랜 세월 지나면서 거의 깨어진 모습을 볼 수 있을 것이다.

주제와 빗나간 이야기지만 경주박물관에 있는 자랑스러운 국보 제29호인 성덕대왕신종을 자세히 살펴본 이는 알리라. 어리석은 사람들에 의해 그 국보 중의 국보인 '에밀레종'을 갉아먹은 상처 자국을. 한때 아이

---

[7] 윤경렬, 『겨레의 땅 부처님 땅』.

못 낳는 여인들이나 필부필부匹夫匹婦들이 간절한 소원을 빌 때마다 남산의 부처상을 훼손했다 하니 참으로 어처구니없는 작태가 아닐 수 없다. 풍문으로는 일제 때 의도적으로 우리의 문화유산을 파괴하기 위한 술책에 넘어간 일이었다고들 한다.

여기서 짚고 넘어가야 할 일은 그동안 우리나라 불교미술 전문가들이 경주 남산 불교미술에 얼마나 정성을 쏟았는지를 자문해볼 일이다.

오래전 경주 남산에 심취해 자료를 수집하다가 도서관에서 일제 때 조선총독부에서 편찬한 『慶州南山の佛蹟』이란 책을 구해보며, 그 당시 황폐해진 경주 남산을 그들이 건축도면 그리듯이 샅샅이 조사한 모습을 보고는 우리는 그동안 무엇을 했을까 싶었다. 최근에야 비로소 제대로 된 조사서나 책들이 나왔다는 사실이 찬란한 문화유산을 남긴 선조들에게 부끄러울 뿐이다. 새로울 것도 없이 답습만 하는 연구 서적을 볼 때마다 딱하기만 하다.

그리고 한 가지 지적하고 싶은 점은 비단 이 유적이 아니더라도 발굴 당시의 모습으로 그 오랜 세월을 두고 변천해온 역사적 유물과 유적에 대해 섣불리 학술적 판단을 해서는 안 된다고 본다. 자칫 중요한 부분을 놓칠 수 있지 않겠는가.

언젠가 지은 지 얼마 되지 않은 현 박물관에 들렀다가 이 삼존불을 다시 만났는데 그때는 무슨 까닭인지 불교미술실이 아닌 진열실 복도에 세워놓았던 걸로 기억된다. 옛날엔 구 박물관이 협소한 관계로 박물관 뜰에 세워두었구나 생각했지만 그때는 왜 이런 우수한 불상을 복도에 두었을까 의아해했다.

불곡(부처골) 감실 석조여래좌상

여러 연구자들이 이 삼존상을 높이 평가하는 이유는 좀처럼 보기 드문 형태의 조각 솜씨도 그렇지만, 경주 남산서 발견된 석상石像으로써 초기 신라 불교미술의 큰 획을 긋는 작품이라는 점이다. 나아가 '삼화령 미륵세존'을 연구하는 필자에겐 더할 나위 없는 중요한 문화유산이다.

『韓國의 佛像』「新羅南山三花嶺彌勒世尊」 연구 논문에서는 다음과 같이 설명하고 있다.

신라 불교의 성지인 남산 불적은 지역적으로 왕도王都 중심에서 가장 근접된 곳으로부터 점차 그 이남으로 확대되었다고 확신한다. …… 그러므로 삼국기三國期 조상彫像은 인왕리仁旺里 석조여래좌상石造如來坐像이나 불곡佛谷의 좌상坐像과 배리拜里의 삼존三尊 그리고 이 논문의 주인공인 이 미륵삼존彌勒三尊은 오직 그 북봉령상北峯嶺上과 그 좌우 계곡에서 찾을 수 있는 까닭……

부처골의 여래좌상과 선방골의 삼존석불 그리고 논고의 미륵삼존상은 거의 같은 시기에 조성된 고신라 작품으로 보고 있다. 전문가가 아니라도 세 곳 불상의 얼굴 모습은 같은 시대에 조성되었으리라 짐작이 갈 정도로 많이 닮아 있다.

지금부터 세칭 '삼화령 미륵삼존'을 살펴보자.

① 본존불本尊佛

이 불상은 타원형의 연화대좌에 걸터앉은 특이한 모습이다. 전체적으로 몸에 비해 머리와 손이 크다. 살며시 뜬 눈은 꿈꾸 듯 선정에 든 모습이고, 코는 길고 높다. 풍만한 모습과 입가의 은은한 미소는 기막힌

세칭 삼화령 본존상. 국립경주박물관 소장

조화를 이룬다. 앞에서 잠깐 언급한 동시대 작품으로 추정되는 선방골 삼존석불상의 본존인 아미타여래의 미소와 흡사하다. 흔히 고졸古拙의 미소微笑라고 한다.

오른손 엄지와 둘째손가락을 집어 오므린 채 손바닥을 보이게 오른 무릎 위에 들고, 왼손은 가사 자락을 슬쩍 잡은 채 손바닥이 위로 보이게 무릎에 놓았다.

삼도三道를 생략한 목과 인중을 비롯한 턱과 입은 짧게 보여 얼굴 모습은 천진스런 어린아이처럼 보인다. 이 불상의 두 귀는 일반 불상처럼 어깨까지 드리워졌고, 어깨는 부드러운 곡선으로 마무리되었으며, 두광頭光은 연화문이다. 드러난 가슴엔 길상만덕吉祥萬德을 상징하는 卍 자를 돋을새김으로 조각했다. 이 불상의 다리는 짧다. 걸터앉은 자세의 무릎을 강조하기 위한 와선渦線으로 처리한 조각 기법이 독특하다.

② 보살입상 菩薩立像

이 불상들은 본존인 여래상에 비해 작은 모습이다. 짧은 인중과 작은 입술이 연출하는 미소는 본존보다 더 사랑스럽다. 몸체에 비해 머리 부분이 크다. 머리엔 앞부분과 좌우에 꽃 장식을 한 삼면보관三面寶冠이 새겨졌고, 두 눈은 본존처럼 명상하는 모습이다. 어깨에 걸친 천의天衣는 허리와 다리 부분까지 걸쳐 길고 넓게 드리워져 편안한 느낌이다.

오른쪽 보살상은 오른손으로 긴 줄기의 연꽃을 들어 가슴에 올렸고, 왼쪽 보살상은 오른손 엄지와 검지로 경문經文 같은 것을 들었는데 두 보살상 모두 수인手印이 독특하다. 우협시보살이 좌협시보살보다 키가 크다.

세칭 삼화령 좌협시보살. 국립경주박물관 소장　　　세칭 삼화령 우협시보살. 국립경주박물관 소장

　　좌우 보살상 모두 각각 한쪽 다리를 약간 굽혀 본존을 향했는데 가운데 불상을 돋보이게 하는 모습이다. 그 생명력 있는 율동감이 흡사 금방이라도 살아 움직일 듯 보인다. 우협시보살은 세 줄로 된 목걸이를 걸쳤고, 좌협시보살은 두 줄로 만든 목걸이를 했는데 코가 훼손되었다. 보살상들의 전체적인 모습은 간결하면서도 우아하고, 소박하지만 기품이 있어 그 어떤 불상에서도 찾아볼 수 없는 조화로움이 넘친다.
　　남녀노소 할 것 없이 이 부처를 만나면 천진스런 동자童子를 떠올릴 것이다. 욕심이 없는 천진무구한 보살을 달리 이르는 말이 동자 아니겠는가. 아이들이 경주박물관에서 불상을 견학하다가 이 부처를 만나면

십중팔구는 이 불상의 발이나 몸을 만지는 광경을 보게 되는 까닭을 알게 되리라.

　이런 불상을 만든 사람은 누구였을까. 경주 남산 불보살상을 만나면 한결같은 감동을 받게 되는데 누구나 그러하리라 싶다. 아마 경주의 고미술품들은 단순한 조각가가 아닌 탁월한 예술가의 솜씨를 지닌 성자의 솜씨로 빚어낸 작품이리라.

5) 용장계 대연화좌와 장창골 미륵삼존

　경주 남산金鰲山으로 연결되는 산맥 중에서 해발 420m가 되는 높은 봉우리가 있다.

　『慶州市誌』에 의하면, 용장사 터茸長寺址 쪽으로 뻗어 내린 산맥과 남으로 뻗어 내린 수리산에 접하는 산맥, 금오산 정상에서 쭉 뻗은 세 갈래의 큰 산맥을 모아 솟아오른 봉우리이기에 삼화령이라 한다고 했다. '삼화령 연화대'라 일컫는 이곳 연화대좌는 고개 정상 높은 바위에 복연좌伏蓮座로 새겨진 것인데, 지름이 2m나 되는 상당히 큰 유적이다.

　당시 일본 학자들은 『慶州南山の佛蹟』에서 이 자리에 항마촉지인降魔觸地印의 불상이 상체가 파괴된 채 동쪽으로 앉아 있었는데, 그 증거로 연화대 위에 기둥을 세웠던 구멍들이 열 지어 있고 주위엔 기와 파편들이 흐트러져 있었다 한다. 그러나 윤경렬尹京烈은 『겨레의 땅 부처님 땅』에서 그 말을 믿을 수 없다고 주장했다. 신라 불상은 복련좌 위에 좌불이 앉은 예가 없다고 했다. 그리고 만약 이 대좌 위에 앉은 모습의 불상이 안치되었다면 무릎 너비가 2m가량 되었을 큰 불상으로 보고 있다. 하지만 항마촉지인상의 그 불상의 무릎 너비는 1.03m에 불과하다. 우리가 잘 아는 석굴암 부처 무릎 너비가 2.72m가 되니 상상이 간다. 그 당시 불상마저도 없어지고 이곳은 남산 순환도로 공사로 인해 돌 축대로 덮여 옛 모습을 잃어버렸다.

이곳에서 또 하나 주목할 유적이 있는데 연화대좌에서 동남쪽 등성으로 약 70m 내려오면 바위 위에 비석은 없고 비석대만 남은 유적을 볼 수 있다. 자연 바위 위에 직사각형으로 홈을 파서 세웠던 흔적이다.

세칭 삼화령 연화대좌에 관한 내력을 알 수 있을 듯싶은 그 비석은 계곡 아래로 굴러떨어졌거나 어딘가 옮겨져 햇빛 볼 날을 기다리고 있을지도 모른다. 그 비석을 발견해 비문을 읽을 수 있는 날이 빨리 오기를 기대해본다.

경주 남산을 누구보다도 사랑했고 어느 학자들보다 현장을 누비며 연구 활동을 한 윤경렬은 그의 책에서 이곳 용장골 절터의 봉우리를 삼화령이라 하고, 그곳의 연화대좌에 안치되었을 불상을 충담사의 차 공양을 받던 미륵불이라 주장하고 있다.

그의 주장을 더 들어보자. 앞에서 자세히 언급한, 남산성 북쪽에 있는 작은 언덕을 삼화령이라 하고 그곳에서 발견된 삼존불을 삼화령 미륵세존이라 주장하는 여러 불교 관련 책을 그는 반박하고 있다.

『삼국유사』에는 생의스님이 돌부처를 파낸 것이 남산 남쪽이라 했는데 그 불상이 발견된 곳은 남산 북쪽 기슭이다. 또 『삼국유사』의 「빈녀양모貧女養母」조에 "효종랑孝宗郎이 포석정 혹은 삼화술三花述에서 놀고 있을 때……"라고 적혀 있는데, 삼화술은 삼화수리로 읽어야 한다. 수리는 정수리, 즉 가장 높은 정상을 말한다. 선도산仙桃山을 서수리산이라 하는 것은 서쪽에서 가장 높은 산이라는 말이다. 그러면 삼화령이나 삼화수리는 같은 말로서 이곳은 높은 정상에 있어야 한다. 그런데 박물관에 옮겨진 석조미륵삼존불의상石造彌勒三尊佛倚像의 불상[8]이 발견된 곳은 령嶺이나 수리가 될 수 없는 작은 언덕이다. 그렇다면 남산 남쪽 골짜기에 있는 제13 절터가 생의사 터가 될 가능성이 많고, 해발 420m 높이에 있는 대연화좌 위에 모셨던 부처가 삼화령 미륵불이었을 가능성이 큰 것이다.[9]

주장들을 정리해보면 황수영黃壽永을 비롯한 불교미술학자들은 남산의 북봉北峯 작은 언덕이 삼화령이고, 그곳에서 발견된 여래의좌상如來倚坐像이 '삼화령 미륵세존'이라고 한다. 그와 반대로 윤경렬을 중심으로 한 향토사학자들은 남산 남쪽 골짜기의 세 갈래로 뻗은 봉우리가 삼화령이고, 그곳에 안치되었던 불상이 충담사의 차 공양을 받던 미륵세존이라는 것이다.

어쨌든 생의스님이 현몽現夢을 받고 땅에서 꺼내 고개三花嶺 위에 안치하고 선덕왕대善德王代(644)에 생의사生義寺를 지어 정성으로 공양했던 미륵불이 훗날 충담사와 인연을 맺고 오늘날 차문화 유적으로 다시 태어난 것이다. 이처럼 삼화령의 위치에 대한 서로 간의 주장은 나름대로 설득력이 있다.

『삼국유사』의 기록으로 보면 미륵불을 파낸 곳이 남산 남쪽 골짜기

---

8 석조미륵삼존불의상(石造彌勒三尊佛倚像) 장창골에서 발견되어 현재 경주박물관에서 소장하고 있는 세칭 삼화령 미륵삼존상.
9 윤경렬, 『겨레의 땅 부처님 땅』.

라 했는데 세칭 '삼화령 미륵부처'는 남산 북봉 기슭에서 발견되었다. '삼화술'을 '삼화수리'로 읽는다면 삼화령이 될 것이고, 그렇다면 삼화령은 높은 봉우리나 정상이어야 한다. 남산 남쪽 용장계 정상이 해발 420m나 되는 높은 곳이기에 그 정상에 위치한 대연화대가 삼화령일 확률이 크다. 세칭 삼화령 미륵불의 발견 지점은 령이 될 수 없는 작은 언덕이다. 또 한 가지는 『삼국유사』에 미륵세존께 차 공양을 한다고 했지, 미륵삼존께 차 공양했다는 말이 없다는 것도 용장계의 대연화좌를 삼화령으로 보는 견해가 더 가깝다.

그렇지만 남산 북쪽인 장창골 언덕에서 발견된 미륵삼존이 안치되었던 곳이 삼화령이라는 주장을 무시할 수 없다. 당시 신라 도성에서 보면 그 미륵불이 발견된 남산 지점은 남쪽이다. 생의스님이 남산령산南山嶺山에 이르러 풀을 묶어 표시를 하고 남쪽 골짜기에서 돌부처를 파내어 삼화령에 옮겼다면 그 장소를 남산의 남쪽으로 볼 수 있고, 또한 고개 위를 중심으로 골짜기 남쪽일 수도 있지 않는가.

이 불상이 발견된 장소는 북봉에서 조금 남으로 내려온 산등성 위쪽 편이다. 그리고 옛 신라 사람들이 동서로 연결된 산언덕을 넘어 다니던 길과 가깝다는 것이다. 오늘날에도 이 고갯길을 맨드리 고개라 부른다고 한다. 그에 비하면 용장계 쪽은 도성에서 상당히 멀 뿐 아니라 오르내리기도 쉽지 않다는 것이다. 삼화령을 용장계 쪽이라 주장하는 이들은 불상이 발견된 장창골 언덕이 고개가 아니라서 가능성이 희박하다고 하는데, 엉뚱한 발상이지만 약 1300여 년 전 일이 아닌가. 그리고 높지 않는 고개 또는 재를 령嶺이라고도 한다. 상전桑田이 벽해碧海란 말이 있다. 예컨대 그 당시엔 낮은 고개가 아닐 수도 있다는 것이다.

이 지구상에 그런 흔적은 곳곳에 존재한다. 현재는 육지지만 약 천 년 전엔 바다 혹은 하천인 경우도 많다. 이를테면 나루터津를 의미하는 지명을 아직도 사용하고 있지만 현재는 나루터와 관계없는 곳이 많지 않은가. 문헌을 통해서야 그 당시 바다와 인접한 곳임을 알 수 있고, 심지어는 현재 상당히 높은 곳에 위치한 사찰 등도 옛날엔 바다와 인접했음을 짐작할 수 있는 곳도 있다. 현재의 모습으로 그 옛날을 추론한다는 것에 발상의 전환이 필요하지 않을까 싶다. 심지어 중국의 태산泰山은 세월이 흐를수록 산이 높아진다는 믿거나 말거나 하는 풍문도 있다.

『삼국유사』에 언급된 「생의사 석미륵」의 조성연대와 거의 일치하는 미륵불상이 남산 북봉 고갯마루에서 발견되었다는 점도 그 이유다. 이 미륵불상이 발견되었던 고갯마루 동서쪽 인근 계곡인 부처골과 선방골에 현재 남아 있는 감실여래상과 배리 삼존불 또한 같은 연대면서 상호가 닮았다는 점도 예사롭지가 않다.

앞에서 언급했지만 고신라까지는 남산의 불적은 신라 도성이 가까운 남산 북봉 일대에 존재했고, 삼화령과 인연 있는 '생의사 석미륵 이야기' 또한 삼국 통일 전인 그 무렵임을 기록에서 엿볼 수 있다.

일본인 소천小泉이란 고고학자는 경주 유적 조사에 참여한 후, 그의 저서 『新羅의 石佛』에서 이 불상을 "불상은 석실의 오벽奧壁을 뒤로 삼고 올바르게 안치된 채로 매몰되어 있었다"고 언급했다.

여기서 다시 황수영의 이야기를 들어보자. 그가 현장 조사를 했을 때는 "이미 석실은 파괴되어서 석불의 정확한 원지점조차 찾을 수 없었다"

하였고, "석실이 방형方形임과 석불이 석실에서 남면南面해 지금도 알 수 있는 고분군과 상대하고 있었다는 사실을 인지할 수 있었는데 이것은 이 석불 봉안의 석실과 고분과의 사이에 매우 긴밀한 상호 관련을 곧 추정케 했다. 바꾸어 말한다면 이 같은 석실불의 배치는 고분에 대한 기복을 목적으로 묘전墓前에 설치되었어도 가하다는 것이다. 이 석실을 중심으로 그 주변에 고와古瓦가 다수 산재하였는바 이들은 삼국 말기에서 신라 통일 초기에 걸쳐 제작된 각종 기와로써 결코 단일한 것은 아니었다. 이 석실을 중심으로 그곳에 용와葺瓦한 사실 또는 그를 위한 목조건물의 존재를 곧 추정케 해주는 것이다. 수차례에 걸쳐 현장에서, 또는 남쪽 산 아래의 탑동塔洞 부락에서 고로古老들의 이에 대한 증언을 들을 수가 있었다"[10] 하며, 이 석실 중에서 비교적 가벼운 보살입상을 지게로 운반한 촌로의 이야기도 하고 있다.

증언에 의하면 석실은 위가 붕괴되어서 비로소 석불의 존재를 알게 되었고, 석실 내에 본존이 안쪽 깊숙한 벽 중앙에 있었으며, 그 좌우에 두 보살상이 각 1구씩 서 있었다 한다. 동네 사람들이 각기 보살상을 지게에 지고 산을 내려와 집에 두었다가 얼마 후 일인 관헌에 발각되어서 자신들이 다시 지게로 이들을 경주박물관으로 운반했다는 웃지 못할 사연을 전한다. 이때 석실 내부는 천장을 장대석長大石으로 짰으며, 남으로 문이 있었고, 실내도 와편이 보였고, 전면은 고분이 있었다고 한다.

이것으로 미루어보아 이곳은 오늘날 토함산 석굴보다 먼저 조성된 인

---

10 황수영,『韓國의 佛像』「新羅南山三花嶺彌勒世尊」.

공 석실의 수법이었지 않나 싶다. 부처골의 여래상이 자연 그대로의 큰 바위를 파서 감실龕室 안에 안치한 석실이라면, 석굴암이나 이곳은 인공으로 만든 석실 안에 불상을 안치한 경우라 추정할 수 있겠다.

불상의 봉안을 위해서 석감石龕이나 석굴의 조성은 그 시원이 불교의 전래처럼 처음 인도에서부터 중국을 거쳐 다시 우리나라 삼국에 전파되었음은 잘 알려진 사실이다. 토함산 석굴처럼 이곳 불상도 오랫동안 매몰되었다가 마침내 밝은 빛을 보게 된 거라 생각하니 인연과 우연이란 말이 다르지 않음을 실감한다. 필자도 여러 번 그 자리를 답사했지만 이미 석실은 파괴되었고 주위의 풍경은 옛 사연을 숨기고 있었다.

앞부분에서 인용한『삼국유사』같은 고문헌의 관련된 기록이나 앞선 학자들의 연구서를 토대로 해 삼화령 미륵불에 대한 연구를 계속 고찰해보도록 하자.

신라 남산, 즉 오늘날의 경주 남산 생의사 석미륵은 경덕왕 대에 충담사가 삼월삼짇날과 중구일에 팽다烹茶하고 헌공하던 삼화령의 미륵세존임은 두말할 필요가 없다.『삼국유사』「생의사 석미륵」조에 보면 생의스님은 현몽을 받아 남쪽 골짜기南洞에서 석미륵을 발굴해 친구와 함께 삼화령 위로 옮겨놓았다고 했다. 그렇다면 몇 사람의 힘으로 운반할 수 있는 석상일 것이고 남산에서 쉽게 볼 수 있는 바위새김불상磨崖佛像은 아니라는 점이다. 그러면 용장계 대연화좌를 삼화령 자리라 하는 설에 의문이 간다. 왜냐하면 그 대연화좌에 안치되었다면 석굴암 불상보다는 약간 작지만 거대한 석상으로 봐야 하는데, 그렇게 큰 불상을 생의스님과 친구 몇 사람이 골짜기에 묻혔던 석불을 과연 고개 위로 옮겨놓을 수 있었을까 하는 생각이다.

 그 불상의 명칭을 충담사가 단순히 미륵이나 미륵존상으로 호칭하지 않고 미륵세존이라 한 것에 대해 황수영은 "곧 여래상을 가리킨다며 본존이 여래형인 경우 양쪽에 협시보살을 넣어 삼존을 이루는 것은 당시의 정형이었다"면서 『삼국유사』 권2 「무왕武王」 조의 "一日 王與夫人 欲幸師子寺 至龍華山下大池邊 彌勒三尊出現池中 留駕致敬" 구절을 인용하고 있다. 그리고 생의사의 창건연대를 선덕왕 12년 갑진甲辰이라고 명기한 사실과 석상의 조성연대는 그 창건연대와 일치한다고 보아야 한다고 했다.[11] 그렇다면 굳이 삼존불이란 용어를 사용하지 않아도 삼존을 이루고 있었다는 설명이다.

 그러므로 일연스님이 『삼국유사』 「생의사 석미륵」 조에서 석미륵이라 했고, 「경덕왕 충담사 표훈대덕」 조에 충담사가 경덕왕의 물음에 '삼화령 미륵세존'이라 말함은 승려 신분인 충담이 특별히 '팽다헌공烹茶獻供' 하던 부처에 대한 존칭이었을 터, 석미륵이나 미륵세존이나 같은 불상을 지칭하는 용어이다.

6) 삼화령과 삼화술

 경주 남산 '삼화령'은 이 연구에서 중요한 지명이며 핵심이다.

 삼화령이란 말의 뜻은 무엇일까. 삼화술三花述의 '술述'은 지을 술, 닦을 술, 따를 술 등으로 읽는데, 삼화술을 '화랑이 혹은 세 화랑이 심신

---

11 황수영, 『韓國의 佛像』 「新羅南山三花嶺彌勒世尊」.

수련을 위해 수양하던 곳'으로 해석해본다면 억지일까. 또한 술 또는 수리는 옛말로 뫼山, 고高, 상上, 신神 등을 의미한다고 한다.

미륵삼존불이 발견된 곳은 신라 도성과 가까운 거리다. 화랑이 낭도들을 불러서 쉽게 찾을 수 있는 곳에서 풍류를 즐겼다면 그곳은 신라 화랑과 인연이 있던 장소일 것이다. 그곳에 미륵부처를 안치해놓고 기도를 했다고 본다면 그 미륵불에게 1년 중 기운 좋은 날(重三日과 重九日)을 택해 차 공양을 하며 무언가를 기원했으리라. 『삼국유사』에 '화랑 효종랑이 남산 포석정 혹은 삼화술에서 노닐었다'[12]고 한 것을 보면 삼화술, 곧 삼화령은 화랑들의 본거지며, 당시 화랑의 풍류도를 위한 도량道場이지 않았나 싶다. 그 당시 남산 전체가 화랑들이 호연지기를 기르기 위한 도량이었다는 것을 상기해볼 필요가 있다.

여기에서 화랑과 신라의 차문화를 잠시 살펴보자.

신라의 화랑들은 호방한 기개로 자연 속에 노닐며 차를 즐기며 심신을 단련하고 덕목을 쌓았다.

조선 후기의 문신인 홍만종洪萬宗(1643~1725)이 역대 도가적 인물들의 전기를 엮은 『해동이적海東異蹟』에는 화랑들의 행적이 상세하게 실려 있다. 신라의 화랑들인 사선四仙, 즉 술랑述郎, 남랑南郞, 영랑永郞, 안상安詳은 동해안 최남단 언양을 시작으로 경주 남산을 거쳐 북쪽으로 금강산에 이르고, 서쪽으로 바다에 접하고, 내륙으로 태백산맥의 깊은 곳까지

---

[12] 『삼국유사』 권5 「빈녀양모(貧女養母)」 조의 "孝宗郎遊南山鮑石亭 或云三花述".

다니면서 심신을 단련했다고 한다.

신라시대의 오래된 차 유적지인 한송정寒松亭의 다천茶泉, 연단석구鍊丹石臼 등이 지금도 남아 있음을 미루어볼 때 그 당시 화랑들이 차를 일상에서 즐겨 마셨고, 다도 수련을 했음을 추정할 수 있다.

또한 고려의 문인 이곡李穀(1298~1351)이 지은 『동유기東遊記』에는 "화랑들은 차를 나누어 마시며 서로 깊게 결속했고, 윗사람과 아랫사람이 예로써 화합할 수 있었다"는 내용이 있다. 또한 "신라 화랑들이 사용했던 다구들과 돌솥 등이 동해 바닷가 여러 곳에 남아 있는 것을 보았다"는 증언도 실려 있다.

그리고 신라에는 불교의 헌다의식이 성행하면서 스님들의 수행 생활에도 차문화가 자리 잡았고, 귀족이나 관리, 문인들의 일상사에도 자연스레 차문화가 보편화되었다. 그러므로 신라의 원효스님과 뱀복蛇包(蛇巴) 성인聖人의 감천 설화甘泉說話에 관한 일화도 신라의 차문화를 이야기하고 있다.

즉, 고려 문신 이규보李奎報(1168~1241)가 쓴 『동국이상국집』「남행월일기南行月日記」에, 뱀복이 원효스님을 따라가 사는데 원효스님에게 차를 드리려니 물이 없어 걱정하다가 갑자기 바위틈에서 샘물이 솟아나와 이것으로 차를 달였다는 기록이 '원효방元曉房 이야기'이자, 차문화에 관한 기록이다.

화랑들이 무리를 지어 명산대천을 돌며 다도수련을 했던 흔적들을 고려 차인 안축安軸(1287~1348)의 「한송정寒松亭」이란 차시에서 엿볼 수 있다.

화랑들이 이곳에 모여들어 맹상군 댁 문전처럼 붐볐는데
오늘날 화랑의 발자취는 뜬구름처럼 자취도 없고
솔숲 돌 부뚜막은 오래전 불도 꺼졌네
홀로 찾아와 황혼에 서서 옛일 생각하니
오직 차 달이던 샘茶泉만이 홀로 돌 뿌리에 누웠구나

四仙會會此 客以孟嘗門
珠履雲無迹 蒼官火不存
尋眞思翠密 懷古立黃昏
惟有煎茶井 依然在石根

또한 고려 시절 기행문을 많이 남긴 김극기金克己(1150~1204)도 "신라 화랑이 유람하던 이곳에 차 화덕만 나뒹굴어 이끼만 무성하네"란 내용의 차시를 남기기도 했다.

신라시대의 차문화 흔적을 찾다 보면 흥미로운 사실 하나를 발견하게 된다. 그것은 중국의 명차라고 불리는 '구화산차九華山茶'에 대한 것이다. 구화산九華山은 모봉차毛峰茶, 운무차雲霧茶 등의 명차가 나는 곳이다. 이 차의 뿌리는 중국인이 지장보살이라 부르는 김지장金地藏, 즉 김교각金喬覺(696~794) 스님이 신라에서 가져온 금지차金地茶이다. 당시 신라에서는 많은 이들이 당나라로 유학을 떠났는데 그중 한 사람이 바로 신라 성덕왕의 왕자인 교각스님이다. 교각스님은 신라를 떠날 때 신라의 차 종자를 가져갔다.

당나라에서 공부를 끝낸 교각스님은 신라로 귀국하지 않고 중국의 구화산에서 많은 제자들에게 가르침을 전했다. 그리고 그곳 구화산에 신라에서 가져간 차를 심어 보급했다. 중국의 팽정구彭定求가 쓴 『개옹다사介翁茶史』에는 "김지장이 신라차를 구화산에 심어 운경차雲梗茶를 만들었다"고 적고 있다.

교각스님이 중국에 신라차를 전한 것은 8세기이고 『삼국사기』 기록에 보면, 대렴大廉이 당나라 사신으로 갔다가 돌아오면서 신라에 차를 가져와 심은 것은 신라 흥덕왕 3년(828)이니까 대륙에서 차 씨앗을 가져와 우리 땅에 심은 역사보다 약 100년 전쯤에 신라의 차 종자를 대륙에 가져가 심었다는 기록이다.

물론 그 당시 대륙에서 귀한 차들이 신라로 들어왔겠지만 이미 우리 땅에는 고유의 차가 존재했었다는 사실을 유추해볼 수 있는 것이다. 신라를 거쳐 한반도를 통합한 통일신라의 우수한 차문화 속에서 자연스레 꽃을 피워낸 아름다운 문화가 바로 삼화령 헌공다례이리라.

충담사는 화랑도 출신일 가능성이 크다. 화랑도는 한 집단에 한 사람의 화랑과 승려낭도 한 사람 그리고 많은 인원의 낭도가 있었다고 하니 화랑 기파랑의 승려낭도였을 것이다. 『삼국유사』에 나오는 그가 지은 「찬기파랑가」란 향가의 내용을 보면 기파랑耆婆郎이란 화랑과 함께 생활하며 기파랑의 기개와 인품을 몸소 체득해 노래한 것이라 볼 수 있다.

또한 충담사는 경덕왕을 만나 또 하나의 향가 「안민가」를 노래했다. 당시 어려운 국정과 후사 때문에 경덕왕은 좋은 날(重三日)을 택해 나라의 인재를 구하기 위해 귀정문 문루에서 좌우 신하를 거느리고 인재 등용을 시도했다가 극적으로 충담을 만났다. 충담사의 다도를 통한 공력과 문장을 통해 인격과 경륜을 알아보고 왕사王師가 되어달라고 간청했지만 충담은 왕의 간절한 부탁에도 "왕은 왕답게, 신하는 신하답게, 백성은 백성답게 한다면 나라는 태평하리라"는 불변의 정치철학을 남긴 채 초연히 역사 저편으로 사라졌던 것이다.

다시 불교미술 전문가의 생각을 들어보자.

> 이런 미륵삼존상이 삼국 말末로 추정된 고분들과 나란히 그 남북에 자리 잡고 있었으며, 이 삼존은 반드시 그 앞의 동대의 고분과 직접 관련시켜서 고찰되어야 한다고 생각한다. 삼화령이라 부르던 그 당대의 통칭을 해석해 삼화三花는 삼화지도三花之徒, 즉 삼화랑三花郎을 가리키는 것으로써 이곳 수기數基의 고분과 이들 화랑들과 어떠한 관계를 추정할 수는 없을까.[13]

어쩌면 이곳에 있었다는 고분들은 당시 화랑들의 무덤인지도 모른다. 「찬기파랑가」의 주인공인 기파랑이나 득오得烏가 지었다는 「모죽지랑가慕竹旨郎歌」의 화랑 죽지랑 등이 그 주인공일 수도 있으리라.

다음은 『삼국유사』 권2 「효소왕대 죽지랑孝昭王代 竹旨郎」에 나오는 대목이다.

---

[13] 황수영, 『韓國의 佛像』 「新羅南山三花嶺彌勒世尊」.

부록 | 경주 남산 삼화령을 찾아서   329

죽지령에 이르니 한 거사가 그 고갯길을 닦고 있었다. 공述宗公이 칭찬하니 거사도 공의 위세를 보고 서로 마음이 통했다. 공이 임소任所에 부임하고 한 달이 지났을 때 꿈에 거사가 방으로 들어왔는데 공의 아내도 같은 꿈을 꾸었다. 예사롭지 않은 꿈이라 사람을 시켜 거사의 안부를 물으니, 그곳 사람들이 거사는 죽은 지 며칠 되었다고 했다. 그가 죽은 날이 꿈을 꾼 날과 같은 날이었다. 공이 말하기를 "필경 거사는 우리 집에 태어날 것이다"라며 군사를 보내 고개 위 북쪽 봉우리에 장사 지내고 돌미륵石彌勒을 만들어 무덤 앞에 세워놓았다. 공의 아내는 그 꿈을 꾼 날로부터 태기가 있어 아이를 낳으니 죽지竹旨라고 불렀다.

行至竹旨嶺 有一居士 平理其嶺路 公見之歎美 居士亦善公之威勢赫甚 相感於心 公赴州理 隔一朔 夢見居士入于房中 室家同夢 驚怪尤甚 翌日使人間其居士安否 人曰居士死有日矣 使來還告 其死與夢同日矣 公曰殆居士誕於吾家爾 更發卒修葬於嶺上北峯 造石彌勒一軀 安於塚前 妻氏自夢之日有娠 旣誕 因名竹旨

여기서 '竹旨嶺'이란 말과 '更發卒修葬於嶺上北峯 造石彌勒一軀 安於塚前'이란 말을 주목해볼 필요가 있다. 죽지라는 화랑의 이름을 따서 '죽지령'이라 불렀듯이 '삼화령'이란 말도 세 화랑, 즉 '삼화랑'을 기리기 위해 삼화랑의 무덤을 고개 위에 안치하고 '삼화령'이라 불렀지 않았나 싶다.

물론 삼화령이란 지명이 『慶州市誌』에서 "세 갈래의 산맥을 모아 꽃송이처럼 솟아난 봉우리이기에 삼화령이라 한다"는 것이 일관된 주장이지만, 도교사상에서 나오는 삼화三花를 고찰해보면 도교 수련의 최고 경지를 삼화취정三花聚頂이라 한다. 정수리에서 연꽃이 하늘로 치솟고, 그 줄기가 세 갈래이고, 그 위에 연꽃이 있으며, 연꽃 안에 부처가 앉아 있다는 것이다. 불가에선 육신을 버리지만 도가에선 몸을 중요하게 생각한다. 또한 도교의 연단술煉丹術에선 정情, 기氣, 신神을 세 송이 꽃 혹은 세 가지 보물로 본다. 세 송이의 꽃이 정수리에 모였다는 것은 완전한 신체의 경지를 뜻한다고 했다.

동양사상에서 도교와 불교의 만남은 선禪의 황금시대를 구가하는 큰 산맥이었다. 요컨대 선승들의 불교사상은 도교의 철학을 만남으로써 그 꽃이 활짝 피었다고 생각한다. 유명한 불교의 선어록인 『벽암록壁嚴錄』[14] 등을 살펴보면 이 이야기가 실감나리라.

여기에서 다시 정리를 해본다면 남산의 북쪽 언덕도 삼화령일 수 있고, 남산 남쪽 용장골 봉우리도 삼화령일 수 있다. 남산 북쪽 언덕에선 '삼화령 미륵불상'이 나왔고, 남산 남쪽 용장골 봉우리엔 '삼화령 연화대좌'가 존재하니 참으로 희한한 일이 아닐 수 없다.

이 연구와 관련된 자료를 통해 경덕왕과 충담사가 살았던 시대를 살펴보고 그 당시 신라인의 미륵사상 등을 고찰해보자. 아울러 차 공양의 의미와 남산에 존재하는 헌공獻供에 관한 유적들을 현장에서 확인해보기로 한다.

---

14 『벽암록(壁嚴錄)』. 설두중현(雪竇重顯)이 『전등록(傳燈錄)』 1,700칙의 공안 중에 100칙을 골라 저마다 게송을 달고, 환오극근(圜悟克勤)이 각 칙에 살을 덧붙여 이루어진 불경으로 선 수행에 귀중한 지침서가 되는 전적(典籍)이다.

7) 경덕왕과 충담사의 인연

신라 차승 충담스님은 1년 중 가장 좋은 날을 택해 남산 삼화령 미륵불께 헌다하며 미륵부처의 공덕으로 정토를 염원했을 것이다. 경덕왕은 월명사月明師를 만나 나라의 근심거리를 물리쳤듯이, 또한 나라일이 걱정된 왕은 인연 있는 대덕을 만나고파 했다가 다행스럽게 충담사를 극적으로 만났지만 충담은 역사 속으로 사라져버린 것이다. 세속에 연연하기 싫어서였을까. 아니면 다가올 역사의 흐름을 꿰뚫고 있어서였을까.

먼저 경덕왕과 월명사의 인연을 잠시 살펴보자.

경덕왕이 충담사를 만나기 전 이야기다. 경덕왕 19년(760) 4월 초하루, 하늘에 태양이 두 개나 나타났다가 열흘이 되어도 없어지지 않는 괴변이 있었다. 이때 월명사가 「도솔가兜率歌」를 지어 바치니 변괴가 사라졌다. 이에 왕은 월명사에게 좋은 차와 수정 염주 108개를 하사했다. 경덕왕이 월명사를 만난 것은 마치 충담사를 만난 일과 흡사하다.

『삼국유사』 권5 「월명사 도솔가月明師 兜率歌」에 나오는 부분이다.

> 경덕왕 19년 경자년 4월 초하루 날, 하늘에 해가 둘이 나타나서 열흘 동안 없어지지 않는 괴이한 일이 생겼다. 일관日官이 아뢰었다.
> "인연 있는 승려를 청해 산화공덕散花功德을 지으면 재앙을 물리칠 수 있을 겁니다."
> 이에 왕이 청양루靑陽樓에 나가서 인연 있는 승려를 기다렸다.
> 이때 월명사가 남쪽에서 밭둑길을 걷고 있었다. 왕이 신하를 보내 그를 불러 단을 열고 기도하는 글을 짓게 하니 월명사가 말하기를,

"신승臣僧은 다만 국선國仙의 무리에 속하기에 겨우 향가鄕歌만 알 뿐이고 범성梵聲엔 서툽니다."

왕이 답하기를,

"이미 인연 있는 승려로 뽑혔으니 향가라도 좋소."

이에 월명이 「도솔가」를 지었는데 내용은 이러하다.

오늘 대궐에서 산화가를 부르며 꽃을 뿌려 보낸다
곧은 마음으로 정성을 실었으니 도솔천의 미륵님을 모시게 하라

풀이를 하면,

오늘 여기 궁궐龍樓에서
산화가散花歌를 부르며
청운靑雲에 꽃을 뿌려 보내네
정성껏 올곧은 마음으로 간절함을 실었으니
도솔천의 미륵님을 모시게 하라

景德王十九年庚子四月朔 二日並現 挾旬不滅 日官奏 請綠僧作散花功德 則可禳 於是潔壇於朝元殿 駕幸靑陽樓 望綠僧 時有月明師 行于阡陌時之南路 王使召之 命開壇作啓 明奏云 臣僧但屬於國仙之徒 只解鄕歌 不閑聲梵 王曰 旣卜綠僧 雖用鄕歌可也 明乃作兜率歌賦之 其詞曰 今日此矣散花唱良巴寶白乎隱花良汝隱 直等隱心音矣命叱使以惡只 彌勒座主陪立羅良 解曰 龍樓此日散花歌 桃送靑雲一片花 重

直心之所使 遠邀兜率大僊家

경덕왕이 경자년庚子年에 월명사를 만난 것은 나라에 나타난 괴이한 일을 해결하기 위함이요, 왕이 나라를 다스린 지 24년에 충담사를 만난 것은 앞으로 닥칠 난국을 지혜롭게 풀어나가기 위한 인재 등용과 같은 것으로 볼 수 있다.

다시 본론과 관계가 깊은 『삼국유사』의 다음 대목을 보자.

그런 후에 곧 해의 변괴가 사라졌다. 왕이 이것을 가상히 여겨 질 좋은 차品茶 한 봉과 수정 염주水晶念珠 108개를 하사했다.

그때 홀연히 한 동자가 나타났는데 모습이 곱고 깨끗했다. 그 동자는 차와 염주를 받들고 대궐 서쪽 작은 문으로 나갔다. 월명사는 이것을 보고 내궁의 시자로 알았고, 왕은 스님의 종자從者로 알았다.

그런데 알고 보니 모두 추측이 틀려서 왕은 몹시 이상히 여겨 신하를 시켜 따라가보라 했다. 동자는 내원內院 탑 속으로 숨고, 차와 염주는 내원 남쪽의 벽화인 미륵상 앞에 놓여 있었다.

월명사의 지극한 덕과 정성이 미륵보살을 감동시켜 성스러운 곳으로 가탁假託함을 알았다.

既而日怪卽滅 王可知 賜品茶一襲 水精念珠百八箇 忽有一童子 儀形鮮潔 忽有一童子 儀形鮮潔跪奉茶珠 從殿西小門而出明謂是內宮之使 王謂師之從者 及玄徵而俱非 王甚異之 使人追之 童入內院塔中而隱 茶珠在南壁畵慈氏像前 知明之至德與至誠 能昭假于至聖也如此

당시 차는 중요한 하사품이었고 미륵불보살에게 차를 헌공하는 일 또한 자연스런 불공의 형태임을 알 수 있다. "동자는 내원 탑 속으로 숨고, 차와 염주는 남쪽 벽화인 미륵상 앞에 놓여 있었다"는 기록도 예사롭지 않다. 그리고 '품차일습品茶一襲'을 그대로 해석하면 '좋은 차와 차 도구 한 벌'이라 할 수 있는데 뒷부분 기록에는 '차와 염주茶珠'라는 말이 계속 나온다. 그렇다면 질 좋은 차로 보는 게 자연스럽다. 내원內院이란 말도 도솔천에 있다는 법당 또는 미륵불보살이 상주하며 설법하는 곳을 지칭하니까 아마 당시 신라 사회에선 미륵불을 모신 법당이 많았으리라.

월명사가 경덕왕에게 "소승은 다만 국선國仙의 무리이기에 겨우 향가만 알 뿐입니다"라고 한 대목을 주목해보자. 다음은 신라 말 최치원이 쓴 '난랑비서문鸞郎碑序文'의 내용 일부다.

> 우리나라에는 현묘玄妙한 도道가 있다. 이를 풍류風流라 하는데, 이는 삼교三敎(儒敎·仙敎·佛敎)를 포함한 것으로, 모든 민중과 접촉해 이를 교화하였다.

화랑도들이 숭배했던 미륵불보살이나 화랑도 중에 승려가 적지 않았음을 단편적이나마 짐작할 수 있으므로 불교, 특히 미륵사상과 화랑사상은 밀접한 관계가 있다고 본다. 월명사는 자신이 국선, 곧 화랑도였음을 밝혔고, 「도솔가」의 내용을 통해 그가 미륵신앙을 가졌음을 알 수 있다. 마찬가지로 미륵세존께 차 공양을 했던 충담사도 미륵신앙의 소유자며 화랑도와 관계된 인물일 거라 생각된다.

경덕왕은 충담사를 극적으로 잠시 만났지만 아쉽게 헤어지고 바로

석 달 후에 죽음을 맞이했다. 당시 경덕왕과 신라 왕실을 비롯한 정치 상황을 살펴보자.

통일신라의 전성기였던 경덕왕 시대는 문화예술의 꽃은 활짝 피었지만 정치는 어지러웠다. 오늘날 신라문화의 진수를 즐길 수 있는 것도 그 시절 덕을 많이 보는 편이다. 하지만 나라의 국운을 알리기라도 하듯 대궐 뜰에는 오악五嶽 삼산三山의 신神들이 나타나 왕을 모시거나 춤을 추는 기이한 일들이 벌어졌다.

만월滿月 왕비와 늦게 낳은 유일한 태자는 아직 어렸으니, 죽음을 코앞에 두었던 경덕왕의 심정은 어떠했으랴.

이순李純처럼 충성스런 신하는 입산을 하거나 대궐 주위에서 멀어지고, 다음 왕위에 오를 태자는 너무도 어렸다. 왕을 따르는 왕당파王黨派와 왕의 정책에 불만을 품은 반 왕당파의 대립은 그 골이 깊었다. 경덕왕이 세상을 하직하자 어린 태자가 왕위에 오르니, 그가 신라 36대 혜공왕惠恭王이다.

『삼국유사』「경덕왕 충담사 표훈대덕」 조를 계속 읽어보자.

왕은 아들이 없어 왕비를 폐하고 후비 만월부인을 맞이했는데 의충依忠 각간角干의 딸이었다. 어느 날 왕은 표훈대덕에게 말했다.

"내가 복이 없어서 아들을 두지 못했으니 대덕은 상제께 청해 아들을 두게 해주오."

표훈스님은 천제를 만난 후 돌아와 왕에게 말했다.

"상제가 말하기를, 딸을 구한다면 될 수 있지만 아들은 될 수 없다고 합니다."

왕은 다시 간청했다.

"원컨대 딸을 바꾸어 아들로 만들어주시오."

표훈스님은 다시 하늘로 올라가 천제께 청하니, 천제가 말했다.

"그렇게 할 수는 있지만 아들이면 나라가 위태로울 것이다."

無子 廢之 封沙梁夫人 後妃滿月夫人 諡景垂太后 依忠角干之女也
王一日昭表訓大德曰 朕無祐不獲其嗣 願大德請於上帝而有之 訓上告
於天帝 還來奏云 帝有言 求女卽可 男卽不宜
王曰 願轉女成南 訓再上天請之 帝曰 可則可矣 然爲南則國殆矣

표훈스님은 상제上帝로부터 하늘과 사람 사이의 천기를 다시는 어지럽히지 말라는 꾸지람을 듣고 왕에게 알아듣도록 말했지만, 왕은 "나라는 비록 위태롭지만 아들을 얻어 대를 얻는다면 만족하겠소"라며 말을 듣지 않았다. 『삼국사기』에 보면 경덕왕도 선왕이자 친형인 효성왕孝成王이 대를 이을 후사가 없어 아우로서 왕위에 올랐기 때문일까.

그런 후 만월 왕비가 태자를 낳았고, 태자 나이 여덟 살에 경덕왕이 죽으니 다음 왕위를 이었다고 했다. 여자로 태어날 아이가 아들로 바뀌어 태어났으니 여자아이처럼 놀았다 한다. 어린 나이에 정사를 올바르게 다스리지 못하고 곳곳에 도적의 무리들이 벌떼처럼 일어났다. 마침내 군사를 일으킨 김양상金良相 등에게 젊은 나이에 죽임을 당한다. 경덕왕의 어리석음을 탓하기보다 인간사가 덧없기만 하다.

8) 신라 미륵사상과 화랑

미륵신앙과 화랑과의 관계는 옛 문헌에서 찾아볼 수 있다. 대성大聖이라 일컫는 미륵불이 화랑으로 화생하는 설화가 있는가 하면, 노힐부득努肹夫得이 불도를 잘 닦아 연화대에 미륵존상彌勒尊像으로 앉아 미륵불로 현신한 이야기들은 모두 현실에 정토사상을 표현한 것이리라.

미륵불이 인간 세상으로 내려와 화랑으로 화생하는 설화를, 『삼국유사』 권3 「미륵선화 미시랑 진자사彌勒仙花 未尸郎 眞慈師」 조에 한 편의 드라마로 만들어놓았다.

신라 진지왕 때 흥륜사 승려인 진자가 법당의 미륵불상 앞에 나아가 간절한 기도를 올렸다.

"미륵부처님이시여, 부디 화랑의 몸으로 이 세상에 화생하셔서 늘 얼굴을 뵙고 따르게 해주십시오."

간절한 기원이 날로 두터워지니 어느 날 밤 꿈에 어떤 스님이 나타나,

"네가 웅천熊川(公州) 수원사水源寺에 가면 미륵선화彌勒仙花를 볼 수 있을 것이다."

그길로 지극한 마음으로 찾아가 미시랑未尸郎을 만나 왕에게 주청해 국선國仙으로 삼았다는 이야기다.

선덕왕 때 생의生義는 꿈에 나타난 스님의 이야기를 듣고 미륵불상을 만났고, 진지왕 때 진자眞慈도 꿈에 나타난 스님을 통해 화랑으로 화신한 미륵불을 만났다는 일이나, 경덕왕 때 월명사에게 하사한 차와 염주

를 동자가 들고 미륵상 앞에 가져다놓았다는 이야기를 종합하면 모두 동자로 표현된 미륵부처를 만날 수 있다.

이 논문에서 연구한 장창골 미륵삼존 역시 동자의 모습이다. 지금 경주박물관에서 언제나 천진스런 미소로 우리를 반기는 세칭 삼화령 미륵삼존상의 모습을 본다면 필자의 말을 인정하리라.

꿈 이야기를 설화로 만든 것일까, 아니면 현실의 이야기를 설화로 각색한 것일까. 자면서 꾸는 꿈도 꿈이요, 눈 뜨고 원하고 원하는 간절한 바람도 꿈이다. 꿈이 현실이요, 현실이 꿈같은 세상사다. 옛날이나 지금이나 사람 사는 모습은 같을 터. 신라인의 생각을, 신라인의 이야기를 보고 들을 수 없는 우리의 한계를 인정할 수밖에 없다.

화랑 김유신金庾信의 낭도를 '용화향도龍華香徒'라 했다. 용화란 미래 세상에 미륵이 나타날 때 용화수 아래서 성불하기 위해 설법하고 수행하는 미륵부처를 신앙하는 모임을 뜻한다.

월명사는 향가를 지어 미륵부처를 감응시켰고, 충담사는 차를 바쳐 미륵부처를 감동시켰다. 석가불이 현재불이면 미륵불은 미래불이라 할 수 있다. 미륵은 깨끗한 용모로 태어난다는 신앙을 갖고, 그중에서 임명된 화랑은 신라 젊은이들의 꽃이었으리라.

미륵이 하생하면 세상은 풍요롭고 안락하며 온갖 재난이 물러간다는 생각은 신라 때나 지금이나 한결같다. 미륵신앙이라는 민중적 사상으로 무장한 화랑들이 삼국 통일의 과업에 큰 역할을 했다는 일이나, 통일 이후 화랑제도가 유명무실해진 사실도 간과해선 안 된다.

당시 신라인들은 천상의 도솔천兜率天에서 언젠가 내세에 나타날 미륵을 천상의 불보살로 우러러 받들지 않고, 현실 속에서 함께 웃고 생활하는 인간의 모습으로 만나고 싶었으리라 생각된다.

사회가 혼란스럽고 불안할 때는 많은 사람들이 새로운 지상 낙원의 세계를 꿈꾸게 된다. 미륵은 도솔천을 다스리며 그곳에서 항상 설법하고 있지만, 미륵불은 석가모니불이 미처 제도하지 못한 중생들을 모두 구제하기 위해 언젠가는 이 세상에 나타나리라는 믿음을 주는 부처다.

3. 남산 어디엔들 삼화령 아닌 곳이 있으랴

지금부터 경주 반월성에서 경덕왕과 충담사의 만남이 이루어진 귀정문 터를 찾아, 충담스님이 서기 765년 음력 삼월삼짇날 남산 삼화령에서 헌다하고 걸어온 길을 순례자가 되어 되짚어 답사해보기로 하자.

이 이야기는 경주 남천南川(蚊川)이 감싸 도는 남산 북쪽 기슭의 신라 왕궁 월성에서 일어난 역사다. 월성은 반달처럼 생겼다 하여 반월성으로 불린다. 이곳은 신라 4대 임금인 석탈해왕昔脫解王이 어린 시절 꾀를 써서 자신의 집으로 삼았다가, 다음 왕인 5대 파사왕婆娑王 때부터 궁성을 쌓고 궁궐로 사용한 성으로 신라 사직을 지켜보았던 천혜의 장소였다. 서라벌 처음 궁성은 남산 서쪽 기슭에 있었던 금성金城이다.

반월성 귀정문은 남산을 한눈에 볼 수 있는 문루 가운데 하나였다.

반월성 오른쪽인 귀정문 터는 나무가 무성한 성벽 자리에 움푹 팬 지점으로 추정된다. 경덕왕과 월명사의 인연이 된 반월성 청양루靑陽樓 터는 귀정문 터에서 오른쪽 끝부분의 높은 언덕 지점이 아닐까 싶다.

반월성 귀정문 터에는 기와와 토기 파편들이 즐비했고, 오늘날의 서라벌 아이들이 옹기종기 모여 놀고 있었다. 그 옛날 충담스님이 남산 쪽에서 걸어오는 모습을 훤히 볼 수 있는 자리는 귀정문 터보다 청양루 터가 지금은 더 좋다. 그 당시를 떠올려보면 단순한 성이 아니라 자연을 이용한 훌륭한 터전이었으리라. 언젠가 남산 북쪽 봉우리에서 반월성을 바라보며 '참으로 빼어난 명당이구나'라는 생각이 들었다. 토함산 동령에서 발원해 월성을 보호하듯 도도히 흘렀을 남천이 성을 싸고돌며 당시 신라 사람들의 젖줄이 되었을 것이다.

이곳에서 바라보는 남산은 정답고 푸근한 모습이다. 남산 북봉 쪽에 자리 잡은 해목령蟹目嶺은 고속도로를 빠져나와 경주를 찾을 때 버릇처럼 남산을 쳐다보게 되는데 그때 눈에 먼저 들어오는 지점이다. 그 언저리 장창골 고갯마루에서 세칭 삼화령 미륵불상이 발견되었으니, 삼화령을 찾아서 길 떠나는 필자의 마음이 설렌다.

반월성 귀정문 터 앞 남천에 월정교 다리가 있었다. 『삼국사기』에 보면, 경덕왕 19년(760) 2월에 궁궐 남쪽 문천에 월정교月淨橋, 춘양교春陽橋 두 다리를 놓았다는 기록이 보인다. 월정교는 후세에 한문이 바뀐 월정교月精橋로, 춘양교는 일정교日精橋로 불렸다. 일정교는 대궐로 들어가는 큰 다리이고, 월정교는 성 앞을 지나 도심으로 들어가는 큰 다리였다고 한다.

고려 명종(1170~1197) 때 차인 김극기金克己의 시에 "반월성 남쪽 토끼 재에 무지개다리 그림자 문천蚊川에 비치네半月城南兎嶺邊 虹橋倒影照蚊川" 란 구절이 보이는 것을 보면 고려 때까지 남아 있었던, 아름답고 그 규모 또한 대단한 다리였음을 짐작할 수 있다.

조선시대 이 교대橋臺에 지방 선비들이 모여 정치와 문화를 논하던 사마소司馬所[15]란 자리가 남산을 바라보며 있었는데 장소를 옆으로 옮겨 놓았다. 월정교는 다리 너비가 14m, 길이 63m나 되는 돌로 짜 올린 다리로 석교로는 최대 규모라 한다. 오래전에 복원하는 것 같았는데 중단했다가 다시 최근에 복원을 준비하고 있는 통일신라 최고의 유적 중 하나다. 복원할 모습을 보았는데 뭔가 어울리지 않는 모양이라 실망스럽기도 하다. 빈약한 자료지만 좀 더 깊은 연구를 거듭한 후 시행했으면 한다.

오래전 답사 중에 이곳 석교 유적지에서 다듬은 돌에 새겨진, 통일신라시대의 명필이며 해동의 서성書聖이라 불린 김생金生(711~791)의 글씨라 추측되는 음각으로 된 '影光臺영광대'란 글을 보았다. 글씨도 예사롭지 않고 월정교와 관계된 유적이라 생각되어 탁본을 한 적도 있다.

그런데 알고 보니 '영광대'는 1860년 가을에 경주 선비들이 무너진 월정교 석재를 운반해 대를 쌓은 것이라 한다. '영광影光'은 남송 때 주희朱熹(1130~1200)의 시구 "천광운영공배회天光雲影共徘徊"에서 따온 글로 "하늘빛 구름 그림자 함께 오가네"란 뜻일 게다.

월정교는 반월성에서 남산 쪽으로 가는 길목에 있는 남천 위에 놓인

---

15 사마소(司馬所) 조선시대 지방의 생원과 진사들이 설립한 기구로 친목과 학문, 정치 토론 등을 하던 곳.

석교로 충담스님이 남산 삼화령에서 내려와 도심으로 가기 위해 이 월정교를 이용했을 터이다. 흥미로운 것은 이 월정교 다리가 세워지기 전에 남천에는 유교楡橋라는 나무다리가 있었다 한다. 원효스님이 이 다리에서 일부러 강물에 빠져 옷을 말린다는 핑계로 근처 요석궁에 머물며 설총薛總을 낳은 일화가 생각난다.

우선 미륵삼존이 발견된 남산 북봉 장창골 쪽으로 걸음을 옮겨 충담사의 행적을 되짚어보자.

충담스님은 어떤 사람이었을까. 그는 누추한 옷을 입었고 귀족화된 신라 불교의 여느 승려들과는 생각이 달랐을 것이다. 부처와 중생의 마음을 제대로 읽었던 진솔한 구도자요, 최고의 명예인 왕사의 자리도 연연하지 않았던 덕 높은 차인이었다. 야외에서 차를 다룰 수 있는 휴대용 도구를 지니고 있었다니, 당시 차 생활사의 단면과 신라인의 다도 생활을 짐작할 수 있다.

『삼국사기』의 기록에는 흥덕왕 3년(828)에 대륙中國에서 차가 들어왔다고 되어 있다.

> 견당사遣唐使로 갔던 대렴이 당나라에서 돌아오며 차 씨를 가지고 오자 왕이 지리산에 심게 했다. 차는 선덕왕 때부터 있었지만 이때에 성행했다.
> 入唐廻使大廉持茶種子來, 王使植地理山 茶自善德王時有之, 至於此盛焉

대렴大廉이 차 종자를 가져오기 63년 전에 이미 충담스님이 차를 올렸으니 원래부터 우리 땅에 차가 있었다는 증거다. 첫 신라 왕궁 터인 창림사지昌林寺址에서 발견된 기와 조각에도 '茶淵院다연원'이란 글이 보이고, 안압지雁鴨池로 더 잘 알려진 임해전지臨海殿址에서 출토된 유물 중에 찻잔으로 쓰였을 다양한 토기 그릇과 '茶'라는 문자가 쓰인 찻사발茶碗도 보인다.

경덕왕이 충담사를 귀정문 문루에서 만나 "나에게도 차 한 잔을 나누어주겠소寡人亦一甌茶分乎"에 사발을 지칭하는 '구甌'가 나오는데 사발 '완碗'자와 같은 뜻이다. 또 사발 또는 주발을 뜻하는 '완椀'과 '완盌'은 옛 문헌에 자주 보인다. 잘 알려진 대로 신라의 다법茶法은 가루차末茶 시대이기에 찻사발로 사용했다.

문일평文一平(1888~1939)은 『차고사茶故事』에서 신라차를 논하면서 "신라인들은 우리 차와 중국차를 함께 마셨고 가루차와 더불어 잎차도 있었다"고 했다. 그 외 여러 비문을 통해 신라인의 차 생활을 엿볼 수 있다.

세칭 삼화령 미륵삼존이 있었던 자리가 삼화령이라면, 충담사가 헌공을 하고 월성 쪽으로 걸어왔다면 가까운 거리다. 아마 그 당시에는 자주 오르내리는 산길이었으리라.

충담스님이 걸었음직한 남천을 건너 논·밭길을 걸어 도로를 지나면 상서장上書莊[16]을 만난다. 이 신작로는 남산 북록과 도당산 사이의 맥을

---

16 상서장(上書莊) 최치원이 머물며 공부하던 곳으로 왕에게 글을 올렸다고 한다. 지금은 선생의 영정을 모시고 향사(享祀)를 지낸다. 경주시 인왕동 소재.

끊은 지점이다. 상서장을 지나 남산을 오르면 맨드리 고개가 나오고 남산성 터에 이르기 전 미륵삼존상이 출토된 곳을 만날 수 있다. 내친김에 동남산으로 내려가면 남산서 보기 드문 감실여래좌상을 바로 만날 수도 있다. 이 얼마나 즐거운 산행길인가.

또 다른 답사 길은 남산 장창골長倉谷을 오르는 행로가 있다. 서라벌 첫 임금인 박혁거세가 태어난 나정蘿井을 지나 남간사南澗寺 터를 보고, 천은사지天恩寺址를 돌아보며, 근처 창림사지昌林寺址나 일성왕릉逸聖王陵 등도 살펴보고, 고갯마루를 오르면 부처골로 넘어가는 길이다. 이 고개에서 북쪽으로 조금 떨어진 곳에 석주石柱들이 보인다. 이곳이 석조여래 의상石造如來椅像, 즉 세칭 미륵삼존상이 나타난 곳이다.

이제 현재 일반인들이 기정사실화해버린 또 다른 삼화령을 찾아 떠나보자.

이곳 용장골茸長溪 정상은 반월성에서 상당히 거리가 먼 지점이다. 만약 충담사가 그곳에서 반월성까지 산길로 걸어왔다면 무척 힘든 산행이었으리라. 용장골이라 하는 것은 용장사茸長寺라는 대가람大伽藍이 존재했기 때문인데 어귀에 있는 마을도 용장리요, 계곡도 용장계이다. 용장골의 남쪽 편은 통칭 남산이라 지칭하는 수리산高位山인데 기암괴석奇巖怪石들이 장관을 이룬다. 그 옛날 용장사가 자리 잡은 봉우리와 계곡 또한 장관을 이뤄 서로 산세를 자랑하고 있는 듯하다.

경주에서 언양으로 가는 국도를 지나다 용장리에서 용장계곡을 따라 오르다가 곧장 바위산을 타 용장사 여러 터와 삼층석탑과 삼륜대좌불 그리고 마애여래불들을 답사하며 올라와 삼화령 연화대좌를 만나는 길이 첫 번째 코스다.

　이 답사 길의 또 하나의 묘미는 차인 매월당 김시습을 떠올리는 일이다. 매월당은 그의 생애 중 가장 오래 머물렀던 이곳 용장골에서 모옥 주위에 매화, 대나무, 잣나무, 차나무 등을 심어 풍류를 즐겼다. 최초의 한문 소설 『금오신화』를 집필한 곳도 이곳이다. 그가 읊은 시들을 음미하면서 차에 대한 글들을 살펴보면 차문화에 심취한 그의 매력을 느낄 수 있다. 그중 「차나무를 기르며養茶」란 시를 읽어보자. 혹시나 해서 용장골 주위를 둘러보았는데 매월당이 심었다는 차나무는 보이지 않았다.

　　해마다 차나무는 새싹이 돋아
　　그늘에 키우느라 울을 엮어 보호하네
　　육우는 『다경』에서 색과 맛 논했고
　　관가에선 어린 잎사귀槍旗[17]만 취한다네
　　봄바람 불기 전에 움이 먼저 나오고
　　곡우절 돌아오면 찻잎이 피어나누나
　　따듯하고 한적한 작은 차밭 좋아하니
　　구슬 같은 비에 꽃이 드리워도 좋으리

　　年年茶樹長新枝　蔭養編籬謹護持
　　陸羽經中論色味　官家榷處取槍旗

17　창기(槍旗)　차나무의 싹 모양이 창 같고 잎 모양은 깃발 같다는 데서 어린잎을 비유하는 말.

배리 삼존석불 중 본존불 얼굴 부분

春風未展芽先抽 穀雨初回葉半披
好向小園閑暖地 不妨因雨着瓊甤

매월당 차시의 내용에서 한 가지 특이한 점을 읽을 수 있다. 차밭에 그늘을 만들기 위해 울을 엮어 보호했다는 구절인데, 차나무를 반음반양半陰半陽으로 키우면 부드러운 찻잎이 되어 향기롭고 맛있는 차를 만들 수 있다는 것을 알았다는 사실이다.

무엇보다도 신 나고 즐거운 답사의 묘미는 남산 삼릉계三陵溪라 부르는 냉골슴谷에서 시작하는 길이다. 경주 남산 골짜기 중에 가장 많은 유적을 볼 수 있다. 먼저 냉골 옆에 위치한 배리 선방골의 삼존석불을 찾아보고 떠나는 것이 아쉽지 않는 답사행이다.

이 삼존석불은 이 글에서 가장 많이 언급한 세칭 삼화령 미륵삼존과 동시대의 작품이기에 더욱 그렇다. 흔히들 '나무아미타불 관세음보살'이란 말을 가장 많이 사용하는데 그 부처의 명호를 가슴 깊이 새길 수 있는 매력적인 불상이다.

중앙 본존상이 아미타불阿彌陀佛이고, 좌우에 관세음보살觀世音菩薩과 대세지보살大勢至菩薩이 입불立佛로 서 있는 입상이다. 가운데 불상의 얼굴은 세칭 삼화령 미륵삼존 본존의 얼굴과 닮았다. 마찬가지로 천진스런 미소가 일품이다.

어떤 어려움도 막아주고, 어떤 소원도 들어줄 것 같은 모습이다. 아닌 게 아니라 본존의 수인手印을 보면 오른손은 두려움을 없애준다는 시무외인施無畏印이고 왼손은 무슨 소원이든 다 들어주겠노라 하는 시여원인施與願印이다.

아미타불에게는 자비문과 지혜문이 있는데 왼쪽의 관세음보살은 자비를 맡고, 오른쪽의 대세지보살은 지혜로 중생의 어리석음을 없애준다.

흥미로운 건 배리 삼존불의 본존 모습이 아버지 또는 할아버지라면 동시대의 동남산 감실불상은 어머니 또는 할머니 상이다. 그리고 세칭 삼화령 미륵삼존은 동자를 닮은 아이와 같다. 우연의 일치일까, 아니면 어느 솜씨 좋은 신라의 석공이 의도적으로 만든 것일까.

이 불상 주위에 차나무를 심어놓았으니 인연 있는 나그네여, 찻잎 하나 따서 입에 물어도 좋지 않겠는가.

옆으로 난 산길을 따라 남쪽으로 조금 걸으면 본격적인 답사 길이다. 삼릉을 지나며 남산 솔숲의 아름다움을 만끽하다 보면 언제나 가슴이 뜬다. 개울을 따라가다 보면 석불좌상을 맞이하는데 머리가 없는 불상이다. 만약 불두佛頭를 찾아 제자리를 찾아준다면 통일신라의 당당한 걸작이 될 것인데 하는 아쉬움이 앞선다. 어디 남산에서 이 불상뿐이랴. 유적 중에 완전한 모습을 보기가 힘들다. 이 불상의 특징은 왼쪽 어깨에서 가사袈裟 끈을 매듭지어 아래로 드리워진 두 줄의 수실과 매듭 장식이다. 방금 조각한 것 같은 섬세함은 신라 매듭 문화의 백미를 엿볼 수 있다.

삼릉계의 머리 없는 석조여래좌상

언젠가 답사 팀을 이끌고 이 불상 앞에서 설명을 하는 중에 지나가던 어느 무녀巫女 같은 여인이 필자를 보며 "이 부처 머리는 앞 계곡에 파묻혀 있어요" 하면서 스쳐 지나갔다. 아마 그럴 수도 있겠지 싶었다. 얼마나 많은 유물들이 오랜 세월 동안 훼손되고 땅속에 파묻혀 있을까. 남산을 숨어드는 무속인들을 심심찮게 만나게 되는 것을 보면 역시 이 남산은 영험이 서린 겨레의 땅이다.

이 여래상에서 북쪽 산등성을 쳐다보면 기둥바위들이 있고 그 바위 중에 관세음보살이 입상으로 새겨져 있다. 이 마애관음보살의 자비스런 얼굴과 도톰한 붉은 입술로 미소 짓는 모습은 삶이 우리를 속이거나 사

삼릉계 선각육존불 중 '아미타삼존상'. 편평한 자연 바위에 새겨진 차 공양상이다.

는 게 버거울 때 위안을 주는 부처다. 우리는 끊임없는 미망과 망상에서 스스로 진면목을 잊고 살아간다. 여기 이 순간 이 자리에서 참되게 살라는 진리를 일깨워주는 불보살이다. 비록 속진俗塵을 벗어날 수 없다 해도 속물은 되지 말라고 일러주는 관음보살이다.

이 관음상을 지나 산속으로 들어가면 계곡 바로 위에 나지막한 절벽 바위가 동서로 두 곳이 보이는데, 이곳이 '선각육존불線刻六尊佛'의 현장이다. 다듬지 않은 자연 바위에 새겨진 이 조각은 조각이라기보다 차라리 활달한 필치로 그려진 그림과 같은 수법이다.

동편 암벽은 석가삼존상이고, 서편 선각은 아미타삼존상이다. 석가삼존상의 본존은 연꽃 위에 앉았고 좌우에는 문수文殊와 보현普賢이 협시보살로 서 있다.

서편 아미타삼존상은 본존인 여래가 연꽃 위에 서 있고, 양쪽 협시보살인 관세음보살과 대세지보살은 연꽃 위에 앉았다. 양쪽의 협시보살은 여래를 향해 각각 한쪽 무릎을 세워 앉는 자세인 윤왕좌輪王坐를 하고 있다.

유래를 찾기 힘든 이 남산 선각육존불상 중에서 아미타삼존상에서는 보기 드문 헌공의 모습을 읽을 수 있다. 학자들은 여래를 향한 이 공양물을 단순히 꽃 쟁반이거나, 또는 기물이 무엇인지 잘 모르겠다고 한다. 이 글에서 다루는 주제는 미륵세존께 올리는 충담사의 차 공양에 관한 연구이다. 필자는 아미타불에게 올리는 이 공양물은 차라고 생각한다. 신라인은 특히 미륵불과 아미타불을 사랑했던 것 같다. 필자는 이곳 선각육존불을 선호해 자주 찾았는데 볼 때마다 그 공양물이 차라는 것을 느꼈다. 왜냐하면 단순히 연꽃 모습의 접시나 쟁반을 올릴 까닭이 없다. 분명 그 그릇에는 부처께 올리는 공양물이 들어 있을 것이다.

신라나 고려 시대의 유물을 살펴보면 연꽃 모양의 찻잔을 많이 발견할 수 있다. 그리고 그 연화문 그릇은 거의 찻잔으로 봐야 한다. 우리가 불보살께 헌공하는 종류는 대체로 여섯 가지 정도이다. 곧 차, 꽃, 과일, 향, 쌀, 등촉 등이다. 이 중에 차와 향과 꽃은 중요한 공양물이다.

비암사 미륵보살반가사유상[18]의 좌대에는 향로를 중심에 놓고 좌우에서 꽃과 차를 올리는 모습이 조각되어 있어 이 선각불상은 차 공양을 올리는 예가 된다.

---

18 **비암사 미륵보살반가사유상** 삼국시대에 유행된 미륵신앙을 배경으로 발달한 반가사유상 양식의 유물이다. 보물 제368호.

토함산 석굴암의 문수보살상을 눈여겨본 사람은 알 것이다. 문수보살이 오른손으로 찻잔을 들고 있는 모습은 자연스럽고 우아하다. 신라 때 차 생활과 불교 문화는 불가분의 관계이고 더불어 불보살께 차 공양은 일상다반사였으리라. 석굴암의 문수보살상뿐 아니라 옛 문헌에도 불보살께 차 공양하는 기록을 쉽게 찾을 수 있다.

남산·미륵세존에게 차 공양하던 충담사와 이곳에 선각으로 조각된 차 공양상들은 무엇을 의미할까. 조성연대도 거의 비슷한 시기라 이 시대의 미륵신앙과 아미타신앙의 상관관계를 생각해본다. 언제나 이곳을 찾으면 금방이라도 차향이 감돌 듯싶다.

여러 유적들을 살펴보며 남산 정상 쪽을 오르면 '마애여래불磨崖如來佛'이 남산 나그네를 반긴

찻잔을 든 석굴암 문수보살상

다. 이곳 자연 암벽에 돋을새김으로 조각한 거대한 부처를 만나면 우리 인생을 다시 한 번 돌아보게 된다. 그 당당하고 위엄 있는 부처의 모습에서 당시 신라인들의 불국토를 염원하던 정신세계를 느낄 수 있다. 남산에서 만날 수 있는 최고의 승경勝景이다.

차 도구를 챙겨와 이 불상 앞에서 차를 공양하던 일을 떠올리며 숙연한 마음으로 남산 정상 길을 걸어와 용장계를 굽어보며 또 다른 삼화령을 만나는 환상의 산행 길은 단연 삼화령을 찾는 남산 답사의 압권이리라.

용장계로 내려가지 말고 순환도로를 따라 조금 걸어가다가 위쪽 자연 바위를 타고 오르면 만날 수 있는데, 그 둥글고 편평한 바위에 거대한 연화좌를 새겨놓았다. 고개 정상 높은 바위에 복련화伏蓮華 기법으로 조각했는데 또 다른 하나의 삼화령 현장이다. 요즘은 도로에 삼화령 안내판이 있어 찾기가 쉽다.

이곳을 삼화령이라 주장하는 쪽은 세칭 삼화령 연화대좌 고개 아래 소나무 숲이 생의사가 있던 절터였다고 한다. 용장계 연화대좌에서 남쪽을 바라보면 용장 골짜기와 건너편 남산高位山은 그 오묘한 풍광이 남산의 매력을 보여준다. 연화대좌 아래에서 18군데나 절터가 발견된 이곳 용장골 바위산은 부처의 세상을 그대로 옮겨놓았던 신라인의 이상향이었으리라.

연화대좌에서 용장계로 내려가며 여러 유적을 만나고 용장계곡에서 다시 동쪽으로 산을 올라 동남산으로 가는 길에서 '신선암神仙庵 마애보살상'과 '칠불암七佛庵 마애불군磨崖佛群'을 보는 즐거움도 남산에서 잊을 수 없는 기쁨이다.

4. 맺는 말

계절에 관계없이 남산을 찾는 즐거움은 각별하다. 문화유산을 답사하는 기쁨을 빼고라도 봄이면 봄, 여름이면 여름, 가을이면 가을, 겨울이면 겨울이 주는 느낌이 남다르다. 주마간산하듯 남산을 보면 특별한 산이 아니지만, 관심과 애정을 갖고 남산에 안기면 그렇게 높지 않은 산이지만 그 산엔 웅장함과 아기자기함과 섬세함이 곳곳에 숨어 있다.

그 옛날 신라인들이 걸었을 산길을 걷노라면 울긋불긋 들꽃들이 흡사 신라인의 혼백인양 나그네를 반긴다. 때론 숲에서 낯선 길손에 먼저 놀란 꿩이 푸드덕 날아오르며 우리를 맞이하는 영산靈山이 남산이다.

삼화령 연화좌에서 충담스님의 차 공양을 받았던 미륵부처를 떠올려 본다. 남산 남쪽 고개에는 삼화령 미륵부처의 연화대가 남았고, 남산 북쪽 언덕에는 삼화령 미륵부처가 남았으니 참으로 희한한 일이다.

이 글에서 살펴보았듯이 두 장소는 남산金鰲山 남쪽 끝부분인 용장계 정상과 당시 도성과 가깝던 북쪽 언덕이지만 양쪽 모두 타당성이 있다. 그래서 어떤 연구자들은 장창골에서 발견된 미륵삼존이 용장계 연화좌에 안치되었던 불상이라 착각하기도 한다. 오늘날의 전문 학자들은 장창골에서 발견된 미륵삼존을 삼화령 미륵세존이라 믿고 있기 때문이다. 아마 선학의 연구 성과를 답습하기 때문이리라.

남산 남쪽 골짜기에서 생의스님이 미륵불을 얻어 삼화령 고개 위에 안치했다면 비록 충담사의 차 공양을 받던 미륵세존은 찾을 수 없지만,

세 갈래로 뻗어 내린 산맥 모양 등 정황상으로 보면 이곳 남쪽에 위치한 연화대좌가 충담사가 차 공양을 했던 미륵세존이 자리 잡았을 삼화령일 확률이 높다. 그리고 『삼국유사』의 기록에 충담사가 미륵세존께 차 공양을 했다고 했지, 미륵삼존이란 말은 없었다는 점도 일리가 있다.

그렇지만 당시 생의스님이 미륵불을 안치했던 시점이 선덕왕 시대이고, 더구나 생의사를 건립한 연대가 644년이라고 『삼국유사』에서 밝혔다. 그 당시는 남산 유적이 거의 다 도성과 가까운 남산 북쪽 언저리였다. 그리고 꿈에서 깨어나 그 석상을 땅에서 파내 친구들과 함께 미륵불을 고개 위에 옮겨놓았다면 적어도 거대한 불상은 아니라는 것이다. 세칭 삼화령 미륵삼존이라 부르는 장창골 석조미륵삼존의상은 그렇게 큰 불상이 아니라 옮기는 데 무리가 없으리라 본다.

생의스님이 남산 골짜기에서 발견했다는 석미륵 이야기는 설화로 읽어야 하리라. 신비한 영험으로 탄생시킨 또 다른 신화로 각색된 미륵불이라고 보더라도 분명 몇 사람의 힘으로 옮길 수 있는 불상이었지 않나 싶다.

그러나 용장계 고개 위의 대연화좌를 비교하면 여기에 안치했을 불상은 거대한 석상이었으리라. 분명한 것은 바위에 새긴 마애불은 아니라는 것이지만, 거대한 대불을 단 몇 사람이 골짜기에서 고개 위로 옮겼다는 것은 불가능한 일이다. 미륵삼존이란 명칭도 당시 불상의 정형이 삼존불로 거의 조성되었다 하니 특별히 의미를 두지 않아도 무방하리라.

다시 정리를 해보자. '삼화령'을 용장계 봉우리 모양의 지형을 보고 판단하기보다는 『삼국유사』 권2에 나오는 「효소왕대 죽지랑」의 기록에서처럼 죽지라는 화랑의 이름을 따서 죽지령竹旨嶺이라 했듯이, 삼화령 또한 세 화랑과 관련된 지명으로 볼 수도 있다는 점이다. 그리고 지금껏 살펴본 결과 미륵불은 화랑과 밀접한 관계가 있지 않은가.

또한 기파랑을 노래한 내용 등을 참고해보면 충담사는 화랑 집단의 유일한 승려낭도일 듯싶다. 그렇다면 충담사는 기파랑 같은 화랑을 추모 하며, 화랑의 무덤 앞에 『삼국유사』「효소왕대 죽지랑」의 기록처럼 돌로 만든 미륵불을 세워놓았듯이 삼화령에 세워진 돌미륵인 미륵세존에게 차 공양을 했을 터.

미륵이 화랑으로 화생하는 설화 등을 떠올리면 미륵과 화랑은 둘이 아니다. 충담스님이 인연 있는 미륵불 앞에서 생전에 존경하던 세 화랑 을 떠올리며 미륵부처께 헌다하던 곳이 삼화령 미륵세존이었는지도 모 른다. '삼화령三花嶺'과 '삼화랑三花郞'의 상관관계를 주목할 필요가 있지 않을까.

미륵불과 차의 밀접한 관계를 "차와 염주는 내원 남쪽 벽화인 미륵불 상 앞에 놓였다茶珠在南壁畵慈氏像前'는 기록들에서 알 수 있다. 화랑과 미 륵 그리고 차 공양은 이 연구의 핵심이 되는 열쇠다.

경덕왕이 남산에서 차 공양을 마치고 내려오던 충담스님을 만난 일을 상기하면, 월성 귀정문에서 가까운 남산 북봉 쪽에서 내려왔을 확률이 크다. 당시엔 도성에서 쉽게 오르내릴 수 있는 곳이기 때문이다.

충담사가 남산 남쪽인 용장계 쪽에서 차 공양을 하고 내려왔다면 그 산길은 상당히 길지 않은가. 만약 그 용장계 봉우리에서 동남산 쪽이든, 서남산 쪽이든 산을 내려와 도성 앞으로 걸어왔다면 귀정문 문루에서 경덕왕이 볼 수 없었으리라. 남쪽에서 걸어오던 충담사를 경덕왕이 보았다면 분명 충담사는 남산에서 내려와 월성 쪽으로 오고 있었을 것이다.

『삼국유사』「빈녀양모」조에 "효종랑유남산포석정혹운삼화술孝宗郎遊南山鮑石亭惑云三花述"이라 언급했는데 '포석정 아니면 삼화술', 곧 삼화령을 말했다.

화랑 효종랑이 포석정[19] 혹은 삼화술에서 놀았다고 했는데 포석정은 그 위치가 확실하다. 포석정 또는 삼화술이라고 했을 때 그 삼화술은 포석정과 가까운 곳이라 짐작되는데, 세칭 삼화령 미륵삼존의 발견 지점이 포석정 인근 위쪽에 있는 고개다. 다시 말해 남산성 바로 밑이 포석정이다.

남산에서 유명한 유적인 포석정이 존재하기에 포석골鮑石谷로 구분하지만 실상은 부엉골로 불러야 한다. 이 골짜기가 너무 깊어 낮에도 부엉새가 운다 하여 붙여진 이름이라 한다. 포석정은 포석골의 입구가 되는데 포석정 일대는 그 당시 왕족과 귀족들의 연회 장소였다.

신라 55대 경애왕 때 포석정에서 잔치를 벌이던 왕족과 신하들은 후백제 견훤의 군사에 의해 무참히 짓밟히고, 그 영화롭던 신라의 수도는 아수라장으로 변했던 역사의 현장이다. 다음 왕위를 이어받은 김부金傅는 다시 일어설 국력을 상실하고 재위 9년(935) 만에 고려 태조 왕건王建에 항복하니 그가 신라 마지막 임금인 경순왕이다. 비록 천 년 왕조는 망하지만 이 땅의 백성들은 살리겠다는 경순왕의 생각이었을까.

---

19 포석정(鮑石亭) 경주 남산 서쪽 계곡에 있는 통일신라 때의 석구(石溝). 역대 왕공(王公)이 전복 모양으로 생긴 돌 홈의 유상곡수(流觴曲水)에 술잔을 띄우고서 시를 읊으며 연회를 하던 곳이다. 또한 젊은 화랑들이 풍류를 즐기며 기상을 배우던 곳이다. 사적 제1호.

전설이지만 경순왕의 태자는 천 년 사직을 하루아침에 버릴 수 없다 하며 끝까지 싸울 것을 주장하다가 뜻을 못 이루자 금강산에 들어가 베옷麻衣을 걸치고 풀뿌리와 나무껍질을 먹으며 여생을 마쳤다 해서 마의태자라 불렀다 한다.

또 다른 설화에 의하면, 마의태자는 따르던 백성들과 함께 대륙中國으로 들어가 신라를 되찾기 위해 나라를 세웠다는 이야기도 들린다.

샛길로 빠지는 이야기지만 몇몇 중국 사서에서는 여진족이 한민족이라는 주장이 있다. 여진족이 세운 나라가 중국 금金나라인데 금나라의 역사서인 『금사金史』의 기록을 읽어보자.

> 금나라 시조는 이름이 함보이다. 처음 고려에서 나올 때 60세가 넘었다. 형 아고호불은 따라가지 않고 고려에 남았다.
> 金之始祖諱函普 初從高麗來 年已六十餘矣 兄阿古好佛 留高麗不肯從

또한 청나라 때 만주 풍속 지리지인 『흠정만주원류고欽定滿洲源流考』(1739년 간행) 제7권에 예사롭지 않은 대목이 보인다.

> 신라 왕의 김씨 성이 나라 이름 금金이 나온 먼 갈래이다.
> 新羅王金姓則金之遠派出

이에 금나라 황족의 성씨인 '애신각라愛新覺羅'와 신라의 연관성을 찾는 사람도 있다. 왜냐하면 '애신각라'라는 뜻을 풀이하면, '신라를 잊지 않고 뼈에 새길 만큼 사랑한다'는 말이지 않는가.

그렇다면 신라 경순왕의 태자麻衣太子와 그 후손들이 빼앗긴 천 년 제국 신라를 다시 부흥하기 위해 세운 나라와 연관이 매우 깊다는 생각을 해본다. 마치 고구려를 다시 찾기 위해 대조영大祚榮이 중국 땅에서 발해渤海(698~926)라는 독립 국가를 세웠다가 거란족의 침입으로 멸망했듯이, '애신각라'란 이름의 나라가 세월이 흐른 후 자연스레 중국 속으로 동화되어버렸을 것이다.

없는 역사도 만들고, 그 주체들이 눈 뜨고 아직도 살아 있는 역사도 왜곡해버리는 어떤 나라들이 있는 한 우리는 얼간이처럼 살 수 없지 않는가. 한줄기 빛이 보인다면 그 어두운 역사의 동굴 속으로 들어가야 하리라.

다시 본론으로 돌아가자.

생의스님이 꿈에 현몽을 받아 미륵부처를 땅속에서 파내었든, 아니면 새로 조성한 미륵불을 신비화시키기 위해 그럴듯하게 스토리를 만들었든, 하여간 삼화령이란 곳에 안치한 것을 보면 분명 거기엔 신앙적 배경과 역사적 사실이 동반되었으리라. 어쩌면 당시 시대상 및 정치 상황과 관련되었는지도 모른다.

그 시대가 삼국 간에 치열한 전쟁 중이었음을 고려해보면 어떤 이들이 말하는 '미륵보살의 화신인 선덕여왕'과 무관하지 않을 수도 있으리라. 또한 어떤 이들은 미륵보살과 미륵불을 구분해 여성 왕과 남성 왕을 대비하기도 한다.

분명한 것은 신라인들의 미륵사상을 꿈으로 실현시킨 일이었다는 것이다. 사회가 불안하고 나라가 혼란스러울 때 백성들은 새로운 세상, 곧 정토를 꿈꾸었으리라. 모든 중생의 희망이요, 구세주가 바로 미륵이기 때문이다.

그동안 수없이 남산을 답사하고 여러 문헌이나 유물 등을 살펴보면서 유추해보건대, 오늘날 기정사실화된 용장계의 '대연화좌大蓮華坐'보다 당시 도성 가까운 남산 북쪽 장창골의 '미륵삼존의상'이 발견된 곳이 심정적으로 더 '삼화령'에 가깝다는 것이다.

가설이지만 혹 우리가 찾는 삼화령 미륵불이 아직 세상에 나타나지 않았는지도 모른다. 경주 남산 어느 곳에서 그 삼화령 미륵불이 다시 땅속에 묻혀 발견되지 않고 햇빛 볼 날을 학수고대 기다리고 있는지도 모른다. 언제나 그렇듯 신라 유적은, 특히 남산의 문화유산은 불현듯 우리 곁에 기적처럼 나타나는 일이 자주 있었으니까.

심정적이라는 것이지 어느 한 곳을 확연히 주장할 수 없는 안타까움에 더욱더 앞으로 계속해서 이 부분을 연구해야 할 사명감도 가져본다. 단, 필자의 주관적 판단이지만 앞에서 언급했듯이 아득한 그 시절을 현재의 지형 모습이나 발굴된 유물과 유적으로만 섣불리 추론한다는 자체가 자칫 시각을 흐릴 수 있다는 점을 염두에 두는 일은 잊지 말아야 할 것이다.

양쪽 현장을 찾아 몇 번이나 궁리를 하고 자료집을 살펴보았지만 어느 한 쪽도 명확한 결론이 나지 않았다. 이쪽이다 싶으면 저쪽 같고, 저쪽이다 싶으면 이쪽 같은 사실이 천 년 전 신화 속을 헤매는 것 같다. 그러나 오리무중 같은 전설이 역사가 되는 그날이 반드시 올 거라 믿는다.

다시 한 번 양쪽 현장을 찾아 생의사生義寺 명문이 새겨진 기와 편이나 '생의사 석미륵과 관계된 유물을 찾아보고 싶다. 아니면 용장계 대연화좌 아래 골짜기 절터를 샅샅이 뒤져 용장계 대연화좌의 불상 내력이 적힌 비신을 찾아보리라. 또는 경주 곳곳을 누비며 삼화령에 관한 단서가 될 자료를 찾아낼 수 있다면 얼마나 좋을까.

오히려 박물관과 같은 전문 기관보다 민가나 우연찮은 곳에서 발견될 확률이 크다. 왜 이런 생각을 하게 될까. 아마 경주의 오래된 민가들에서 수없이 보게 되는 남산의 다양한 유물들을 떠올렸기 때문인지도 모른다. 문화유산의 보고요, 지붕 없는 박물관이라 일컫는 경주 남산을 우리는 오랜 세월 동안 방치된 채로 내버려두었다. 남산을 아끼고 사랑하는 사람들이 줄기차게 늘고 있지만, 아직도 관이나 민간단체의 관심은 걸음마 수준이라 생각된다.

우리가 우리의 전통문화를 낡았다고 외면할 때 선진 외국인들은 우리 전통문화를 동양 정신문화의 뿌리로 인식하고 세계문화유산이라 칭송하고 있다. 지금이라도 온 국민과 정부가 우리의 자랑스러운 문화유산을 아끼고 지켜야만 당당히 인류 문화유산으로 자리매김할 수 있으리라 본다.

예컨대 '문무대왕릉비'를 생각해보자. 오래전 금문학자 김재섭金載燮 문하에서 금문학을 배울 때 이 비문의 내용을 알게 되었다. 앞으로도 계속 연구할 과제지만, 이 비문이야말로 잃어버리고 빼앗겼던 우리 상고사를 다시 찾아줄 중요한 유물이라 확신한다.

1796년 조선 제22대 정조 20년에 경주에서 밭 갈던 농부가 발견하고,

그 당시 경주부윤을 지냈던 홍양호洪良浩(1724~1802)를 통해 세상에 알려졌다. 심하게 마모된 이 비문의 탁본이 청나라 금석학자 유희해劉喜海(1793~1853)에게 전해져 그가 쓴 『해동금석원海東金石苑』에 내용이 실렸는데 그나마 전체적인 흐름을 읽을 수 있다. 다행히도 그 탁본이 지금 남아 있는 것이다.

이 문무대왕릉비는 그 후 사라졌는데 일제 때 동네 아낙네들의 빨래판으로 사용되다가 1961년 이 비석의 아랫부분이 경주 동부동에서 발견돼 지금은 경주박물관에 소장되어 있다. 하지만 이런 귀한 유물이 발견되었을 때의 상황을 보면 문화유산을 대하는 우리의 자세가 부끄러울 뿐이다. 이 비는 682년 경주 사천왕사에 세워졌던 것으로 보는 견해가 유력하다.

이 비문에는 신라 제30대 문무왕(626~681)의 치적과 문무왕의 오랜 선조들의 계보가 기록되어 있다. 단편적이지만 비문을 통해 신라 왕족의 조상을 '삼황오제'에 연관시키는 것을 비롯해 문무왕이 56세로 죽은 사실 등을 알 수 있어 중요한 사료적 가치를 지닌다.

'화관지후火官之后', '성한왕星漢王' 등 당시 신라인들은 알고 있었지만 오늘날엔 해석이 어려운 내용들이라 아직 학계에선 뛰어넘지 못한 영역이다. 재야에선 금문학을 통해 해석이 되고 있는 중이다. 이를테면 '화관지후'는 기원전 2300년경 관직 이름으로 '삼황오제' 시대의 순舜(BC 2320~2312) 임금을 가리키는 말이고, 비문의 '성한왕星漢王'은 다른 이가 아니라 신라 김씨의 시조인 김알지金閼智(65~?)의 또 다른 이름이다. 이렇듯 비문은 살아 있는 유물이다.

(이 글을 탈고할 무렵, 경주 옛 관아 터 동부동의 한 주택 수돗가에서 그동안 행방이 묘연

했던 이 빗돌 윗부분이 우연히 발견되었다. 빨랫돌로 사용되던 이 빗돌 상단부가 오랜 세월 동안 마모된 채로 200여 년 만에 다시 우리 앞에 나타난 것이다.)

이처럼 분명 '삼화령과 미륵부처'는 기적처럼 어디선가 나타나리라 믿는다. 흘러간 과거는 지나간 오늘이다. 그래서 문화유산은 낡은 옛날이 아니라 생생히 살아 있는 오늘이라 부르고 싶다.

이 글의 시각이 때론 주관적이라 관념적으로 흐를 수도 있겠지만 주관이 없으면 객관성도 결여된다고 본다면, 결국 주관에 의해 객관성이 확립된다고 생각한다. 확고한 주체성으로써의 접근은 객관적 정체성을 쌓는 일이리라.

경주 남산과 삼화령 미륵부처.

남산엔 분명 삼화령 미륵부처가 존재했다. 이미 약 1300년이란 세월이 지났지만 우리는 남산 삼화령에 그 미륵부처를 찾아 다시 안치해야 한다. 그리하여 그 옛날 아름다운 차 공양의 역사를 온전히 재현할 수 있었으면 한다.

충담사 차 이야기는 옛날 신라 때 일이다. 그 당시 야외에서 차를 다룰 수 있는 도구, 곧 요즘으로 치면 야외용 차 도구가 있었다 하니 놀랄 일이다. '앵통櫻筒'이란 이름의 차 도구함도 기록에 남아 있으니 충담사가 남산 삼화령의 미륵불에게 공양하기 위해 고안했든, 아니면 당시 유행했던 풍습이었는지 모르겠지만, 신라 사회 차문화의 단면을 엿볼 수 있는 것이라 찬란했던 우리의 전통문화가 자랑스럽다.

남산에 가면 남산은 고향이 된다. 어릴 적 추억처럼 그 옛날이야기를 보여주고 들려주는데, 육안으로 볼 수 없고 하늘 귀天耳를 통하지 않으면 들을 수 없다. 남산에서는 누구나 신화 속으로 걸어 들어가야 한다. 아니 신화가 되어야 한다.

신화는 이성과 논리로 읽기는 어렵다. 감성과 정리情理로 다가가야 한다. 그렇지 않은 것이 더욱 그러할 수 있다는 진리가 있지 않는가.

언젠가 달 뜨는 저녁에 남산에 올라 온밤을 보내리라. 꿈에 어떤 스님이 나타나 생의스님을 이끌었듯이 내 꿈에도 충담스님이 나타나 그 옛날 차 공양하던 삼화령 그곳을 정답게 손잡고 안내해주리라는 희망을 가져본다.

충담스님은 1년 중 삼짇날과 중구일을 골라 삼화령 미륵세존에게 차를 올렸다. 무엇을 염원했을까. 신라인들이 그 옛날 이 땅에 미륵정토彌勒淨土를 희구했듯이 충담사도 그런 뜻이었을까.

충담사는 화랑 기파랑의 승려낭도일 가능성이 높다. 그렇다면 미륵불이 화랑으로 화생한다는 생각을 충담은 믿고 있었으리라. 삼화령 미륵부처에게 화랑의 성불을 축원하거나 자신이 도솔천 미륵정토에 왕생하고자 하는 염원을 담았는지 모른다. 어쩌면 더 큰 원을 가진 대원본존 지장보살처럼 차 공양을 했을지도 모를 터. 지장보살이란 석가여래의 부탁을 받고 부처가 입멸한 후 미륵불이 세상에 나타날 때까지 육도중생을 제도하는 보살이 아니던가.

미륵불보살을 공양하며 장차 이 땅에 하생하여 성불하기를 축원하고 미륵보살이 산다는 도솔천의 미륵정토에 왕생하고자 향목香木을 묻는 매향埋香의식과 같은 것이었을까.

예나 지금이나 미륵신앙은 민중의 삶에서 가장 친근한 구심점이었다. 돌로 만든 석미륵 이야기가 여러 문헌에 많이 등장하는데 그 미륵불은 정교하지 않고 세련되지 못한 모양을 하거나, 누구나 좋아할 친근한 모습으로 다가온다. 투박하면서 고졸한 모양새는 남산에서 쉬이 만나볼 수 있는 불보살상에서 언제나 느낄 수 있다.

그 당시 귀천에 관계없이 누구나 찾아 포근히 안길 수 있는 남산은 그들의 영원한 안식처였고, 불국토를 염원하던 신라인에게는 불보살이 사는 땅이었다. 어쩌면 현실의 고달픔을 위로해주고 감싸안아줄 그 어떤 존재를 남산과 미륵에서 찾았었는지 모른다.

신라의 차문화와 그 유적을 이야기하면서 그 속에 담긴 신라 차 정신을 고찰해보는 것이 좋을 듯싶다.

경남 하동군 쌍계사에 있는 국보 제47호 '진감선사 대공탑비眞鑑禪師大空塔碑'는 최치원이 비문을 짓고 쓴 탑비인데, 진감선사(774~850)의 행적과 사상을 기록한 그 비문에 금석문으로는 최초인 차를 가리키는 글자인 '명茗' 자와 돌솥을 지칭하는 '석부石釜' 등이 나온다.

그리고 최치원은 진감선사의 생애를 '수진오속守眞忤俗'이라 표현했다. '참됨을 지키고 속됨을 멀리함이 이와 같았다'는 뜻이리라. 신라를 대표하는 차인이 신라의 덕 높은 차승의 한평생을 노래한 이 '수진오속'이야말로 신라 차문화의 정신으로 보아도 손색이 없을 듯싶다.

일찍이 삼국을 통합한 통일신라의 차 정신은 이러한 다도 철학의 바탕에서 이루어졌으며, 이런 사상은 고려의 문인들과 조선의 올곧은 선비들에 의해 끊임없이 이어져 오늘날까지 면면히 계승되어왔으리라 생각된다.

삼화령 미륵세존을 생각하며 남산을 거닐어본다. 만법이 하나로 돌아가듯 일체가 하나인 것을. 문득 이 산 어디든 삼화령 아닌 곳이 있으랴 싶다. 삼화령 미륵불 역시 남산 어느 곳이든 존재하리라.

참고문헌

- 『겨레의 땅 부처님 땅』, 윤경렬, 1993.
- 『慶州南山古蹟巡禮』, 경주시, 1979.
- 『慶州南山の佛蹟』, 조선총독부, 1940.
- 『삼국사기』.
- 『삼국유사』.
- 『新羅史』, 신형식, 2007.
- 『新羅의 廢寺 Ⅱ』, 한국불교연구원, 1992.
- 『우리 茶문화』, 김대철, 2003.
- 『韓國의 佛像』, 황수영, 1989.